CAP
Petite enfance

Épreuves professionnelles

Préparation complète
pour réussir les EP1, EP2, EP3

CAP
Petite enfance

Épreuves professionnelles

Préparation complète
pour réussir les EP1, EP2, EP3

Irène Duchesne
Valérie Jacob
Françoise Mosser
Virginie Pépin

Vuibert

Crédits photographiques

Couverture : ph © Diego Cervo / iStock (Three little girls and female teacher in kindergarten)
© Pavla Zakova / Fotolia (Baby standing in cot).
p. 23 : ph © Cindy Singleton / iStock.
p. 24 (1) : ph © Radist / iStock.
p. 24 (2) : ph © Evanherk. Sous licence CC BY-SA 3.0 via Wikimedia Commons.
p. 24 (3) : ph © James Heilman, MD. Sous licence CC BY-SA 3.0 via Wikimedia Commons.
p. 25 (1) : www.naitreetgrandir.com.
p. 25 (2) : ph © Gilles San Martin. Sous licence CC BY-SA 2.0 via Wikimedia Commons.
p. 28 : ph © pezibear / pixabay.
p. 68 : ph © IPGGutenbergUKLtd / iStock.
p. 78 : ph © by Emiliano Burzagli. Domaine public via Wikimedia Commons.
p. 79 (1, 2, 5, 6) : ph © CDC/NIP, Centers for Disease Control and Prevention's Public Health Image Library (PHIL) - http://phil.cdc.gov/phil. Domaine public via Wikimedia Commons.
p. 79 (3) : ph © ILJR. Sous licence CC BY-SA 3.0 via Wikimedia Commons.
p.79 (4) : ph © Afag Azizova. Sous licence CC BY-SA 3.0 via Wikimedia Commons.
p. 85 : symboles © National Institutes of Mental Health.
p. 95 : www.public-domain-image.com.
p. 123 : © INPES/www.inpes.sante.fr
p. 146 : ph © JackJelly / iStock
p. 154 : © APPA (brochure réalisée avec le soutien de GDF Suez et de l'Unaf).
p. 157 (hm) : ph © Gitarakuru. Sous licence CC BY-SA 3.0 via Wikimedia Commons.
pp. 163, 164, 165 (h, m), 266, 269 : ph © Alexia Vales – Communauté de communes du Frontonnais – Haute-Garonne.
p. 170 : www.carrefour.fr (sauf fruits : Pixabay).
pp. 175, 177, 180 : pictogrammes © INRS.
pp. 176 (1), 284 : ph © PublicDomainPictures / pixabay.
pp. 176, 262 : ph © Hans / pixabay.
pp. 156, 157 (hg, hd), 158, 165 (b), 182, 183, 184, 187, 188, 189, 190, 191, 192, 195, 196, 197, 198, 199, 200, 204, 205, 206, 207, 217, 218, 219, 221, 222, 224, 225, 226, 235, 237, 239, 240, 241, 243, 247, 248, 250, 253 : ph © Virginie Pépin.
p. 185 : dessins © OMS.
p. 239 (bd) : ph © Alexandra Gomez.
p. 244 : ph © skynesher / iStock.
p. 249 : ph © belchonock / iStock.
p. 251 : illustration de Leonard Leslie Brooke © archive.org.
pp. 258, 259 : ph © Justine Massel.
p. 264 : ph © JESHOOTS / pixabay.
p. 280 : ph © J.-C. Lesage-Blodelet.

ISBN : 978-2-311-01310-8

Conception couverture : Les PAOistes / Conception intérieure : BleuT / Réalisation intérieure : Linéale
Coordination et suivi éditorial : Jean Gomez et Justine Massel – Imaginemos /
Illustrations : Céline Penot / Infographies : Marie-Christine Liennard, Valérie Goncalves et Christel Parolini

Sommaire

TECHNIQUES PROFESSIONNELLES

Partie 5
TECHNIQUES PROFESSIONNELLES SANITAIRES

Fiches de cours

Partie 6
PRÉVENTION ET SÉCURITÉ

Fiches de cours

Partie 7
TECHNIQUES PROFESSIONNELLES SOCIO-ÉDUCATIVES

Partie 8
TECHNIQUES PROFESSIONNELLES CULINAIRES

Partie 9
ENTRETIEN DES LOCAUX ET DES ÉQUIPEMENTS

Une formation, un métier

Cet ouvrage propose une préparation complète, illustrée et très guidée à l'ensemble des épreuves professionnelles de l'examen ponctuel du CAP Petite enfance.
Ce diplôme a pour finalité la professionnalisation pour l'accueil et la garde des jeunes enfants, de 0 à 6 ans.

1. Le fonctionnement de l'ouvrage

Ce livre se compose de neuf grandes parties organisées autour des savoirs associés et des techniques professionnelles :

- **Partie 1** : biologie générale et appliquée.
- **Partie 2** : sciences médico-sociales.
- **Partie 3** : nutrition-alimentation.
- **Partie 4** : technologie.
- **Partie 5** : techniques professionnelles sanitaires.
- **Partie 6** : prévention et sécurité.
- **Partie 7** : techniques professionnelles socio-éducatives.
- **Partie 8** : techniques professionnelles culinaires.
- **Partie 9** : entretien des locaux et des équipements.

Tous les thèmes développés dans ces parties sont traités sous forme de fiches allant de 2 à 6 pages. Celles-ci présentent les savoirs, ou les techniques, ainsi que des conseils de professionnels, des éclairages spécifiques et des exercices (tests, questions à réponses courtes, études de cas). Ces derniers permettent un entraînement intensif sur les différents thèmes traités dans chaque partie et constituent un excellent moyen de validation des connaissances. Tous les corrigés se trouvent en fin de partie.

La fin de l'ouvrage est complétée par deux sections à part :
- Un accompagnement proposant des conseils pour la constitution du dossier de l'$EP2_1$. Nous vous y rappelons les textes réglementaires relatifs à cette expérience professionnelle sur laquelle vous appuierez la construction du dossier, ainsi qu'une aide pour son organisation et des conseils pour l'exposé oral.
- L'annale de l'EP1 de la dernière session d'examen (2015) ainsi que son corrigé commenté. Celui-ci vous offrira une opportunité supplémentaire de parfaire votre préparation avant l'examen.

2. Le diplôme CAP Petite enfance

Le titulaire du CAP Petite enfance, obtenu en 1 ou 2 ans, est un professionnel qualifié compétent pour l'accueil et la garde de jeunes enfants. Avec les parents et les autres professionnels, il répond aux besoins fondamentaux de l'enfant et contribue à son développement, son éducation et sa socialisation. Il assure, en outre, l'entretien et l'hygiène des différents espaces de vie.

Ce diplôme peut être obtenu par quatre voies d'égale valeur :
- en formation initiale, en 2 ans après la classe de 3e, en tant qu'élève dans un établissement scolaire (lycée professionnel) ou comme alternant dans un CFA, public ou privé ;
- en candidat libre ;
- en formation continue d'adultes ;
- grâce à la VAE (validation des acquis de l'expérience).

Les unités du domaine général

Elles sont au nombre de trois et doivent être validées pour l'obtention du diplôme.

- **UG1** : épreuve de français et d'histoire-géographie (coefficient 3) permettant d'apprécier les qualités de lecture et d'analyse d'un texte, les qualités d'organisation des informations, d'argumentation, d'expression et de communication à l'oral, comme à l'écrit.
- **UG2** : épreuve de mathématiques et de sciences (coefficient 2) permettant d'apprécier les savoirs et les compétences acquises, l'aptitude à les mobiliser dans des situations professionnelles et de vérifier la capacité du candidat à résoudre un problème et à justifier un résultat.
- **UG3** : épreuve d'éducation physique et sportive (pour les candidats de la formation initiale).

À noter que si vous êtes déjà titulaire d'un diplôme de niveau V (un CAP par exemple) ou d'un diplôme plus élevé (le baccalauréat par exemple) vous serez dispensé(e) de ces épreuves d'enseignement général.

Les unités du domaine professionnel

Le CAP Petite enfance comprend trois unités professionnelles à valider pour obtenir le diplôme.

- **U1** : prise en charge de l'enfant à domicile.
- **U2** : accompagnement éducatif de l'enfant.
- **U3** : techniques de services à l'usager.

Lors de l'examen, c'est unités sont réparties en trois épreuves (EP).

⊃ EP1 : Prise en charge de l'enfant à domicile (coefficient 4)

Cette épreuve permet d'évaluer les compétences professionnelles et les savoirs associés liés aux activités professionnelles d'accueil et de prise en charge des enfants dans le contexte du domicile privé. Elle se compose d'une partie écrite et d'une partie pratique.

Les compétences terminales sont les suivantes :
- identifier les besoins de l'enfant ;
- s'adapter à une situation non prévue ;
- assurer les soins d'hygiène corporelle et le confort de l'enfant ;
- assurer la prévention et la sécurité ;
- contribuer au développement et à la socialisation de l'enfant ;
- mettre en place des activités ludiques pour l'enfant ;
- contribuer à l'acquisition du langage, de la motricité et à la construction des relations sociales ;
- contribuer au développement psycho-affectif de l'enfant.

Les savoirs associés liés à cette épreuve regroupent :

Savoirs associés	Thèmes abordés
S1 - Sciences médico-sociales	– Les besoins de l'enfant et les facteurs de développement – Les différents aspects du développement – Les troubles et maladies courants de l'enfant – Les maladies chroniques et handicaps de l'enfant – Le cadre politique et administratif de la France – Le statut juridique de l'enfant et de la famille – La protection sanitaire et sociale de l'enfant (de 0 à 6 ans) et de la famille – Les modes d'accueil – La communication appliquée au secteur professionnel
S2 - Biologie générale et appliquée	– L'organisation générale du corps humain et ses fonctions – La peau – Les fonctions de relation – Les fonctions de nutrition – Le maintien de l'intégrité de l'organisme
S3 - Nutrition-alimentation	– Les besoins nutritionnels de l'enfant et les apports conseillés en nutriments – Les caractéristiques de l'appareil digestif du nourrisson et du jeune enfant – Les sources nutritionnelles : les aliments – L'alimentation de l'enfant de 0 à 6 ans – Les régimes alimentaires de l'enfant – L'éducation alimentaire – Les contaminations alimentaires
S4 - Technologie	– La qualité de vie dans le logement – La prévention des accidents domestiques – L'environnement de l'enfant en collectivités – Les produits alimentaires – Les produits et matériels d'entretien utilisés en milieu familial et collectif

N.B. : L'agrément des assistantes maternelles nécessite une formation et une présentation à l'EP1 du CAP Petite enfance.

➲ EP2 : accompagnement éducatif de l'enfant

Cette épreuve évalue les compétences professionnelles et les savoirs associés liés aux activités professionnelles d'accueil et de prise en charge des jeunes enfants.

Cette évaluation est faite à partir d'un dossier établi lors des stages du candidat en école maternelle, halte-garderie, crèche, pouponnière, centre de loisirs sans hébergement, centre de vacances et tout établissement d'accueil de jeunes enfants ou encore de son expérience professionnelle dans ces milieux auxquels s'ajoute le domicile privé d'exercice.

Les connaissances à maîtriser pour cette épreuve sont :
➜ en sciences médico-sociales :
- les différents aspects du développement de l'enfant ;
- les maladies chroniques et handicaps de l'enfant ;
- la protection sanitaire et sociale de l'enfant (de 0 à 6 ans) et de la famille ;
- les établissements d'accueil collectif ;
- l'école maternelle ;
- la communication appliquée au secteur professionnel.

➜ en biologie générale et appliquée : les fonctions de relation.

➜ en technologie : l'environnement de l'enfant en collectivités.

À noter que l'évaluation de la PSE (prévention santé et environnement) est intégrée à l'EP2 depuis la session 2010. Elle comprend l'un des types de risques communs à tous les secteurs professionnels (risques liés à l'activité physique et risques liés à la charge mentale et au bruit).

➲ EP3 : techniques de services à l'usager

Cette épreuve vérifie les compétences professionnelles et les savoirs associés liés aux activités professionnelles de préparation et de service des collations et des repas ainsi que d'entretien du cadre de vie dans le contexte familial et collectif.

Le jury évaluera les compétences du candidat pour :
- gérer le poste de travail ;
- entretenir les locaux et les équipements ;
- préparer et servir des collations et des repas ;
- contrôler la qualité de son travail.

Les connaissances à maîtriser sont :

➜ en nutrition-alimentation :
- les caractéristiques de l'appareil digestif du nourrisson et du jeune enfant ;
- les principales propriétés des constituants alimentaires ;
- les régimes alimentaires de l'enfant ;
- l'éducation alimentaire de l'enfant.

➜ en technologie : technologie des services à l'usager.

3. Les PFMP (périodes de formation en milieu professionnel)

Le candidat au CAP Petite enfance doit effectuer des périodes de formation en milieu professionnel dans des établissements de la petite enfance (crèche, école maternelle, halte-garderie…). Ces périodes sont de 12 semaines dans le cadre d'un CAP en 2 ans.

Les objectifs de ces PFMP sont :
- de découvrir l'organisation de la structure d'accueil ;
- d'apprendre à travailler en situation réelle, en présence d'enfants, et ce, avec les ressources et les contraintes liées au milieu professionnel ;
- de s'insérer dans une équipe composée de professionnels ;
- d'identifier les besoins des enfants et les réponses apportées par la structure ;
- de communiquer (accueil des enfants, réception et émission d'un message, respect du secret professionnel).

Les PFMP sont ensuite évaluées. La note obtenue est une composante de la note finale proposée au jury pour les épreuves EP2 et EP3.

4. Le règlement d'examen

Annexe III de l'arrêté du 25 février 2005 modifiée par l'arrêté du 22 novembre 2007.

Certificat d'aptitude professionnelle Petite enfance			**Scolaires** (établissements publics et privés sous contrat) **Apprentis** (CFA et sections d'apprentissage habilités) **Formation professionnelle continue** (établissements publics)	**Scolaires** (établissements privés hors contrat) **Apprentis** (CFA et sections d'apprentissage non habilités) **Formation professionnelle continue** (établissements privés) **Enseignement à distance** **Candidats individuels**	
Épreuves	**Unités**	**Coeff.**	**Mode**	**Mode**	**Durée**
Unités professionnelles					
EP1 Prise en charge de l'enfant à domicile	UP1	4	CCF*	Ponctuel écrit et pratique	2 h 15
EP2 Accompagnement éducatif de l'enfant	UP2	5**	CCF	Ponctuel oral (+ écrit pour la PSE)	1 h 30***
EP3 Techniques de services à l'usager	UP3	4	CCF	Ponctuel écrit et pratique	2 h 30
Unités générales					
EG1 Français et histoire-géographie	UG1	3	CCF	Ponctuel écrit et oral	2 h 15
EG2 Mathématiques-sciences	UG2	2	CCF	Ponctuel écrit	2 h
EG3 Éducation physique et sportive	UG3	1	CCF	Ponctuel	

* CCF : contrôle en cours de formation – ** Dont coefficient 1 pour la prévention santé environnement (PSE) – *** Dont une heure pour la PSE.

5. Les secteurs d'activité du titulaire du CAP

Le titulaire du CAP Petite enfance peut exercer sa profession :

→ en milieu familial :
- à son domicile (comme salarié d'employeur particulier ou de crèche familiale) sous réserve d'être agréé ;
- au domicile des parents (comme salarié d'employeur particulier ou de services d'aide à domicile).

→ en structures collectives :
- en école maternelle (en tant qu'ATSEM) ;
- en crèche collective ;
- en ALAE (accueil loisirs associé à l'école) ;
- en ALSH (accueil de loisirs sans hébergement) ;
- en centre de vacances collectif d'enfants ;
- et tout établissement d'accueil des jeunes enfants.

L'équipe d'auteurs, constituée de professionnels en relation avec le secteur professionnel de la petite enfance, l'enseignement et la pédagogie, vous souhaite de la constance dans votre préparation et ses meilleurs vœux de réussite.

Partie 1

Biologie générale et appliquée

> TEST

Testez vos connaissances ! Après une lecture attentive de chaque question, entourez la réponse qui vous semble adaptée. Attention, une seule réponse par question est possible.

1. Le tissu est :

☐ **a.** constitué d'un ensemble d'organes.
☐ **b.** constitué de cellules identiques.
☐ **c.** l'unité de base de l'être vivant.

2. La fonction de nutrition comprend :

☐ **a.** l'appareil digestif.
☐ **b.** des organes des sens.
☐ **c.** l'appareil locomoteur.

3. Les trois couches de la peau de l'extérieur vers l'intérieur sont :

☐ **a.** l'épiderme, le derme, l'hypoderme.
☐ **b.** l'hypoderme, l'épiderme, le derme.
☐ **c.** le derme, l'épiderme, l'hypoderme.

4. Le muguet :

☐ **a.** est une affection non contagieuse.
☐ **b.** se localise sur les mains.
☐ **c.** peut entraîner des complications telles. qu'un érythème fessier.

5. L'oreille interne comprend :

☐ **a.** la chaîne des osselets.
☐ **b.** la cochlée.
☐ **c.** la trompe d'Eustache.

6. Une personne qui voit mal de loin, mais bien de près est atteinte de :

☐ **a.** myopie.
☐ **b.** hypermétropie.
☐ **c.** astigmatisme.

7. L'encéphale comprend :

☐ **a.** la moelle épinière.
☐ **b.** les nerfs rachidiens.
☐ **c.** le cerveau.

8. L'activité réflexe :

☐ **a.** est une réponse volontaire.
☐ **b.** est une réponse involontaire.
☐ **c.** est une réponse consciente.

9. Le membre supérieur est constitué :

☐ **a.** du radius.
☐ **b.** de l'omoplate.
☐ **c.** des tarses.

10. Une articulation synoviale est :

☐ **a.** une articulation mobile.
☐ **b.** une articulation semi-mobile.
☐ **c.** une articulation immobile.

11. Le poids de naissance d'un enfant est d'environ :

☐ **a.** 2 500 grammes.
☐ **b.** 3 250 grammes.
☐ **c.** 4 800 grammes.

12. La scoliose est :

☐ **a.** un creux lombaire très prononcé.
☐ **b.** une courbure exagérée du haut du dos.
☐ **c.** une déviation de la colonne vertébrale en forme de « S ».

13. Dans la partie droite du cœur le trajet du sang se fait dans le sens suivant :

☐ **a.** veines – oreillette droite – valve auriculo-ventriculaire – ventricule droit – artère pulmonaire.
☐ **b.** artère pulmonaire – oreillette droite – valve auriculo-ventriculaire – ventricule droit – veines.
☐ **c.** veines – artère pulmonaires – ventricule droit – valve auriculo-ventriculaire – oreillette droite.

14. Les échanges gazeux respiratoires ont lieu au niveau :

☐ **a.** des bronches.

☐ **b.** des bronchioles.

☐ **c.** des alvéoles pulmonaires.

15. Le foie sécrète :

☐ **a.** le suc pancréatique.

☐ **b.** la bile.

☐ **c.** la salive.

16. Dans l'appareil digestif les aliments traversent :

☐ **a.** l'œsophage.

☐ **b.** l'uretère.

☐ **c.** la trachée.

17. L'unité fonctionnelle du rein s'appelle :

☐ **a.** corpuscule de Malpighi.

☐ **b.** capsule de Bowman.

☐ **c.** néphron.

18. La flore résidente :

☐ **a.** est pathogène.

☐ **b.** se trouve uniquement sur la couche superficielle de la peau.

☐ **c.** ne s'élimine jamais en totalité par le lavage des mains.

19. Parmi les signes d'une inflammation il y a :

☐ **a.** une éruption.

☐ **b.** un œdème.

☐ **c.** du pus.

20. L'immunité non spécifique :

☐ **a.** ne s'exprime pas toujours de la même façon.

☐ **b.** est immédiate.

☐ **c.** conserve la mémoire de l'agent pathogène.

FICHE 1

L'organisation générale du corps humain

Le corps humain est organisé en quatre niveaux d'organisation structurale. Les différents appareils ou systèmes qui le constituent ont chacun des rôles spécifiques mais participent tous au maintien de la vie.

1. Les différents niveaux d'organisation

Dans l'ordre décroissant (du plus grand au plus petit) les niveaux s'organisent de la façon suivante :

- Les **systèmes ou appareils**, composés d'organes, qui sont en relation pour assurer une même fonction (exemple : l'appareil digestif).
- Les **organes**, composés de différents tissus (exemples : les intestins, l'estomac, le foie...).
- Les **tissus**, composés de cellules identiques remplissant la même fonction (exemple : l'épithélium des villosités intestinales).
- La **cellule** qui est l'unité de base de l'être vivant (exemple : l'entérocyte, unité de base des intestins).

A-Z

Épithélium : tissu formé de cellules juxtaposées.
Organisation structurale : manière dont le corps est organisé en ce qui concerne ses différents éléments.

Organisme
unité fonctionnelle permettant le maintien de la vie

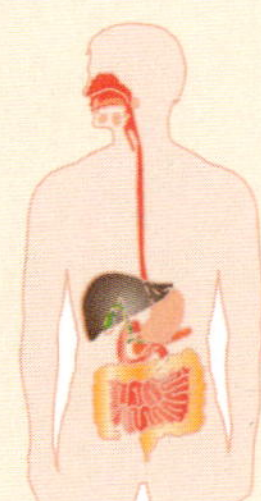

Système ou appareil
comprend plusieurs organes travaillant ensemble pour assurer une même fonction

Organe
structure bien identifiée, comportant au moins deux tissus

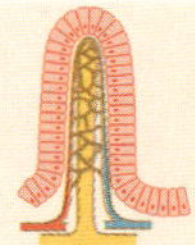

Tissu
composé de cellules semblables remplissant une même fonction

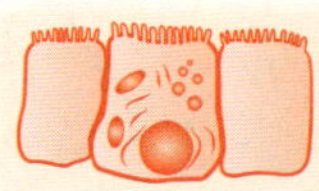

Cellule
plus petite unité vivante

2. Les fonctions du corps humain

Les appareils ou systèmes de l'organisme sont regroupés pour assurer quatre grandes fonctions vitales et essentielles à l'organisme.

- La **fonction de relation** qui permet à l'organisme d'interagir avec son environnement (appareil locomoteur, organes des sens, système nerveux).
- La **fonction de nutrition** qui permet d'apporter aux cellules l'oxygène et les nutriments nécessaires ainsi que de les débarrasser des déchets (appareil digestif, appareil circulatoire, appareil respiratoire, appareil urinaire).
- La **fonction de reproduction** qui permet la transmission de la vie.
- La **fonction de maintien de l'intégrité** qui permet le maintien de l'équilibre intérieur (système immunitaire, système endocrinien).

Remarque

Bien que remplissant des rôles spécifiques, chacune de ces fonctions dépend des autres.

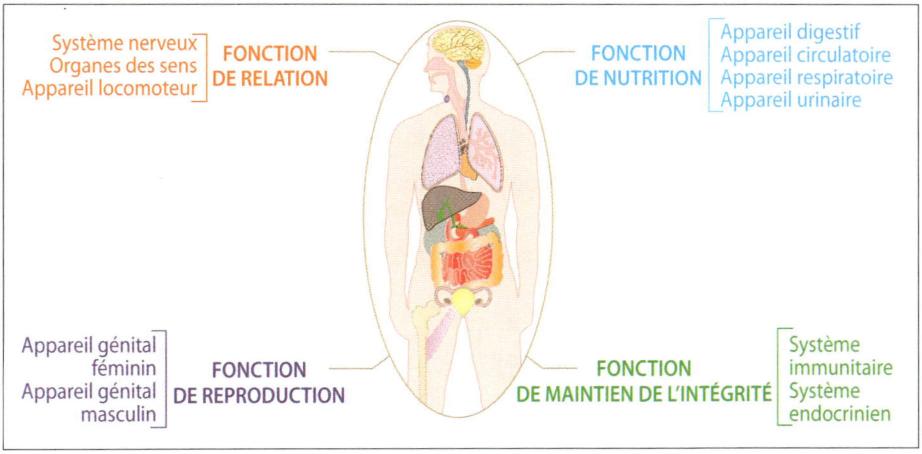

JE RETIENS

1) Repérer dans les cas suivants le (ou les) appareil(s) ou système(s) et la fonction à laquelle il(s) appartien(nen)t.

- **Cas 1 :** Pierre, malentendant, arrive ce matin au multi-accueil. Il tousse.

....

- **Cas 2 :** Sophie, en petite section, a chuté dans la cour et s'est fait une entorse à la cheville.

....

2) Nommer les différents niveaux d'organisation du corps humain dans l'ordre croissant.

....

→ ***Vous trouverez tous les éléments de réponses à ces questions p. 59***

FICHE
2 La peau

La peau, organe du toucher, recouvre l'ensemble du corps. Elle le protège contre les agressions extérieures.

1. La structure de la peau

La peau se compose de trois épaisseurs.

• L'**épiderme**, couche la plus superficielle, qui se divise elle-même en trois sous-couches :
– la cornée, située à la surface et formée de cellules mortes remplies de kératine ;
– la couche germinative, couche intermédiaire, constituée de cellules produisant la kératine, qui meurent et remontent à la surface pour former la cornée ;
– la couche basale, partie la plus profonde, produisant des cellules cutanées qui, en progressant vers la surface de la peau, perdent leur vitalité. C'est dans cette zone qu'est produite la mélanine (pigment qui colore et protège la peau).

• Le **derme**, placé sous l'épiderme, qui comporte :
– des vaisseaux sanguins ;
– des terminaisons nerveuses qui informent sur la sensibilité thermique, tactile et la douleur ;
– du collagène et de l'élastine qui donnent à la peau sa souplesse et son élasticité ;
– des glandes sudoripares qui sécrètent la sueur ;
– des glandes sébacées qui sécrètent le sébum ;
– des poils et leur muscle arrecteur (ou horripilateur).

• L'**hypoderme**, qui se trouve sous le derme et contient les cellules adipeuses qui servent de réserve nutritive.

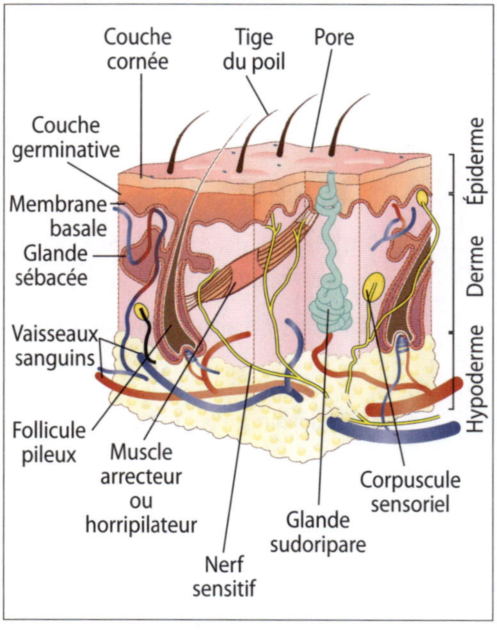

Coupe de la peau

A-Z **Muscle arrecteur** : situé à la base des poils, il agit sur leurs mouvements. Sous l'effet du froid ou de la peur il se contracte et entraîne leur redressement (ex. : la chair de poule).

Sébum : substance grasse sécrétée par les glandes sébacées qui protège et lubrifie la peau.

2. Les différents rôles de la peau

Fonctions de la peau	Explications
Perception de l'environnement extérieur (ou perception sensorielle)	Grâce aux nerfs sensitifs, les sensations perçues sont : – la **sensation tactile** qui informe sur la nature des objets ; – la **sensation thermique** qui informe sur la température ; – la **sensation douloureuse** qui informe sur l'intensité d'un choc, d'une brûlure (► FICHE 58), d'une piqûre.
Protection	Résistante, la peau assure la protection de l'organisme vis-à-vis du milieu extérieur en le préservant des agressions de toutes sortes.
Échanges gazeux	La peau respire : elle absorbe de l'O_2 et rejette du CO_2.
Excrétion de déchets	Les glandes sudoripares sécrètent la sueur qui permet l'épuration de l'organisme.
Production de vitamine D	Sous l'effet des rayons solaires, des cellules de l'épiderme transforment le cholestérol en vitamine D, indispensable pour assimiler le calcium.
Thermorégulation	Afin de s'adapter aux variations de températures, la peau sécrète la sueur qui, en s'évaporant, permet son refroidissement.

3. Les caractéristiques de la peau de l'enfant

La peau de l'enfant, bien qu'ayant la même structure que celle de l'adulte, reste immature car elle n'a pas encore acquis toutes ses qualités et ses fonctions.

Peu de production de mélanine
► peau peu protégée du soleil.

Glandes sébacées peu actives
► peau sèche, sujette aux irritations.

Épiderme mince
► peau fragile, sensible aux agressions (chimiques, physiques, microbiennes...).

Glandes sudoripares peu actives
► températures élevées mal compensées.

► FICHES 35, 37, 44, 46, 47

4. Les affections de la peau et des muqueuses

Les affections de la peau et des muqueuses sont très fréquentes chez le jeune enfant. Elles peuvent être contagieuses (impétigo, muguet) ou non (eczéma), et disparaissent souvent quand l'enfant grandit.

Affections	Localisation, signes et complications	Prévention et traitement
Eczéma 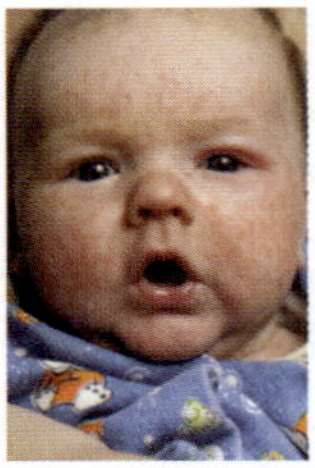 *Dermatose prurigineuse non contagieuse.*	**Localisation** : visage, paupières, oreilles, siège, plis des coudes et des genoux. **Signes** : – Apparition de plaques rouges, puis de vésicules et de croûtes. – Prurit toujours associé et qui peut entraîner des perturbations du sommeil, de la nervosité. – Évolution par poussées. **Complications** : surinfection des lésions par grattage.	**Prévention** : – Éliminer les facteurs favorisants (acariens, poils d'animaux...). – Hydrater la peau (la peau sèche favorise le prurit et la surinfection) avec du savon gras et des crèmes émollientes. – Couper les ongles à ras pour éviter d'aggraver les lésions au grattage. – Préférer des vêtements en coton. **Traitement** : – Application d'antiseptique pour éviter la surinfection et de corticoïdes locaux pour limiter l'inflammation. – Antihistaminique par voie orale pour calmer le prurit.
Impétigo 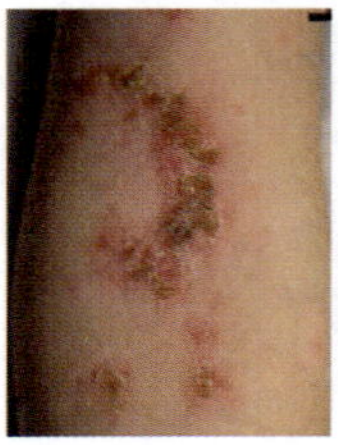 *Dermatose infectieuse très contagieuse.*	**Localisation** : visage (lèvres et joues). **Signes :** – Éruption cutanée. – Au début, apparition d'une vésicule sur tâche érythémateuse, puis d'une pustule et d'une croûte jaunâtre. **Complications :** – Risque d'étendue sur d'autres parties du corps. – Atteinte rénale.	**Prévention** : – Éviter les contacts avec une personne infectée. – Respecter les mesures d'hygiène (se laver les mains s'il y a contact avec une personne infectée, éviter les échanges de vêtements, d'objets familiers...). – Éviction de la collectivité s'il y a un traitement antibiotique oral. **Traitement :** – Général (si important) : antibiotiques. – Local : désinfection des croûtes, assèchement à l'éosine et application d'une pommade antibiotique si besoin.
Muguet 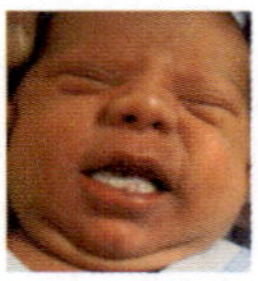 *Affection contagieuse due à un champignon microscopique.*	**Localisation** : à l'intérieur des joues et sur la langue. **Signes :** – Apparition de points blancs. – Pleurs lors des tétées. **Complications** : le muguet peut contaminer tout le système digestif et provoquer diarrhées et érythème fessier.	**Prévention :** – Lavage et désinfection réguliers des objets que le bébé met dans la bouche (tétine, sucette, jouets). – Se laver les mains après s'être occupé d'un enfant ayant le muguet. **Traitement :** – Local : nettoyage de la bouche avant le repas avec une solution bicarbonatée à l'aide d'une compresse stérile. – Application d'un antifongique après le repas, de la même façon.

A-Z

Dermatose : maladie de la peau.
Érythémateux : qui est rouge.
Prurigineux : qui provoque des sensations de démangeaison.

5. Les parasitoses et les infections

Les parasitoses cutanées les plus fréquentes sont représentées par la gale et les infections par les poux (la pédiculose).

Parasitoses et infections	Localisation et signes	Prévention et traitement
Gale 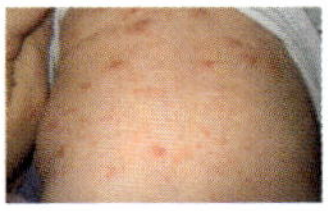 **Parasite** : sarcopte. *Parasitose contagieuse transmise par contact corporel prolongé.*	**Localisation** : espaces interdigitaux, avant du poignet, coudes, avant-bras, nombril, intérieur des cuisses, organes génitaux et fesses. **Signes :** – Prurit (démangeaisons), surtout nocturne. – Lésions de grattage avec risque de surinfection.	**Prévention :** – Éviter tout contact avec une personne ayant la gale. – Informer la structure d'accueil (crèche, école...). **Traitement :** – Général : administration de médicaments par voie orale. – Local : application d'un produit sur l'ensemble du corps. – Environnement : lavage de la literie et des vêtements à 60 °C.
Pédiculose  **Parasite** : poux. *Parasitose contagieuse qui se transmet de cheveux à cheveux ou de vêtements (ou literie) à cheveux.*	**Localisation** : derrière les oreilles et au niveau de la nuque. **Signes :** – Prurit. – Grattage important qui entraîne des lésions de la peau. – Risque de surinfection dû au grattage.	**Prévention :** – Surveiller la chevelure de façon régulière. – Ne pas échanger écharpes, foulards et bonnets entre enfants. **Traitement :** – Traitement local du cuir chevelu. – Lavages des taies d'oreillers, des bonnets, des écharpes... à plus de 50 °C.

JE RETIENS

1) Citer les trois couches de la peau.

. . . .

. . . .

2) Entourer l'affection de la peau non contagieuse parmi les propositions suivantes :

muguet – impétigo – eczéma

3) Nommer la parasitose due au pou.

. . . .

. . . .

→ ***Vous trouverez tous les éléments de réponses à ces questions p. 59***

FICHE 3

L'oreille et l'œil

1. L'oreille et l'audition

L'oreille est un organe paire et symétrique qui assure deux fonctions : l'ouïe (ou audition) et l'équilibre. Elle se divise en trois parties : **oreille externe**, **oreille moyenne** et **oreille interne**.

<table>
<tr><th></th><th>Composition</th><th>Rôle</th></tr>
<tr><td rowspan="3">Oreille externe</td><td>Pavillon de l'oreille : en grande partie cartilagineux.</td><td rowspan="3">Transmission aérienne : le pavillon dirige les sons vers le conduit auditif externe.
Les sons, en frappant le tympan, le font vibrer.</td></tr>
<tr><td>Conduit auditif externe : il contient des glandes sébacées qui sécrètent le cérumen.</td></tr>
<tr><td>Tympan : membrane mince qui sépare l'oreille externe de l'oreille moyenne.</td></tr>
<tr><td rowspan="2">Oreille moyenne</td><td>Chaîne des osselets : elle est composée du marteau, de l'enclume et de l'étrier.</td><td rowspan="2">Transmission mécanique : transmission et amplification des vibrations entre le tympan et l'oreille interne.</td></tr>
<tr><td>Trompe d'Eustache : elle communique avec le pharynx et permet d'équilibrer les pressions de part et d'autre du tympan.</td></tr>
<tr><td rowspan="3">Oreille interne</td><td>La cochlée : elle contient des fluides et des cellules ciliées très sensibles. Ces minuscules structures ressemblent à des poils et bougent lorsqu'elles sont stimulées par les vibrations sonores.</td><td rowspan="3">Transmission liquidienne et nerveuse : transformation des vibrations en message nerveux.

Cette zone a aussi une fonction d'équilibration grâce aux canaux semi-circulaires.</td></tr>
<tr><td>Le système vestibulaire (canaux semi-circulaires, saccule et utricule) : il contient des cellules qui contrôlent l'équilibre.</td></tr>
<tr><td>Le nerf auditif : il transmet les informations de la cochlée au cerveau.</td></tr>
</table>

Question de pro

Sandrine, assistante maternelle, s'interroge : Comment repérer un problème d'audition chez un jeune enfant ?

Réponse : Un enfant qui produit moins de sons qu'avant entre 4 et 6 mois, qui ne réagit pas ou ne se réveille pas lorsqu'il y a un bruit fort, qui ne tourne pas sa tête en direction d'une voix ou d'un bruit, ou encore, qui a un problème de langage, a sans doute un problème d'audition.

Les causes de cette anomalie peuvent être multiples : bouchon de cérumen, lésion du tympan, otite ou bien surdité. Il faudra dans tous les cas suggérer aux parents de consulter un médecin.

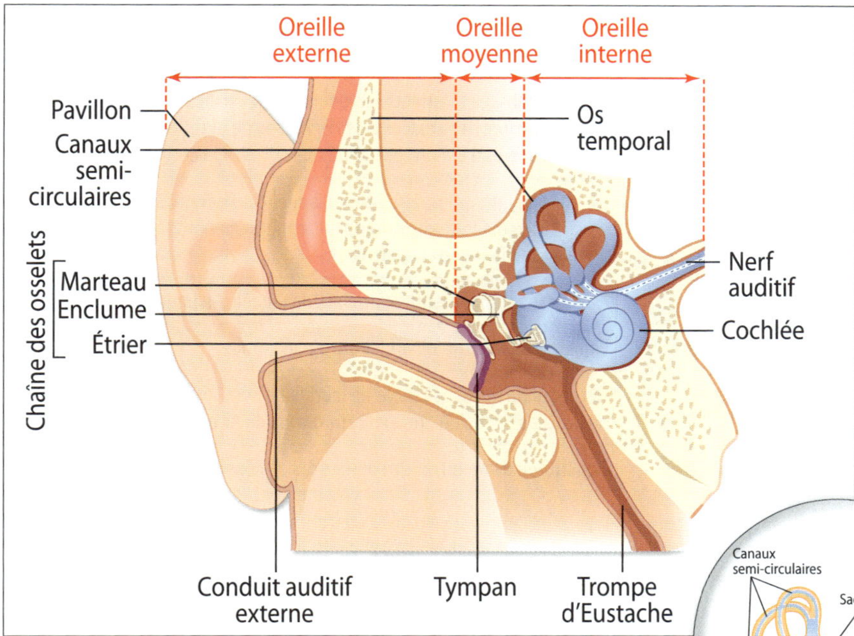

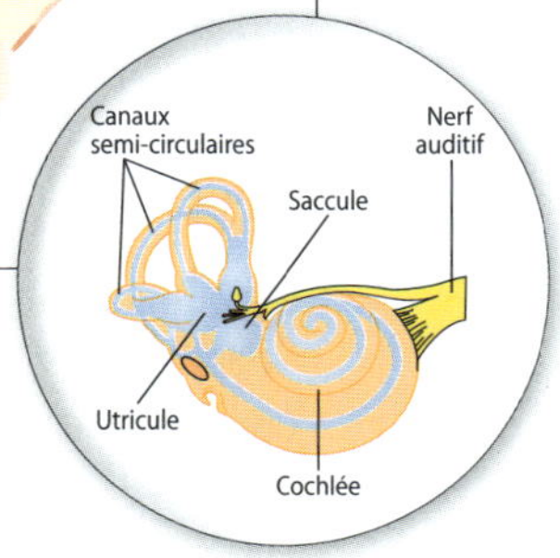

Le système auditif

2. L'œil et la vision

L'œil, organe de la vue, nous donne des repères sur le monde extérieur, et nous permet de reconnaître les objets à distance. Il est situé dans l'orbite, et la paupière le protège des poussières.

Le globe oculaire

Le globe oculaire est une sphère imparfaite composée de trois membranes et de quatre milieux transparents.

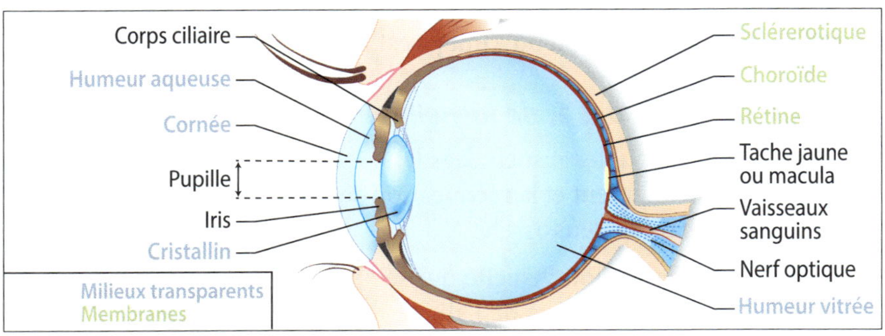

Coupe du globe oculaire

Membranes	**Sclérotique**	Couche externe qui forme une enveloppe de **protection** s'arrêtant au niveau de la cornée. Elle donne à l'œil sa couleur blanche et sa rigidité.
	Choroïde	Cette membrane intermédiaire est riche en vaisseaux sanguins afin de **nourrir les photorécepteurs** (cellules nerveuses de la rétine) de l'œil. Vers l'avant, elle est en continuité avec l'iris et le corps ciliaire.
	Rétine	Membrane interne très fragile sur laquelle se forme l'image. Elle comporte deux sortes de photorécepteurs (bâtonnets et cônes) concentrés dans une zone appelée tache jaune ou macula.
Milieux transparents	**Cornée**	Membrane transparente au travers de laquelle la lumière pénètre dans l'œil.
	Humeur aqueuse	Liquide transparent jouant le rôle d'une lentille.
	Cristallin	Corps solide qui est capable de modifier sa courbure afin d'obtenir une image nette. C'est ce qu'on appelle l'**accommodation**.
	Humeur vitrée	Constituée de gelée, elle donne à l'œil sa consistance.

A-Z

Iris : disque coloré dont l'ouverture (pupille) laisse plus ou moins passer la lumière.
Corps ciliaire : muscle qui maintient le cristallin.
Bâtonnets : cellules de forme allongée qui permettent la vision de nuit mais peu de perception des détails.
Cônes : cellules qui permettent une grande perception des détails et la vision de jour.

Fonctionnement de l'œil

Le rôle de l'œil est de former une image sur la rétine qui sera ensuite transmise au niveau du cerveau.

➲ **Étape 1** : les rayons lumineux traversent les milieux transparents de l'œil (la cornée, l'humeur aqueuse, le cristallin et, enfin, l'humeur vitrée). Les rayons lumineux rencontrent ensuite la rétine où se forme l'image.
➲ **Étape 2** : les cellules de la rétine (cônes et bâtonnets) captent les rayons lumineux et les convertissent en influx nerveux.
➲ **Étape 3** : l'influx nerveux suit le nerf optique. Les informations sont transmises au niveau du cerveau où l'image est interprétée.

Anomalies de l'œil et de la vision

Le dépistage des troubles visuels, dès les premiers mois de vie, est très important car plus le traitement et la rééducation sont mis en place précocement, plus il y a de chances qu'ils réussissent.

➲ **Strabisme** : affection visuelle qui se caractérise par une anomalie de l'alignement des yeux dont l'axe se dirige dans des directions différentes.

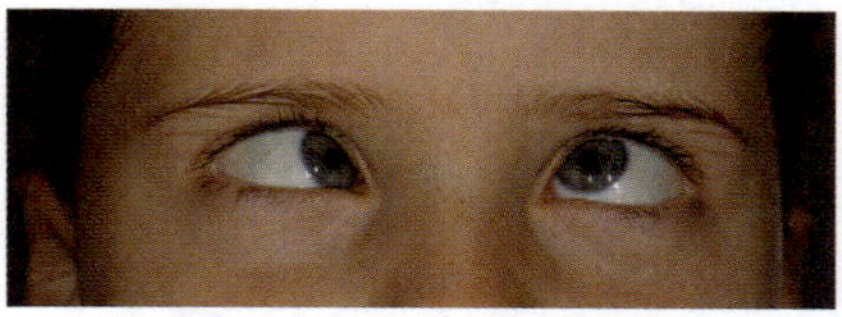

➲ **Myopie** : le myope voit mal de loin, mais bien de près. Son globe oculaire est trop allongé, l'image se forme en avant de la rétine et le cerveau voit une image floue.

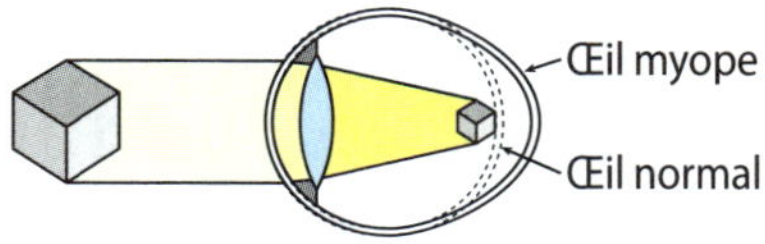

➲ **Hypermétropie** : l'hypermétrope voit en principe mieux de loin que de près. Son globe oculaire est trop court. L'image se forme derrière la rétine et le cerveau reçoit une image floue.

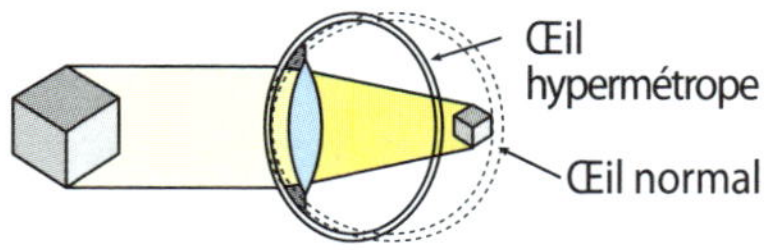

➲ **Astigmatisme** : l'astigmate a une vision imprécise de près comme de loin. Il ne perçoit pas nettement les contrastes entre les lignes verticales, horizontales ou obliques. C'est souvent la courbure de la cornée qui est en cause.

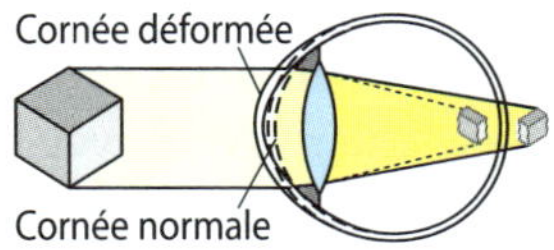

Questions de pro

Agnès, CAP Petite enfance, employée en multi-accueil demande : Est-ce que les bébés voient bien dès la naissance ?

Réponse : Oui, les bébés voient bien à la naissance mais leur système visuel n'est pas encore mature et ne le sera totalement qu'à l'âge de 10 ans.

Agnès : Comment peut-on repérer qu'un enfant voit mal ?

Réponse : Chez le tout jeune enfant, il faudra être attentif à des signes tels que le retard d'acquisition de la préhension des objets, l'errance du regard, ou encore l'absence de la poursuite oculaire. Plus tard, un enfant qui tombe souvent, se cogne, butte, plisse les yeux ou est indifférent à l'entourage doit interpeller l'adulte.

JE RETIENS

1) Classer les organes suivants dans le tableau : *tympan, marteau, cochlée, nerf auditif, pavillon de l'oreille, trompe d'Eustache.*

oreille externe	oreille moyenne	oreille interne
....	....	....
....	....	....
....	....	....

2) Citer les trois membranes et les quatre milieux transparents de l'œil.

....

....

➜ ***Vous trouverez tous les éléments de réponses à ces questions p. 59***

FICHE 4 Le système nerveux

Le système nerveux est un système très complexe. Il permet d'analyser et de contrôler en permanence les informations venues de l'extérieur et de réguler différentes fonctions automatiques de l'organisme (digestion, respiration...).
▶ FICHE 1

Le système nerveux est constitué :

– du **système nerveux cérébro-spinal** qui agit sous l'influence de notre volonté ;

– du **système nerveux végétatif** qui n'est pas soumis au contrôle de la volonté et est dit « autonome ». Il régule les fonctions vitales de l'appareil cardiovasculaire, pulmonaire, ou encore digestif.

1. Le système nerveux cérébro-spinal

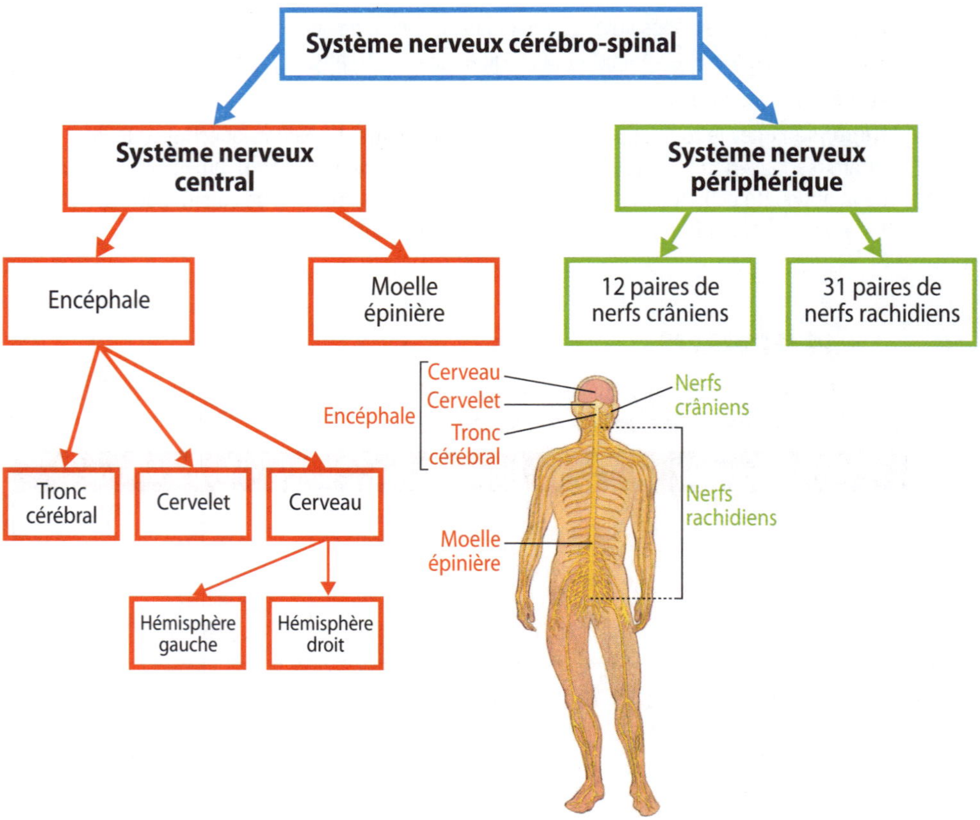

2. La structure du nerf

Le neurone

La cellule nerveuse (ou neurone) est l'unité de base du système nerveux.

Le cerveau renferme près de 100 milliards de neurones, reliés au reste du corps par un réseau de fibres nerveuses. Le neurone est composé :
- d'un **corps cellulaire** comprenant le **noyau**, le **cytoplasme** et les **dendrites** ;
- d'un **axone** qui se finit par une **arborisation terminale**.

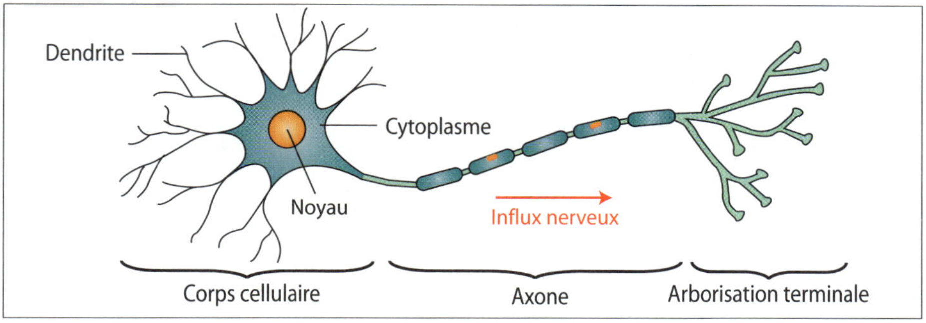

Un neurone

Il existe deux principaux types de neurones :
- les **neurones sensitifs** qui transmettent les informations des organes vers le système nerveux central ;
- les **neurones moteurs** qui transmettent les signaux du système nerveux central vers les organes.

Remarque

L'axone ne peut conduire l'influx nerveux que dans un seul sens : du corps du neurone vers les arborisations terminales de l'axone.

Cette cellule nerveuse a deux propriétés :
- l'**excitabilité** (convertit une excitation en influx nerveux) ;
- la **conductibilité** (conduit l'influx nerveux).

Les nerfs

Composés de faisceaux de fibres nerveuses (axones des neurones), les nerfs parcourent le corps et se terminent dans tous les organes et tissus du corps.

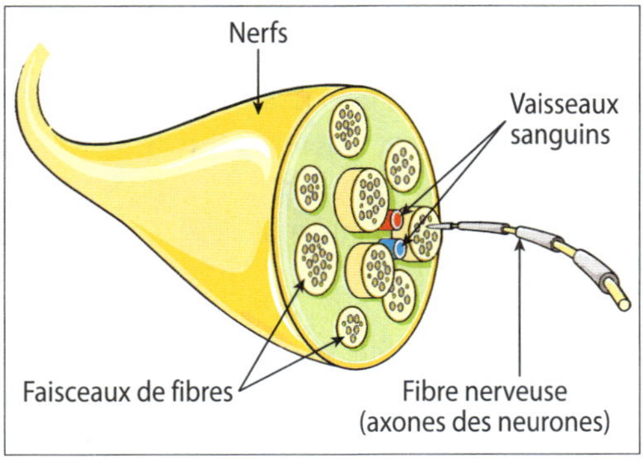

Coupe d'un nerf

3. Activité réflexe et activité volontaire du système nerveux

L'activité réflexe (ou involontaire)

L'activité réflexe est une réponse motrice involontaire, automatique et très rapide à un stimulus. Par exemple, si un enfant touche une théière encore chaude ①, il retirera immédiatement la main de celle-ci ②.

Ce circuit emprunté par l'influx nerveux s'appelle l'**arc réflexe**. Il se décompose en cinq phases :

1. **Stimulation** des terminaisons nerveuses de la peau due à la chaleur.
2. Information traduite en influx nerveux qui est transmise par le **nerf sensitif** jusqu'à la moelle épinière.
3. Le **neurone d'association** transmet l'influx du nerf moteur au nerf sensitif.
4. L'influx nerveux parcours le **nerf moteur**.
5. **Réaction** : contraction des muscles, la main se retire.

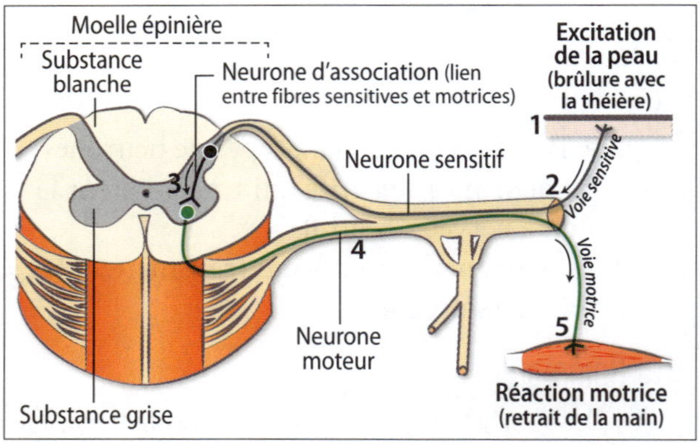

Arc réflexe

À savoir

Deux autres réflexes font partie de l'activité réflexe : les réflexes innés et les réflexes conditionnés.
Les réflexes innés sont des réactions automatiques comme par exemple le clignement des yeux, la déglutition, ou encore les réflexes archaïques qui concernent les nouveaux-nés (réflexe de succion par exemple).
Les réflexes conditionnés sont des réactions immédiates et mécaniques précédant toute réflexion (la pratique du vélo par exemple).

A-Z

Influx nerveux : activité électrique qui se propage dans le système nerveux.
Stimulus : facteur susceptible de déclencher une réaction.

L'activité volontaire (ou consciente)

L'activité volontaire est un acte voulu et conscient qui met en jeu le cerveau. Elle se décompose en cinq phases :

1. Stimulation : Thomas voit une voiture.
2. Transmission de l'information par le **nerf sensitif** jusqu'au cerveau.
3. Prise de conscience au niveau du **cerveau.**
4. Transmission de la décision au niveau du **nerf moteur.**
5. Action : Thomas prend la voiture.

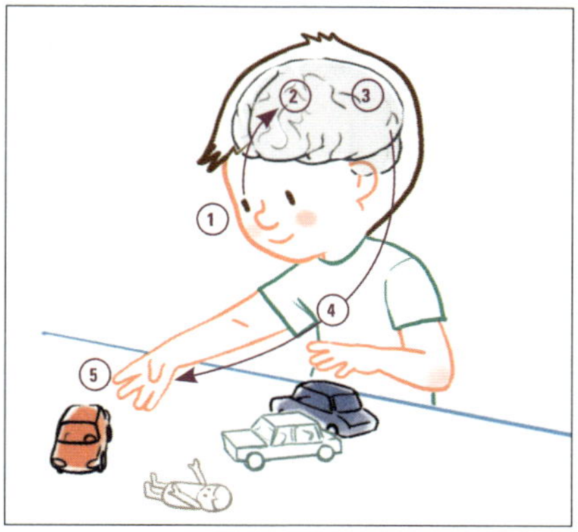

Comparatif des types d'activités du système nerveux

ACTIVITÉ RÉFLEXE (involontaire)	ACTIVITÉ VOLONTAIRE (consciente)
Stimulation	Stimulation
↓	↓
Nerf sensitif	Nerf sensitif
↓	↓
Nerf associatif	Cerveau
↓	↓
Nerf moteur	Nerf moteur
↓	↓
Réaction	Action

JE RETIENS

1) Identifier le système nerveux central en barrant les organes qui ne lui appartiennent pas.

encéphale – nerfs crâniens – cerveau – tronc cérébral – moelle épinière

2) Citer les deux propriétés du neurone.

....

....

3) Numéroter l'ordre dans lequel l'influx nerveux circule dans le cas de l'arc réflexe.

nerf moteur	nerf associatif	nerf sensitif
n°	n°	n° ....

→ **Vous trouverez tous les éléments de réponses à ces questions p. 59**

FICHE 5

L'organisation de l'appareil locomoteur

L'appareil locomoteur est constitué d'os qui forment le squelette, d'articulations qui correspondent à la jonction entre deux ou plusieurs os, et de muscles qui permettent les mouvements.

1. Le squelette et les os

Le squelette

Le squelette humain comprend 206 os qui composent la tête, le tronc ainsi que les membres inférieurs et supérieurs.

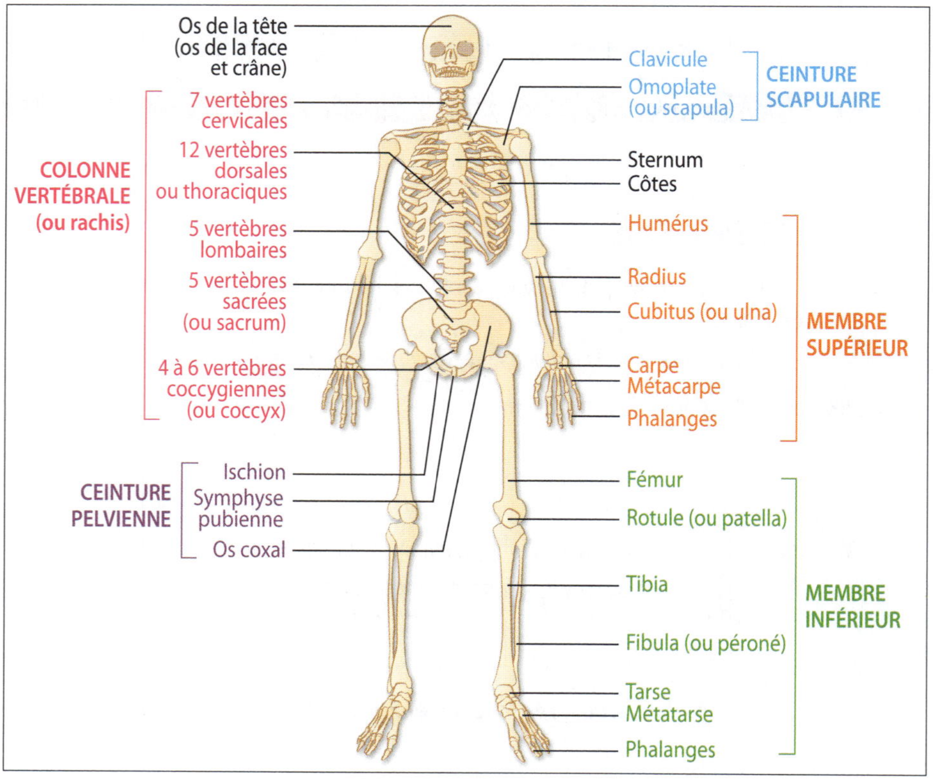

Le squelette de l'homme

La structure de l'os

Les os de notre squelette sont formés de **tissu osseux** (os compact et os spongieux) et de **tissu cartilagineux** comme le cartilage articulaire aux extrémités des os ou le cartilage de conjugaison responsable de la croissance osseuse.
Au niveau de la **diaphyse** se trouve la **moelle jaune** qui loge dans le **canal médullaire**. Enfin, dans les **épiphyses** se trouve la **moelle rouge** responsable de la production des cellules sanguines.

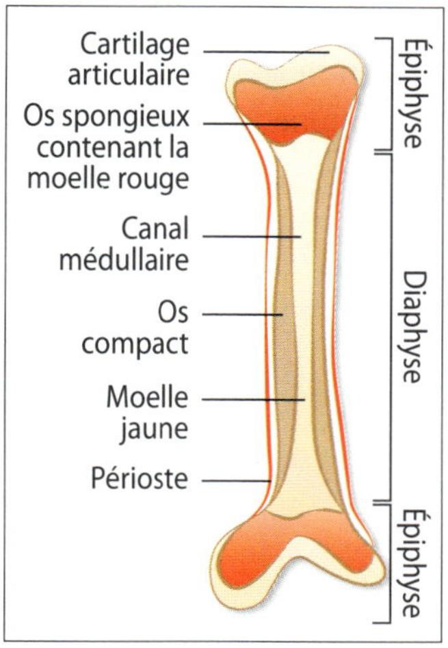

Schéma d'un os long

2. Les muscles

L'activité des muscles est volontaire ou involontaire. Il existe donc deux sortes de muscles :
– les **muscles striés** (ou muscles squelettiques) qui sont des muscles rouges responsables de mouvements volontaires au niveau de l'appareil locomoteur en particulier ;
– les **muscles lisses** (ou viscéraux) qui permettent le travail involontaire des viscères.

L'organisation générale du muscle strié

Le muscle strié est attaché à l'os par le **tendon**. Il est recouvert par une gaine fibreuse appelée **aponévrose**. Des cloisons divisent le muscle en **faisceaux**. Les faisceaux sont constitués de **fibres musculaires**.

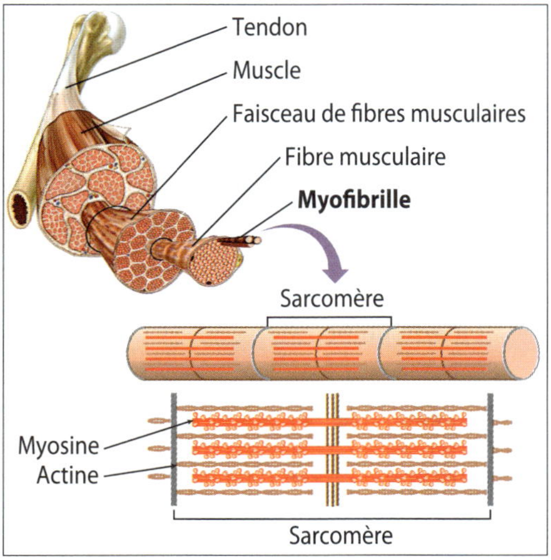

Coupe du muscle strié

La fibre musculaire

Chaque fibre musculaire du muscle contient de fins filaments : les **myofibrilles**. Celles-ci sont constituées d'**actine** et de **myosine** qui apparaissent en bandes alternées, **claires** et **foncées**.

Lors de la contraction musculaire, la fibre musculaire se racourcit par diminution des bandes claires et, dans l'allongement du muscle, se produit le phénomène inverse.

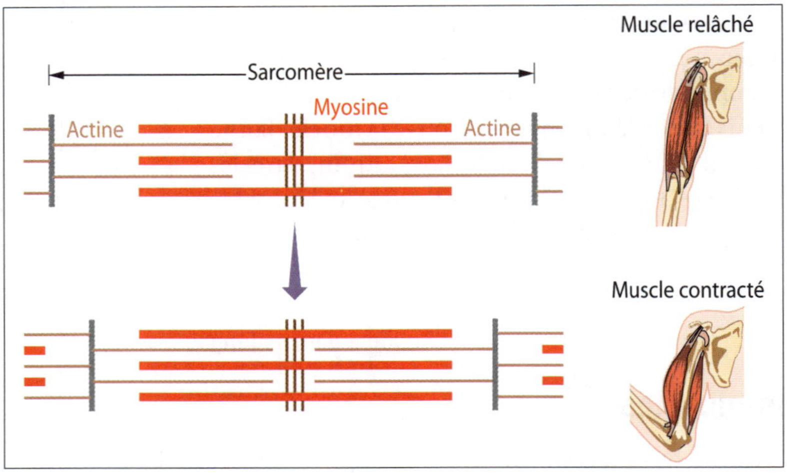

Variation du sarcomère lors de la contraction-extension

Les propriétés du muscle

➲ **Excitabilité** : il réagit en se contractant suite à une excitation mécanique, thermique, chimique ou électrique.
➲ **Contractibilité** : il s'agit de la faculté que possède le muscle de se raccourcir suite à une excitation et, ainsi, de mobiliser les os sur lesquels il est fixé.
➲ **Élasticité** : il reprend sa longueur initiale après avoir été étiré.
➲ **Tonicité** : les muscles sont légèrement contractés au repos, c'est le tonus musculaire.

3. Les articulations

Les articulations sont classées en fonction de leur mobilité.

Type d'articulation	Articulation synoviale	Articulation cartilagineuse	Articulation fibreuse
Mobilité	**Mobile** : permet des mouvements amples.	**Semi-mobile** : permet des mouvements de faible amplitude.	**Immobile** : ne permet aucun mouvement entre les os.
Exemple d'articulation	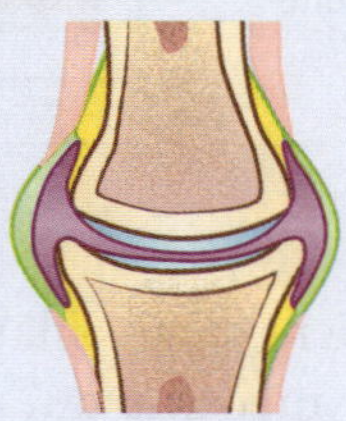 Articulation du genou	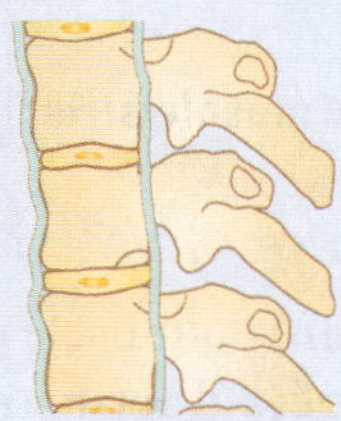 Articulation des vertèbres	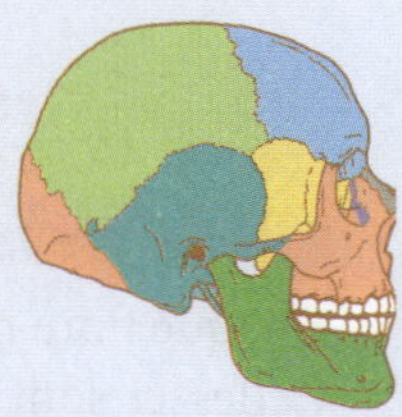 Suture des os du crâne

4. L'étude de la marche

L'étude des mouvements et de la marche en particulier est complexe. Le système nerveux central (▶ FICHE 4) y joue un grand rôle et intervient de la façon suivante :

➲ **Étape 1** : réception des influx nerveux sensitifs.

➲ **Étape 2** : traitement des influx nerveux sensitifs traduits en moteurs.

➲ **Étape 3** : les influx moteurs prennent le relais vers les muscles en permettant la réponse (contraction du muscle).

Le mouvement est possible grâce à une suite de contractions de certains muscles (éléments actifs de la contraction) et au relâchement d'autres muscles (éléments passifs de la contraction).
L'étude de la marche permet de décomposer les mouvements en cinq temps.

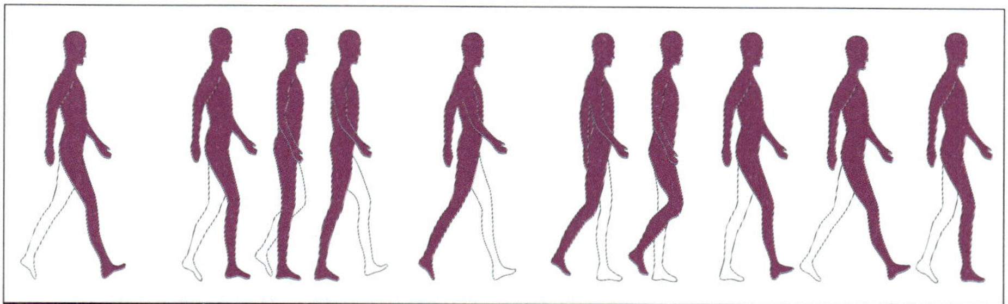

Attaque du talon droit au sol	Pied droit à plat au sol	Lever du talon	Lever des orteils	Extension du genou

JE RETIENS

1) Citer les os qui composent la ceinture scapulaire et le membre inférieur.

....

....

2) Classer dans l'ordre décroissant (du plus grand au plus petit) les différentes parties du muscle.

myofibrille – muscle – faisceau – fibre musculaire

....

3) Cocher la bonne réponse et justifier.
L'articulation de la hanche est une articulation cartilagineuse. ❑ Vrai ❑ Faux

....

....

➜ ***Vous trouverez tous les éléments de réponses à ces questions p. 59***

FICHE
6 La croissance et l'hygiène de l'appareil locomoteur

1. La croissance de l'appareil locomoteur

Le développement de l'enfant et sa croissance en particulier, entraînent de nombreux changements de la naissance à l'âge adulte. La maturation de l'appareil locomoteur s'effectue par stades.

L'ossification

Les os de l'enfant sont tout d'abord à l'état de cartilage avant de devenir osseux. Ils seront complètement ossifiés à l'âge adulte.

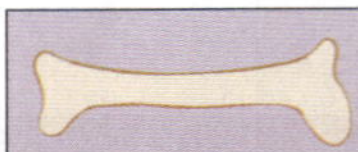	Ébauche cartilagineuse.
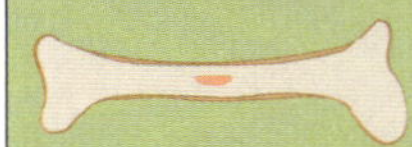	Point d'ossification et formation d'une gaine osseuse à partir du périoste.
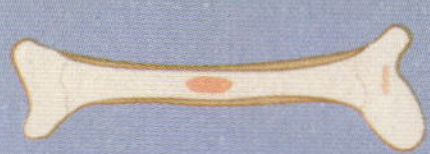	Point d'ossification secondaire au niveau des épiphyses.
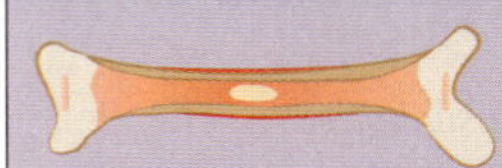	Formation du canal médullaire.
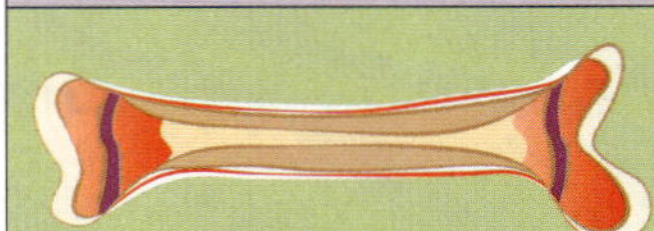	Les épiphyses sont recouverts par le cartilage articulaire. Le cartilage de conjugaison apparaît pour permettre la croissance en longueur de l'os alors que le périoste permet la croissance en largeur.
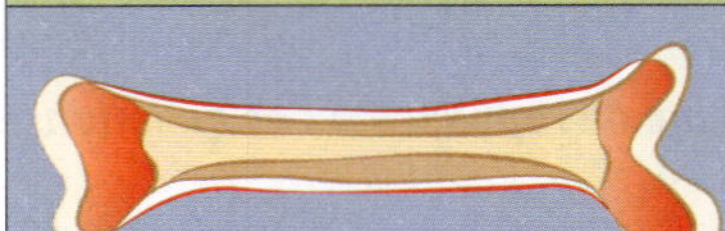	Os adulte.

Les fontanelles

Le crâne du nouveau-né présente des espaces membraneux appelés fontanelles.

▸ FICHE 15

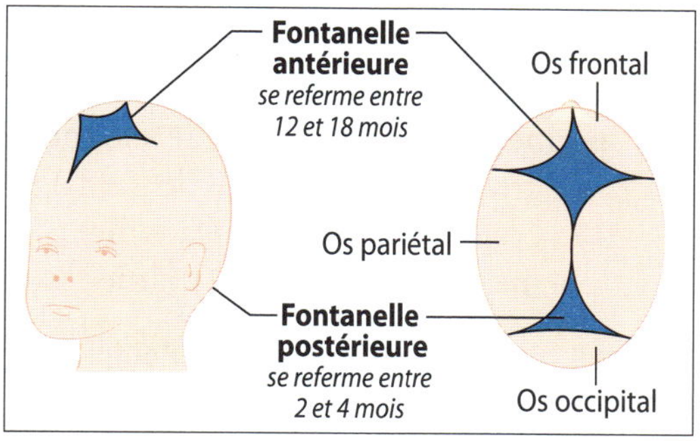

QUESTION DE PRO

Fabien, élève de CAP Petite enfance assiste à une visite médicale dans un multi-accueil et demande : Pourquoi est-il si important de suivre l'évolution de la fermeture des fontanelles ?

Réponse : Les fontanelles jouent un rôle essentiel dans l'adaptation de la croissance entre le crâne et le cerveau. C'est pour cette raison que le médecin les palpe. Il recherche des fontanelles qui se refermeraient tardivement et peuvent être significatives de mauvaise calcification, des fontanelles déprimées qui doivent alerter sur une déshydratation, ou bien des fontanelles bombées qui peuvent être un symptôme de méningite.

▸ FICHE 9

L'aspect morphologique

En observant les modifications que subit la morphologie de l'enfant à différents âges, il est aisé de repérer que les parties du corps évoluent de façon inégale.

Il existe deux segments à prendre en compte : le **segment inférieur**, du pubis aux pieds, et le **segment supérieur**, du pubis au sommet du crâne.

Les proportions du corps évoluent de la façon suivante :

– la tête représente un quart du corps du nouveau-né et seulement 1/6e du corps de l'enfant de 6 ans (puis environ 1/8e à l'âge adulte) ;

– chez le nouveau-né, le segment inférieur est bien plus court que le segment supérieur.

Ce rapport entre les deux segments va évoluer pour arriver à une équivalence entre les deux à l'âge adulte.

Évolution des proportions du corps de 0 à 6 ans

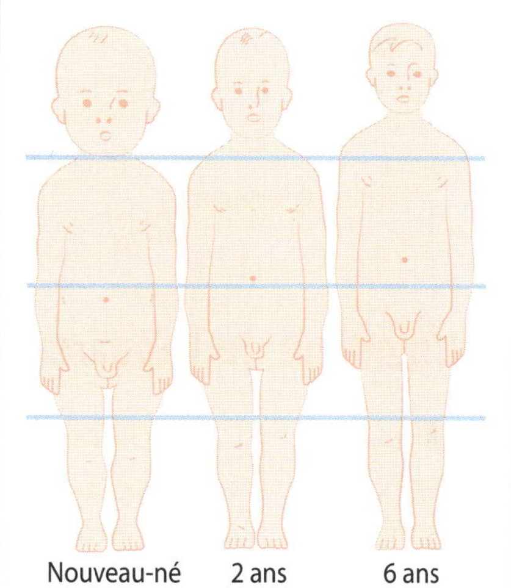

La surveillance de la croissance de l'enfant

La croissance de l'enfant est surveillée grâce aux indicateurs de croissance qui permettent de suivre son développement. Il s'agit de :
- la croissance pondérale (le poids) ;
- la croissance staturale (la taille) ;
- la mesure du périmètre crânien (tour de tête).

Âge	Poids	Taille	Périmètre crânien
Naissance	3 250 g (+/- 250 g)	50 cm	35 cm
6 mois	6,5 kg (PN* x 2)	66 cm	44 cm
12 mois	10 kg (PN x 3)	73 cm	46 cm
2 ans	13 kg (PN x 4)	85 cm	48 cm
3 ans	de 14,5 kg à 15 kg	93 cm	48,5 cm
4 ans	17 kg (PN x 5)	1 m (TN** x 2)	49 cm

*PN : poids de naissance.
**TN : taille de naissance.

Les courbes établies suite aux différentes mensurations permettent de déceler d'éventuels troubles de la croissance. Le report de ces mensurations sur le carnet de santé permet de suivre l'évolution de la courbe.

Question de pro

Naïma, auxilliaire de puériculture en halte-garderie demande : Quelles doivent être les caractéristiques d'une courbe de croissance dite « normale » ?

Réponse : Il convient d'attacher plus d'importance à l'allure générale de la courbe de l'enfant plutôt qu'à son poids. Une courbe de croissance « normale » doit être ascendante, régulière, et comprise entre les références inférieures et supérieures. Une courbe de croissance ne s'étudie en général pas seule, elle se lit en parallèle avec la courbe staturale.

2. L'hygiène de l'appareil locomoteur

Les facteurs de croissance

Il existe de nombreux facteurs favorables et indispensables pour que la croissance de l'enfant soit harmonieuse.

➲ **Facteurs externes :** qualité de l'environnement (affectif...), suivi médical, alimentation (calcium, phosphore, vitamines A et D), hygiène de vie : sommeil (sécrétion de l'hormone de croissance) et activité physique (stimulation de la croissance osseuse).

➲ **Facteurs internes :** facteurs génétiques et facteurs hormonaux.

Les atteintes du squelette

➲ **Le rachitisme** : c'est une insuffisance de minéralisation des os due à un déficit en calcium. Cela se traduit par des os mous, un retard de la fermeture des fontanelles, des déformations du squelette ainsi que des perturbations de la formation des dents. La prévention du rachitisme passe par une exposition régulière au soleil et nécessite une alimentation riche en calcium et en vitamine D qui permet l'absorption du calcium au niveau intestinal et sa fixation sur les os.

➲ **Les principales déformations du squelette** : il est important d'être attentif aux postures de l'enfant (en particulier à l'âge scolaire). S'il adopte de mauvaises postures cela peut entraîner une déviation de sa colonne vertébrale.

Type de déformation	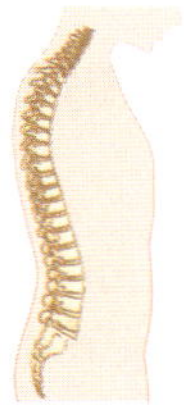 Cyphose	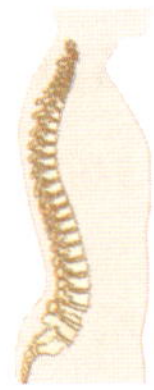 Lordose	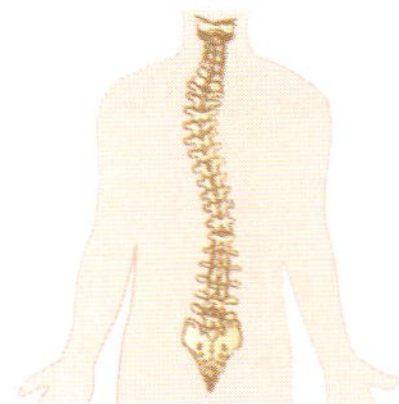 Scoliose
Description	La cyphose est caractérisée par un haut du dos en forme de « C » et une tête projetée en avant des épaules.	La lordose est caractérisée par un creux lombaire très prononcé.	La scoliose est une déviation de la colonne vertébrale souvent innée qui est caractérisée par une courbure en forme de « S ».
Prévention	La prévention de ces déformations du squelette repose essentiellement sur les principes d'ergonomie à respecter. Ces principes doivent être enseignés aux enfants dès le plus jeune âge, de façon à leur apprendre à protéger leur dos. ▶ FICHE 51		

JE RETIENS

1) Citer la partie de l'os long qui lui permet de croître en longueur et en largeur.

....

2) Préciser les mensurations moyennes d'un enfant à la naissance, à 1 an et à 4 ans.

	Naissance	1 an	4 ans
Poids			
Taille			
Périmètre crânien			

3) Citer les trois types de déformation du squelette.

....

➜ ***Vous trouverez tous les éléments de réponses à ces questions p. 59***

FICHE 7

L'appareil circulatoire

L'appareil circulatoire a pour fonction d'apporter à toutes les cellules de l'organisme le dioxygène et les nutriments indispensables. Il collecte par ailleurs le dioxyde de carbone et les déchets. Pour cela, il est constitué d'un réseau complexe qui s'étend et se ramifie au sein de chaque organe.

1. Les constituants du sang et de la lymphe

La composition du sang

Le sang circule dans les vaisseaux à travers tout l'organisme. Il joue un rôle essentiel dans la **nutrition**, la **respiration**, la **régulation** et la **défense immunitaire**.

Il est composé :
- de **plasma** : partie liquide qui représente plus de la moitié du sang et dans laquelle se trouvent de nombreuses substances dont les cellules sanguines ;
- d'**éléments figurés** : les hématies (ou érythrocytes), les leucocytes et les plaquettes.

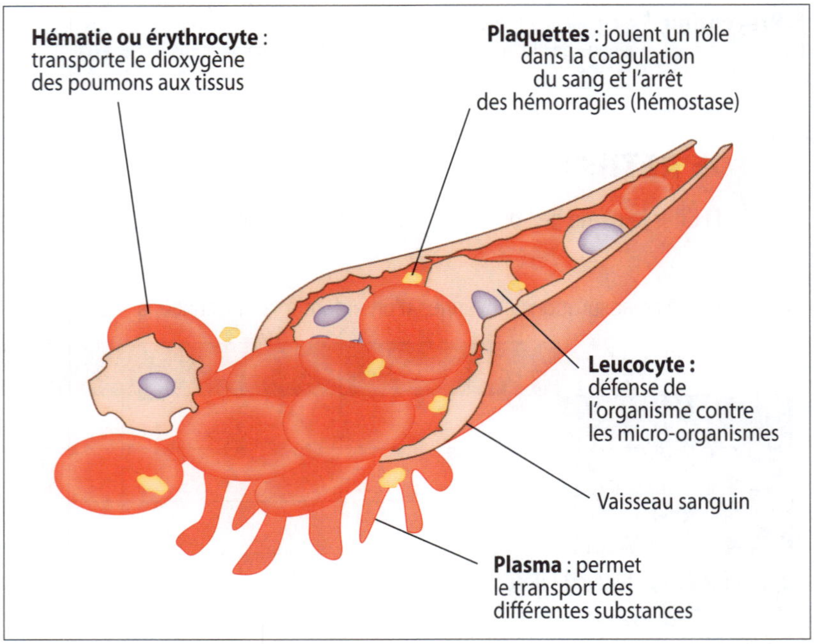

Composition du sang

La composition de la lymphe

Parallèle à la circulation sanguine, la circulation lymphatique a un rôle complémentaire. Elle intervient tout particulièrement dans la nutrition des cellules et le processus de défense de l'organisme en permettant la circulation de cellules de défense (leucocytes, anticorps...) dans tout le corps.

La formation de la lymphe se fait en quatre étapes.

1. Au niveau des capillaires sanguins, le **plasma** et les **leucocytes** traversent la paroi (transsudation).
2. La **lymphe interstitielle** se forme et va baigner les cellules qui y puiseront une partie de leurs substances nutritives et y rejetteront leurs déchets.
3. La **lymphe interstitielle** passe dans les vaisseaux lymphatiques. Elle joue un rôle essentiel dans le système immunitaire grâce aux ganglions lymphatiques qui se trouvent le long des vaisseaux lymphatiques et dans lesquels les micro-organismes sont détruits.
4. La lymphe retourne ensuite dans la circulation sanguine au niveau de l'oreillette droite du cœur.

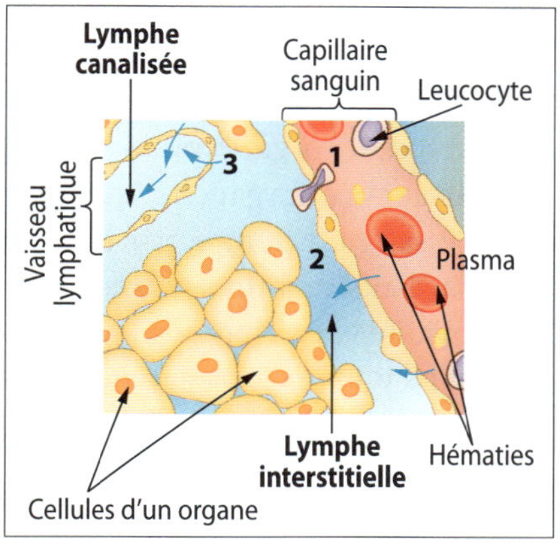

Formation de la lymphe

2. Les groupes sanguins

Un groupe sanguin est une classification de sang reposant sur la présence ou l'absence d'antigène à la surface de l'hématie.
Les groupes sanguins se définissent par deux systèmes : le **système ABO** et le **système rhésus** (rhésus positif ou négatif). Notre appartenance à un groupe dépend des antigènes présents à la surface des hématies.

	GROUPES SANGUINS			
	A	B	AB *(receveur universel)*	O *(donneur universel)*
Surface des hématies	Membrane de l'hématie Antigène A	Antigène B		
Anticorps présents dans le plasma	Anticorps anti-B	Anticorps anti-A	Pas d'anticorps	Anticorps anti-B et anti-A

Les groupes sanguins

Le système rhésus est déterminé quant à lui par la présence ou l'absence de l'antigène D à la surface de l'hématie.

Question de pro

Naïma, élève de CAP Petite enfance s'interroge : Pourquoi est-il important de connaître le groupe sanguin d'une personne ?

Réponse : C'est important car mélanger des sangs différents peut provoquer une destruction des hématies. Il est donc indispensable de procéder à des transfusions entre groupes sanguins compatibles.

3. La circulation sanguine

Le cœur, organe puissant, est composé de deux pompes coordonnées (cœur droit et cœur gauche) qui assurent la circulation sanguine.

Le sang est pompé par la partie droite du cœur, puis conduit vers les poumons par l'**artère pulmonaire** afin d'y être oxygéné (circulation pulmonaire). Il revient ensuite vers la partie gauche du cœur par les **veines pulmonaires** pour être envoyé dans tout le corps (circulation systémique) et délivrer son dioxygène dans les tissus. Une fois appauvri en dioxygène, il retourne vers la partie droite du cœur.

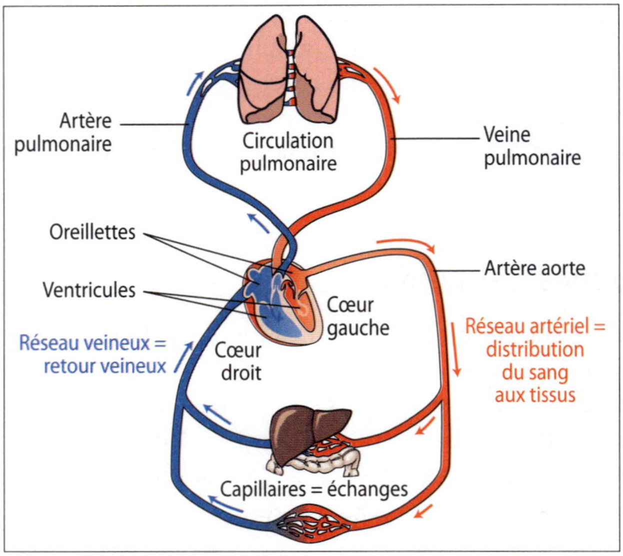

La double circulation

A-Z

Artère : conduit qui transporte le sang du cœur vers les organes.

Capillaires : situés entre les artérioles (petites artères) et les veinules (petites veines) ils permettent la diffusion des gaz et des nutriments entre le sang et les tissus.

Veine : conduit qui transporte le sang des organes vers le cœur.

À savoir

Le sang circule toujours dans le même sens et cœur droit et gauche ne communiquent pas entre eux.

4. La révolution cardiaque

La révolution cardiaque (ou cycle cardiaque) est l'ensemble des mécanismes qui permettent le fonctionnement du cœur. Elle est composée de :
– la **diastole** : phase de repos du cœur qui se relâche le temps du remplissage ;
– la **systole** (auriculaire et ventriculaire) : phase de contraction (oreillettes et ventricules) du cœur qui chasse le sang dans la circulation.

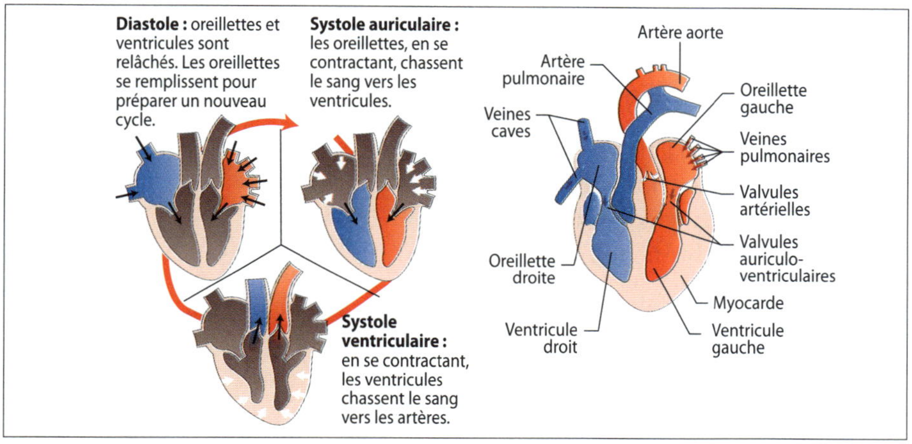

Le cycle cardiaque et la pompe cardiaque

Attention

Toute hémorragie, interne ou externe, est à prendre au sérieux et à traiter rapidement. ► FICHES 55 ET 60

JE RETIENS

1) Citer les éléments figurés du sang.

. . . .

2) Définir la lymphe en cochant la (ou les) bonne(s) réponse(s).
❑ La lymphe joue un rôle dans le processus de défense de l'organisme.
❑ La lymphe joue un rôle dans la coagulation du sang.
❑ La lymphe joue un rôle dans la nutrition des cellules.

3) Citer les deux phases de la révolution cardiaque et préciser s'il s'agit d'une phase de repos ou de contraction.

. . . .

. . . .

→ ***Vous trouverez tous les éléments de réponses à ces questions p. 59***

FICHE 8

L'appareil respiratoire

L'appareil respiratoire a une fonction vitale de nutrition permettant l'entrée de dioxygène dans l'organisme et le rejet de dioxyde de carbone dans l'air.

1. Les voies aériennes (ou voies respiratoires)

À l'inspiration, l'air va emprunter successivement : les fosses nasales, le pharynx, le larynx, la trachée et les bronches.

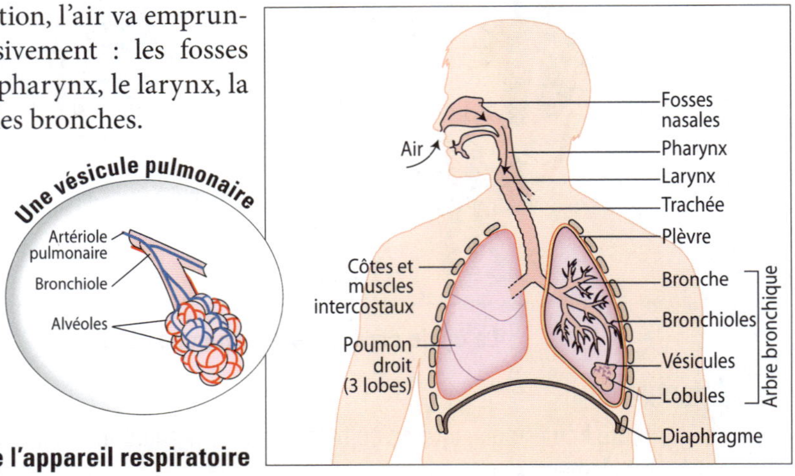

Anatomie de l'appareil respiratoire

Organes	Caractéristiques
Nez et fosses nasales	Ils réchauffent l'air inspiré, l'humidifient, puis le filtrent pour le débarrasser des corps étrangers (grâce aux cils vibratiles). Ce sont eux qui reçoivent les stimuli olfactifs (odorat).
Pharynx	C'est un carrefour aéro-digestif qui met en communication les fosses nasales, la bouche, le larynx et l'œsophage. Pendant la déglutition, la luette se soulève pour empêcher les aliments d'accéder aux voies respiratoires.
Larynx	Organe de la voix qui renferme les cordes vocales.
Trachée	Elle permet le passage de l'air grâce à ses anneaux cartilagineux qui la maintiennent ouverte. Elle est tapissée de cils vibratiles qui repoussent la poussière vers le haut, et de glandes à mucus qui jouent un rôle contre les corps étrangers. L'obstruction de la trachée par des aliments est une situation d'extrême urgence. ► FICHE 59
Bronches	Ces deux conduits (bronche droite et bronche gauche) permettent le passage de l'air dans les poumons.

Remarque

Les canaux lacrymaux qui transportent les larmes à partir des glandes lacrymales s'ouvrent également dans la cavité nasale.

2. La ventilation pulmonaire

La ventilation pulmonaire est le processus mécanique par lequel l'air rentre et sort des poumons. Il se déroule en deux temps (le cycle respiratoire) :
- l'**inspiration**, au cours de laquelle les poumons se remplissent d'air ;
- l'**expiration**, où les poumons expulsent les gaz qu'ils contiennent.

À savoir

La fréquence respiratoire chez un nouveau-né est de 40 cycles par minute.

3. Les échanges gazeux

Les cellules de l'organisme ont besoin de dioxygène (O_2) et rejettent du dioxyde de carbone (CO_2). Ces deux gaz sont transportés par le sang : l'O_2 des poumons vers les cellules, le CO_2 à l'inverse.

Les échanges gazeux respiratoires ont lieu au niveau des **alvéoles pulmonaires**, qui sont de petits sacs d'air regroupés autour de la partie terminale d'une **bronchiole** (extrémité des bronches divisée). L'O_2 passe de l'air contenu dans les alvéoles vers le sang par simple diffusion à travers les membranes alvéolaires et capillaires. Le CO_2 effectue le chemin inverse.

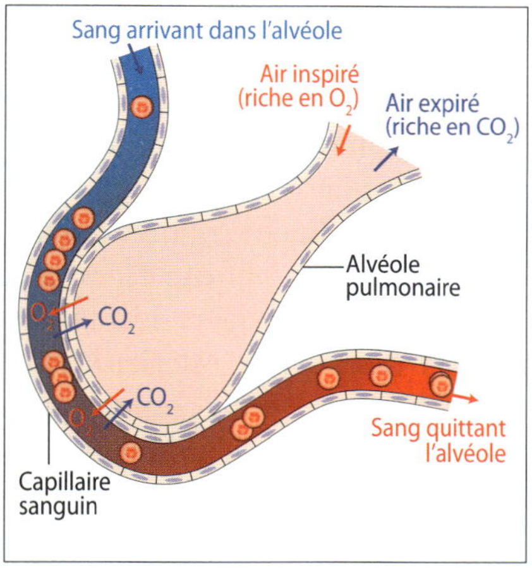

Échanges gazeux dans l'alvéole pulmonaire

QUESTION DE PRO

Alain, EJE en multi-accueil demande : Est-ce que la bronchiolite est une maladie contagieuse ? Si oui, quelles sont les précautions à prendre ?

Réponse : La bronchiolite est une maladie des bronchioles due à un virus très contagieux. Il se transmet par la salive, les éternuements, la toux, le matériel souillé et les mains. Pour limiter sa diffusion, il faut se laver les mains avant de s'occuper d'un bébé, éviter les contacts avec les personnes enrhumées, ne pas échanger biberons, sucettes..., et veiller à une aération quotidienne des locaux. ► FICHE 34

JE RETIENS

1) Caractériser les échanges alvéolaires en cochant les bonnes réponses.

L'air qui pénètre dans les alvéoles est : ❑ riche en CO_2 ❑ riche en O_2
Le sang quittant l'alvéole est : ❑ riche en CO_2 ❑ riche en O_2

2) Citer les deux temps de la ventilation pulmonaire et préciser leur valeur chez le nouveau-né.

....

➜ ***Vous trouverez tous les éléments de réponses à ces questions p. 59***

FICHE

9 L'appareil digestif

Afin d'être assimilés par l'organisme, les aliments sont transformés en nutriments. Ils subissent un ensemble de modifications physiques et chimiques appelées **digestion**.

1. Les organes de l'appareil digestif

Le tube digestif est un tube creux fait de muscles qui s'ouvre à l'extérieur par la bouche et l'anus. Il se divise en six zones distinctes :
- **la bouche** : cavité qui contient la langue et les dents ;
- **le pharynx** : carrefour aéro-digestif où le bol alimentaire est dégluti pour passer dans l'œsophage ;
- **l'œsophage** : conduit qui fait communiquer le pharynx et l'estomac ;
- **l'estomac** : poche digestive où le bol alimentaire est stocké provisoirement, brassé et prédigéré avant d'être envoyé dans l'intestin (l'orifice supérieur est le **cardia**, l'orifice inférieur est le **pylore**) ;
- **l'intestin grêle** : organe principal de la digestion composé de trois parties (le duodénum, le jéjunum et l'iléon). La presque totalité de l'absorption se fait ici ;
- **le côlon** (ou gros intestin) : faisant suite à l'intestin grêle, il est composé du **caecum**, du **côlon**, du **rectum** et se termine par l'**anus**.

2. Les glandes annexes

L'appareil digestif dispose de plusieurs glandes annexes qui sécrètent des enzymes ayant un rôle essentiel dans la digestion : les **glandes salivaires** (production de salive dans la cavité buccale), l'**estomac** (suc gastrique), le **foie** (sécrétion de bile recueillie dans la vésicule biliaire), le **pancréas** (suc pancréatique) et l'**intestin grêle** (suc intestinal).

3. Les phénomènes mécaniques et chimiques

Ces phénomènes permettent aux constituants alimentaires d'être transformés en molécules assimilables par le sang. Les molécules complexes sont simplifiées en molécules simples (nutriments) sous l'action des enzymes digestives. Eau, sels minéraux, vitamines et cellulose ne subissent pas de transformations.

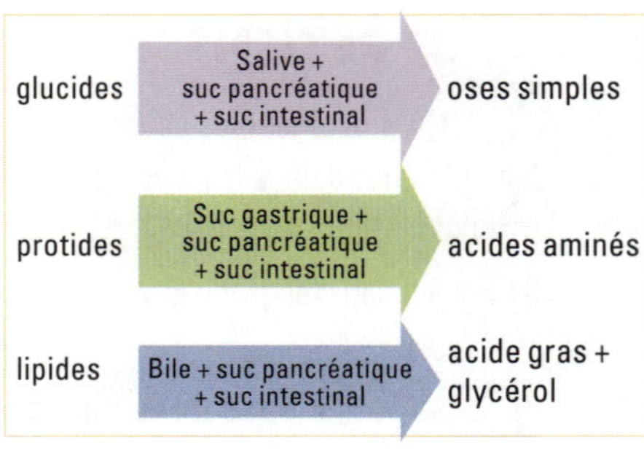

Phénomènes mécaniques

Bouche : mastication des aliments par les dents pour former le bol alimentaire. **Brassage** des aliments par la langue.

Pharynx : déglutition du bol alimentaire, fermeture des voies.

Œsophage : progression du bol alimentaire par **contractions** de l'œsophage (= mouvements péristaltiques).

Estomac : brassage du bol alimentaire.

Intestin grêle : progression du contenu (chyme) grâce aux **contractions** intestinales.

Côlon : contractions du côlon qui poussent les matières fécales dans le rectum. La pression dans le rectum déclenche le réflexe de défécation.

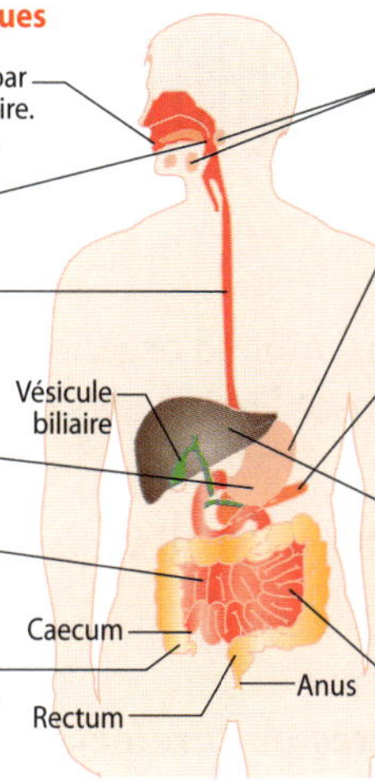

Phénomènes chimiques

Glandes salivaires : sécrètent de la **salive** contenant de l'amylase salivaire (enzyme) qui agit sur les glucides.

Estomac : sécrète du **suc gastrique** contenant de la pepsine (enzyme) qui agit sur les protéines et les transforme en polypeptides.

Pancréas : sécrète le **suc pancréatique** qui est déversé dans l'intestin grêle et qui contient trois enzymes : l'amylase, la lipase, la trypsine.

Foie : sécrète la **bile** qui est déversée dans l'intestin grêle et agit sur les lipides en les émulsionnant. La bile est stockée dans la vésicule biliaire.

Intestin grêle : sécrète le **suc intestinal** qui agit sur les lipides, les glucides et les protides.

Lorsque la digestion est achevée, nutriments, eau, minéraux et vitamines sont prêts à être absorbés au niveau de la paroi de l'intestin grêle pour passer dans le sang et la lymphe grâce aux villosités intestinales. Les résidus de la digestion sont évacués sous forme de selles.

4. La dentition

Il existe deux sortes de dentition : la **dentition temporaire** de l'enfant ❶ (20 dents, avec les dents de lait) et la **dentition définitive** de l'adulte ❷ (32 dents). L'hygiène bucco-dentaire est importante dès le plus jeune âge. ► FICHE 27

6 à 8 mois (incisives centrales inférieures)	8 à 10 mois (incisives centrales supérieures)	10 à 12 mois (incisives latérales)	12 à 18 mois (premières molaires)	18 à 24 mois (canines)	20 à 30 mois (deuxièmes molaires)

❶

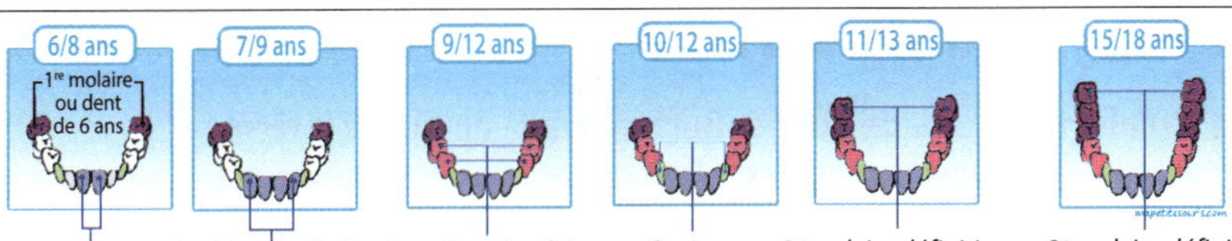

❷

Incisives définitives	Incisives latérales (dents définitives)	1re et 2e prémolaires définitives	Canines définitives	2e molaire définitive ou dent de 12 ans	3e molaire définitive ou dent de sagesse = 32 dents

JE RETIENS

1) Citer les organes de l'appareil digestif dans l'ordre de la digestion.

. . . .

2) Combien de dents comporte la dentition temporaire ? et la dentition définitive ?

. . . .

➜ ***Vous trouverez tous les éléments de réponses à ces questions p. 60***

FICHE

10 L'appareil urinaire

L'appareil urinaire est un ensemble d'organes qui participent à la production, au stockage et à l'élimination de l'urine, des déchets et des toxines.

1. L'anatomie de l'appareil urinaire

L'appareil urinaire est constitué :
- de **deux reins** qui produisent l'urine ;
- des **bassinets** et des **uretères** qui drainent l'urine vers la vessie ;
- de la **vessie** dans laquelle l'urine s'accumule ;
- de l'**urètre** qui évacue l'urine accumulée dans la vessie. Le sphincter de l'urètre (muscle) permet le contrôle volontaire de la miction (expulsion de l'urine accumulée dans la vessie).

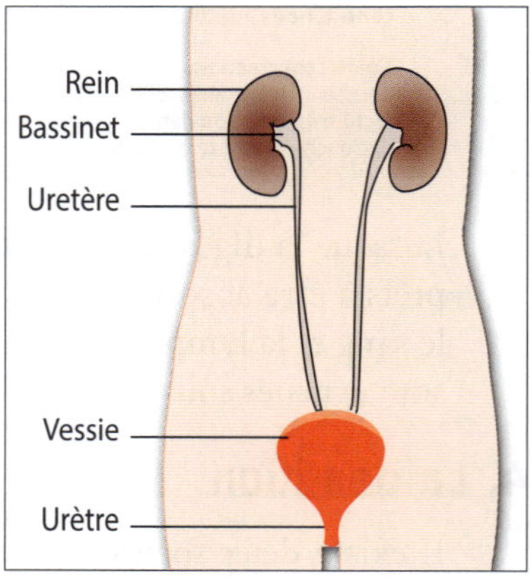

Appareil urinaire

À savoir

L'urètre de la femme est très court (3,5 cm environ), alors que celui de l'homme mesure 15 cm environ et a, en plus, une fonction reproductrice.

Les reins ont deux attributions essentielles :
- une **fonction d'excrétion** des déchets (grâce à leur rôle de filtration) ;
- une **fonction de régulation** de la composition du sang.

Question de pro

Pascale, auxiliaire de puériculture en multi-accueil s'interroge : Louisa a trois ans, elle n'est toujours pas propre. Peut-on parler d'incontinence ?

Réponse : L'incontinence se définit comme des pertes involontaires d'urines. On ne peut parler d'incontinence chez l'enfant qu'au-delà de 5 ans. Appareil urinaire et système nerveux doivent être matures pour que l'enfant puisse maîtriser ses sphincters. ► FICHE 15

2. Le néphron

Lorsque l'on observe le rein au microscope, on peut constater qu'il est constitué de plus d'un million de néphrons (unité fonctionnelle du rein). Le rôle du néphron est la production d'urine. Il comporte plusieurs parties :
- le corpuscule de Malpighi formé du glomérule le Malpighi (réseau de capil-

laires sanguins) et de la capsule de Bowman (qui entoure le glomérule) ;
- le tube contourné distal ;
- l'anse de Henlé ;
- le tube contourné proximal ;
- le canal collecteur.

L'urine ainsi formée se jette ensuite dans l'uretère.

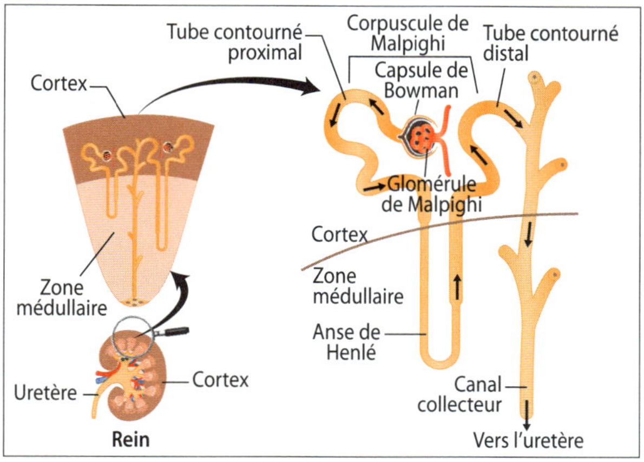

Fonction du néphron

3. La formation de l'urine

Elle est assurée par les néphrons et s'effectue en trois temps : la **filtration** du sang, la **réabsorption** d'éléments, puis la **sécrétion** de déchets. Enfin, l'urine définitive passe par l'uretère pour être stockée dans la vessie.

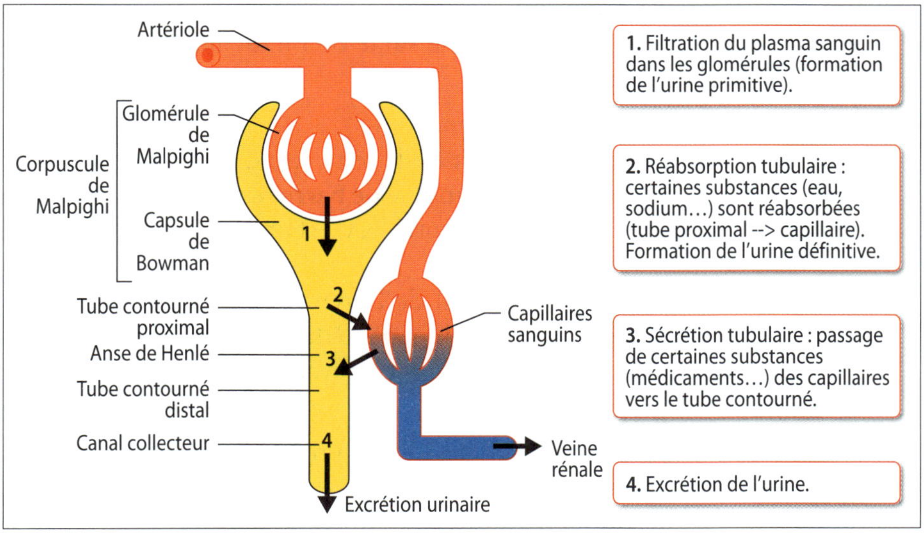

JE RETIENS

1) Numéroter les organes de l'appareil urinaire de 1 à 5 pour les replacer dans l'ordre de la formation de l'urine.

… vessie … uretère … urètre … bassinet … rein

2) Citer les quatre étapes du processus de formation de l'urine.

. . . .

➜ ***Vous trouverez tous les éléments de réponses à ces questions p. 60***

FICHE 11

Les contaminations

Les risques de contaminations sont multiples car notre environnement offre de nombreuses occasions d'être en contact avec des organismes pathogènes. Il est donc important de connaître les différents modes de transmission et les voies de pénétration, ainsi que les moyens de prévention pour lutter contre ces contaminations.

1. Les différentes flores

Le milieu qui nous entoure n'est pas stérile, il est envahi de micro-organismes pathogènes, ou pas. Certains peuvent être vecteurs de contamination de notre environnement : on parle alors de bio-contamination. Ils peuvent provenir de différents milieux : air, sol, eau, aliments, animaux, matériel…
Il faut savoir que les bactéries sont normalement présentes sur la peau et les muqueuses du sujet sain. Elles constituent les flores commensales qui participent activement au maintien de la santé de l'individu et se répartissent en quatre flores principales.

➲ **La flore cutanée** qui comprend :
- **la flore résidente** : non pathogène elle se trouve dans la couche profonde et superficielle de la peau. Elle joue un rôle de barrière vis-à-vis des autres agents infectieux en créant un milieu défavorable. C'est une flore qui ne pourra jamais être éliminée en totalité ;
- **la flore transitoire** : elle provient de l'environnement (autre personne, air, eau, sol, matériel…) et se dépose ou pénètre dans l'organisme de façon passagère. Cette flore s'élimine facilement par le lavage des mains. ► FICHE 42

➲ **La flore respiratoire** qui protège l'appareil respiratoire des infections.

➲ **La flore génitale** qui joue un rôle de protection essentiel en particulier chez la femme.

➲ **La flore digestive** qui est la plus abondante et la plus importante.

A-Z **Bio-contamination** : contamination de surfaces ou de produits par des micro-organismes.

Flore : ensemble de micro-organismes.

Micro-organisme : organisme vivant invisible à l'œil nu, uni ou pluricellulaire. Cette famille comprend les bactéries, les virus, les champignons microscopiques et les protozoaires.

Pathogène : terme désignant tout ce qui est à l'origine d'une maladie.

2. Les modes de contamination

La contamination est la transmission de germes. Elle peut se faire de plusieurs façons.

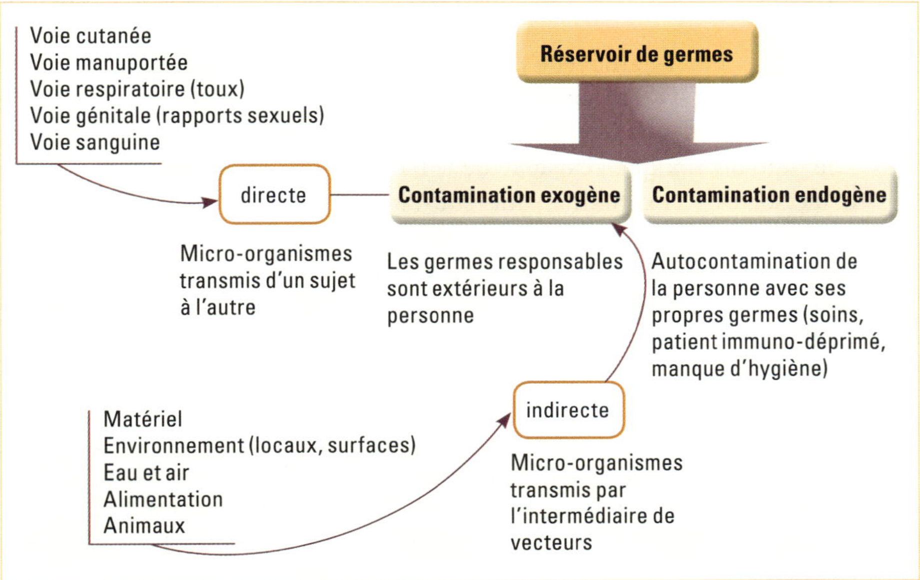

3. Les portes d'entrée des micro-organismes

Il existe cinq voies de pénétration des agents infectieux dans l'organisme :

- la **voie respiratoire** ;
- la **voie digestive** ;
- la **voie cutanée** ;
- la **voie génitale** ;
- la **voie sanguine**.

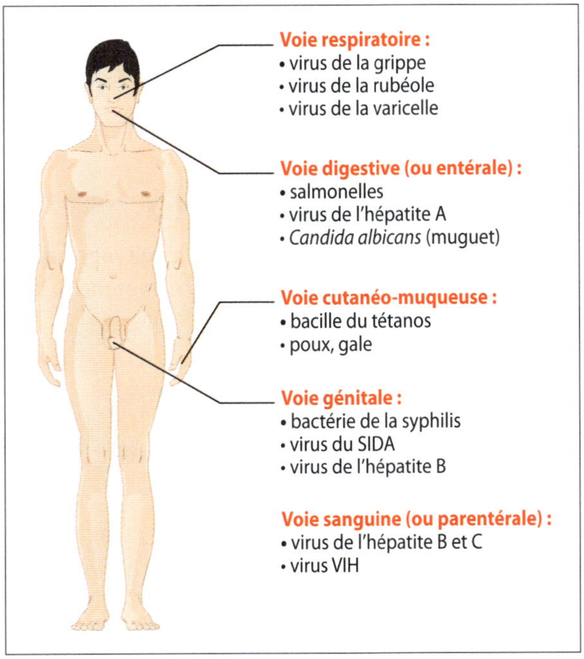

4. Le pouvoir pathogène des germes

Bactérie pathogène

Certaines bactéries ont un pouvoir pathogène plus important que d'autres, c'est-à-dire une capacité plus ou moins importante à provoquer des pathologies. Ce pouvoir pathogène est déterminé par trois éléments variables selon la bactérie et l'état de défense immunitaire de l'individu atteint :

– **le pouvoir invasif** : capacité de la bactérie à envahir les tissus et s'y multiplier ;

– **le pouvoir toxique** : capacité de la bactérie à sécréter une toxine. Il en existe deux sortes : l'**exotoxine**, une substance toxique fabriquée et libérée dans l'organisme par une bactérie toujours en vie (c'est le cas de la diphtérie ou du tétanos) et l'**endotoxine** qui est une toxine libérée uniquement lorsque la bactérie est détruite (si la bactérie passe dans le sang, elle peut occasionner un choc septique). Les endotoxines sont plus virulentes que les exotoxines ;

– **la résistance** que l'organisme va opposer à la bactérie.

À savoir

Il est à noter que certains individus sont dits « porteurs asymptomatiques », c'est-à-dire qu'ils sont porteurs d'un micro-organisme dangereux pour les autres mais ne présentent eux-mêmes aucun signe de la maladie. C'est le cas, par exemple, de personnes séropositives qui sont contaminées par le VIH sans le savoir mais qui peuvent transmettre le virus lors d'un rapport sexuel non protégé.

Bactérie opportuniste

Les bactéries opportunistes ne donnent habituellement pas de maladie chez le sujet sain. En revanche, elles peuvent devenir pathogènes chez les sujets aux défenses immunitaires altérées (immaturité de l'immunité du nourrisson, sujet immunodéprimé…).

Questions de pro

Nathalie participe au service des repas dans une école maternelle. Elle applique des règles strictes d'hygiène et demande : Pourquoi toutes ces règles d'hygiène sont si importantes en cuisine ?

Réponse : La cuisine est un lieu qui réunit les conditions idéales pour le développement des bactéries : un certain taux d'humidité, une température entre 10 °C et 63 °C et un milieu nutritif important (en particulier légèrement sucré). Si les règles d'hygiène ne sont pas strictement respectées, les bactéries vont se développer et entraîner des toxi-infections par exemple.

Nathalie : Alors, comment combattre les bactéries dangereuses ?

Réponse : En créant des conditions qui leur sont défavorables telles qu'une forte chaleur supérieure à 100 °C (au-delà de 120 °C toutes les bactéries sont tuées), un faible taux d'humidité et l'utilisation de désinfectant.

1

5. Les secteurs à risques de contamination

Qu'il s'agisse du domicile de l'assistante maternelle ou de lieux collectifs, les risques de contamination pour le jeune enfant sont multiples. Il est donc important de prendre en compte l'hygiène afin d'éviter au maximum les transmissions de germes et les risques infectieux.

Source de la contamination	Fiches de cours à consulter
Individu (hygiène corporelle)	**Fiche 41** – La tenue professionnelle **Fiche 42** – L'hygiène des mains **Fiche 44** – Le change d'un nourrisson **Fiche 45** – Les soins complémentaires du nourrisson **Fiche 46** – La toilette des mains et du visage du grand enfant
Cuisine	**Fiche 33** – Les contaminations alimentaires **Fiche 41** – La tenue professionnelle **Fiche 42** – L'hygiène des mains **Fiche 76** – La préparation des biberons
Sols et locaux	**Fiche 78** – Les techniques de dépoussiérage des sols **Fiche 80** – Les techniques de décontamination des locaux et des équipements
Matériel	**Fiche 81** – Les techniques de désinfection et de stérilisation des biberons **Fiche 83** – Le nettoyage des jouets

JE RETIENS

1) Nommer la flore qui provient de l'environnement.

. . . .

2) Citer les quatre flores commensales de l'individu.

. . . .

. . . .

3) Préciser le mode de contamination, de transmission et la voie de pénétration dans la situation suivante.

Raphaël, 5 ans, a une gastro-entérite suite à une contamination alimentaire.

. . . .

4) Définir les termes suivants en les reliant à la bonne définition.

Bactérie pathogène •	• Capacité de la bactérie à sécréter une toxine.
Pouvoir invasif •	• Capacité à envahir les tissus et à s'y multiplier.
Pouvoir toxique •	• Bactérie qui entraîne systématiquement une maladie.
Bactérie opportuniste •	• Bactérie qui n'entraîne habituellement pas de maladie chez le sujet sain.

→ ***Vous trouverez tous les éléments de réponses à ces questions p. 60***

FICHE 12 L'immunité

L'organisme bénéficie d'une remarquable résistance aux infections microbiennes grâce au système immunitaire qui comprend le système immunitaire non spécifique et le système immunitaire spécifique.

1. L'immunité non spécifique (ou innée)

L'immunité non spécifique est constituée de barrières anatomiques telles que la peau, les muqueuses, le mouvement des cils..., mais aussi de sécrétions comme la salive, les larmes, la transpiration, ou encore les différentes flores.
Cette première barrière n'est pas toujours suffisante, en particulier en cas de lésion des tissus, car elle peut être franchie par des micro-organismes pathogènes pouvant déclencher une infection. Lorsque ces agents infectieux pénètrent dans les tissus, un nouveau système de défense se met en place : la réaction inflammatoire. Elle s'accompagne de **rougeur**, de **chaleur**, d'un gonflement (**œdème**) et de **douleur**. Des globules blancs spécialisés (macrophages et polynucléaires) agissent alors immédiatement en phagocytant les micro-organismes à éliminer.

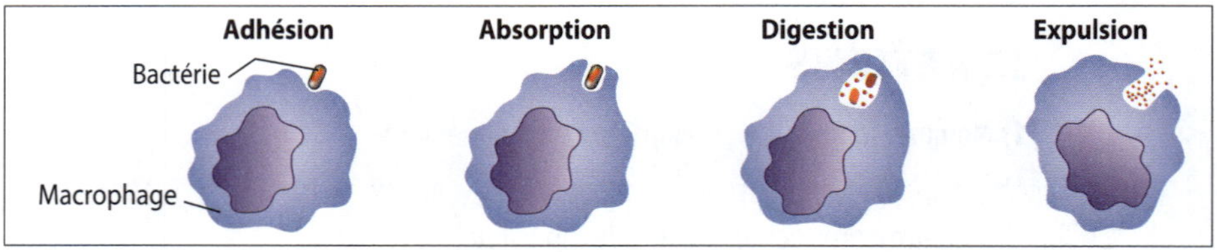

La phagocytose

L'immunité non spécifique, première ligne de défense, s'exprime donc toujours de la même manière, quel que soit l'agresseur. Elle est **immédiate et rapide mais ne conserve pas de mémoire**.

2. L'immunité spécifique (ou acquise)

Si les manifestations de la réaction inflammatoire se poursuivent, la deuxième ligne de défense (l'immunité spécifique) se met en place. Sa réponse est basée sur la reconnaissance des antigènes de l'élément étranger suivie d'une réaction spécifique contre le micro-organisme pathogène en cause.
Les agents principaux de cette défense spécifique sont :
– les **lymphocytes T** qui agissent directement sur les cellules porteuses d'antigènes en les détruisant ou en s'aidant d'autres cellules (**immunité cellulaire**) ;
– les **lymphocytes B** qui sécrètent des anticorps spécifiques capables de se fixer sur les antigènes et de les neutraliser (**immunité humorale**).
L'immunité spécifique n'est donc pas immédiate mais garde **en mémoire** l'antigène pour répondre plus rapidement lors d'une prochaine rencontre.

A-Z **Anticorps** : substance produite par les cellules du système immunitaire et capable de se fixer spécifiquement sur les antigènes.
Antigène : substance qui, introduite dans l'organisme, est susceptible de provoquer une réaction du système visant à la détruire ou la neutraliser.

3. L'immunité du jeune enfant

L'immunité du jeune enfant se constitue au cours de la première année de vie. Pendant la grossesse, les anticorps lui sont transférés par sa mère (du placenta au foetus). Plus tard, elle sera prolongée grâce à l'allaitement. Cette protection maternelle renforce le système immunitaire du nourrisson mais ne couvre pas toutes les maladies.
L'immunité naturelle disparaitra progressivement et sera relayée par la vaccination afin d'assurer une défense durable de l'organisme. ▸ FICHE 20

4. Les vaccins et les sérums

L'inoculation de vaccins et sérums amène une immunité acquise et artificielle.

Vaccination	Sérothérapie
Principe : introduction dans l'organisme d'un agent infectieux sous une forme inoffensive qui stimule la réponse immunitaire.	**Principe** : introduction d'anticorps dans l'organisme de façon à lutter contre un agent infectieux précis (ex. : tétanos).
Action préventive : évite de contracter la maladie.	**Action curative** : guérit de la maladie.
Immunité active : le sujet produit lui-même ses anticorps.	**Immunité passive** : les anticorps ne sont pas produits par le sujet mais amenés par l'injection.
Immunité tardive : l'immunité n'apparaît environ que 15 jours après la vaccination.	**Immunité immédiate** : l'immunité est consécutive à l'injection.
Immunité durable : la protection contre la maladie dure longtemps si les rappels sont effectués régulièrement. ▸ FICHE 20	**Immunité passagère** : les anticorps sont éliminés assez rapidement par l'organisme.

À savoir

Le rappel renforce ou prolonge l'immunité due à un vaccin en stimulant à nouveau le système immunitaire afin qu'il garde « mémoire » de l'antigène.

JE RETIENS

1) Citer les quatre signes de la réaction inflammatoire.

. . . .

2) Caractériser la vaccination en cochant vrai ou faux.

- *La vaccination introduit des anticorps dans l'organisme.* ❑ Vrai ❑ Faux
- *La vaccination permet une protection durable contre les maladies.* ❑ Vrai ❑ Faux

→ *Vous trouverez tous les éléments de réponses à ces questions p. 60*

> TEST

Corrigé

1. b.
Constitué de cellules identiques.

2. a.
L'appareil digestif.

3. a.
L'épiderme, le derme, l'hypoderme.

4. c.
Peut entraîner des complications telles qu'un érythème fessier.

5. b.
La cochlée.

6. a.
Myopie.

7. c.
Le cerveau.

8. b.
Est une réponse involontaire.

9. a.
Du radius.

10. a.
Une articulation mobile.

11. b.
3 250 grammes.

12. c.
Une déviation de la colonne vertébrale en forme de « S ».

13. a.
Veines – oreillette droite – valve auriculo-ventriculaire – ventricule droit – artère pulmonaire.

14. c.
Des alvéoles pulmonaires.

15. b.
La bile.

16. a.
L'œsophage.

17. c.
Néphron.

18. c.
Ne s'élimine jamais en totalité par le lavage des mains.

19. b.
Un œdème.

20. b.
Est immédiate.

Corrigé

FICHE 1

1) **Cas 1 :** Pierre est malentendant : organes des sens (fonction de relation).

Pierre est enrhumé : appareil respiratoire (fonction de nutrition).

Cas 2 : Sophie a une entorse : appareil locomoteur (fonction de relation).

2) Cellule – tissu – organe – appareil ou système.

FICHE 2

1) Les trois couches de la peau sont : l'épiderme, le derme et l'hypoderme.

2) Eczéma.

3) La parasitose due au pou s'appelle la pédiculose.

FICHE 3

1) Oreille externe : pavillon de l'oreille, tympan.
Oreille moyenne : marteau, trompe d'Eustache.
Oreille interne : cochlée, nerf auditif.

2) Les trois membranes sont : la sclérotique, la choroïde et la rétine.
Les quatre milieux transparents sont : la cornée, l'humeur aqueuse, le cristallin et l'humeur vitrée.

FICHE 4

1) Il faut barrer : nerfs crâniens.

2) Propriétés : excitabilité, conductibilité.

3) Nerf moteur n° 3 Nerf associatif n° 2
Nerf sensitif n° 1

FICHE 5

1) La ceinture scapulaire est composée de la clavicule et de l'omoplate.
Le membre inférieur est composé du fémur, de la rotule (ou patella),du péroné (ou fibula), du tibia, des tarses, métatarses et phalanges.

2) Muscle – faisceau – fibre musculaire – myofibrille.

3) Faux, c'est une articulation mobile (ou synoviale).

FICHE 6

1) En longueur : le cartilage de conjugaison.
En largeur : le périoste.

2)

	Naissance	**1 an**	**4 ans**
Poids	3 250 g	10 kg	17 kg
Taille	50 cm	73 cm	1 m
Périmètre crânien	35 cm	46 cm	49 cm

3) Les trois déformations sont : la cyphose, la lordose et la scoliose.

FICHE 7

1) Les éléments figurés du sang sont : les hématies (ou érythrocytes), les leucocytes et les plaquettes.

2) La lymphe joue un rôle dans le processus de défense de l'organisme.
La lymphe joue un rôle dans la nutrition des cellules.

3) La révolution cardiaque comprend deux phases : la diastole, phase de repos du cœur (oreillettes et ventricules se relâchent) et la systole (auriculaire et ventriculaire), phase de contraction des oreillettes puis des ventricules.

FICHE 8

1) L'air qui pénètre dans les alvéoles est riche en O_2.
Le sang quittant l'alvéole est riche en O_2.

2) Les deux temps de la ventilation pulmonaire sont l'inspiration et l'expiration.
Chez un nouveau-né, la fréquence respiratoire est de 40 cycles par minute.

FICHE 9

1) Bouche – pharynx – œsophage – estomac – intestin grêle – côlon – rectum – anus.

2) La dentition temporaire comporte 20 dents. La dentition définitive comporte 32 dents.

FICHE 10

1) n° 4 vessie – n° 3 uretère – n° 5 urètre – n° 2 bassinet – n° 1 rein.

2) Les quatre étapes sont : filtration glomérulaire, réabsorption tubulaire, sécrétion tubulaire et excrétion de l'urine.

FICHE 11

1) Il s'agit de la flore transitoire.

2) Flore cutanée, respiratoire, génitale, digestive.

3) Mode de contamination : contamination exogène (ne provient pas de la personne elle-même mais de l'environnement).
Mode de transmission : transmission indirecte (l'intermédiaire est la nourriture).
Voie de pénétration : voie digestive.

4) Bactérie pathogène : bactérie qui entraîne systématiquement une maladie.
Pouvoir invasif : capacité à envahir les tissus et à s'y multiplier.
Pouvoir toxique : capacité de la bactérie à sécréter une toxine.
Bactérie opportuniste : bactérie qui n'entraîne habituellement pas de maladie chez le sujet sain.

FICHE 12

1) Les quatre signes de l'inflammation sont la douleur, la chaleur, l'œdème et la rougeur.

2) La vaccination introduit des anticorps dans l'organisme : faux.

La vaccination permet une protection durable contre les maladies : vrai.

Partie 2

Sciences médico-sociales

> TEST

Testez vos connaissances ! Après une lecture attentive de chaque question, entourez la réponse qui vous semble adaptée. Attention, une seule réponse par question est possible.

1. Le sommeil permet :

☐ **a.** la récupération physique.
☐ **b.** la sécrétion de l'hormone thyroïdienne.
☐ **c.** la sécrétion d'adrénaline.

2. Un enfant de 12 mois dort environ :

☐ **a.** 16 à 18 heures par jour.
☐ **b.** 13 à 14 heures par jour.
☐ **c.** 8 à 10 heures par jour.

3. Le pouvoir exécutif est détenu par :

☐ **a.** Le Parlement.
☐ **b.** Les tribunaux.
☐ **c.** Le Président de la République.

4. Une famille nucléaire est constituée :

☐ **a.** d'un parent avec un ou plusieurs enfants.
☐ **b.** de deux parents avec un ou des enfants.
☐ **c.** d'un couple avec au moins un enfant d'une union précédente.

5. Le sigle PACS signifie :

☐ **a.** pacte administratif civique et solidaire.
☐ **b.** personnes associées civilement et solidairement.
☐ **c.** pacte civil de solidarité.

6. L'adoption plénière implique que :

☐ **a.** l'enfant n'ait pas de lien avec sa famille d'origine.
☐ **b.** l'enfant ait des liens avec sa famille d'origine.
☐ **c.** l'enfant garde son état civil.

7. Le sigle PMI signifie :

☐ **a.** protection maternelle et infantile.
☐ **b.** protection de la mère et des infanticides.
☐ **c.** prévention maternelle des infanticides.

8. Parmi ces vaccinations une seule est obligatoire pour entrer en collectivités. C'est :

☐ **a.** le vaccin contre la diphtérie.
☐ **b.** le vaccin contre la rougeole.
☐ **c.** le vaccin contre la tuberculose (BCG).

9. Les prestations familiales sont versées par :

☐ **a.** la CNAF.
☐ **b.** la CAF.
☐ **c.** la CARSAT.

10. Le signalement d'un enfant maltraité :

☐ **a.** est soumis au secret professionnel.
☐ **b.** ne peut se faire que sous certaines conditions.
☐ **c.** est obligatoire.

11. Dans la communication, l'émetteur est :

☐ **a.** celui qui envoie le message.
☐ **b.** celui qui reçoit le message.
☐ **c.** celui qui interprète le message.

12. Le secret professionnel :

☐ **a.** est l'interdiction de révéler une information indiscrète sur la vie de l'établissement où on est employé.
☐ **b.** est l'interdiction, pour un professionnel, de divulguer une information dont il a eu connaissance dans l'exercice de sa profession.
☐ **c.** ne peut jamais être levé.

13. Un enfant tient assis sans appui à :

☐ **a.** 6 mois.
☐ **b.** 8 mois.
☐ **c.** 12 mois.

14. Un enfant est propre le jour en moyenne vers :

☐ **a.** 2 ans.

☐ **b.** 3 ans.

☐ **c.** 4 ans.

15. Le sigle ATSEM signifie :

☐ **a.** aide dans le travail spécialisé en école maternelle.

☐ **b.** agent territorial spécialisé des écoles maternelles.

☐ **c.** accompagnement dans tous les secteurs en école maternelle.

16. Un handicap congénital signifie que :

☐ **a.** le handicap n'est pas présent à la naissance.

☐ **b.** le handicap est d'origine accidentel.

☐ **c.** l'individu naît avec le handicap.

17. Le germe de la maladie infectieuse en cause est une bactérie. C'est le cas de :

☐ **a.** la coqueluche.

☐ **b.** la varicelle.

☐ **c.** les oreillons.

18. Quelle maladie est non éruptive ?

☐ **a.** La roséole.

☐ **b.** La scarlatine.

☐ **c.** Les oreillons.

19. Le sigle ALAE signifie :

☐ **a.** accueil de loisir associé à l'école.

☐ **b.** association pour les loisirs associés à l'établissement.

☐ **c.** aide dans les loisirs avec l'accompagnement de l'école.

20. Une crèche familiale :

☐ **a.** est gérée par les parents.

☐ **b.** est un lieu où les assistantes maternelles sont encadrées par une équipe qualifiée.

☐ **c.** peut accueillir dix enfants maximum.

21. Le développement du langage se fait dans l'ordre suivant :

☐ **a.** babillage – monosyllabes – mots-phrases.

☐ **b.** monosyllabes – babillage – mots-phrases.

☐ **c.** mots-phrases – monosyllabes – babillage.

22. Le besoin de se recréer c'est :

☐ **a.** la capacité d'une personne à connaître et promouvoir ses croyances.

☐ **b.** la capacité d'une personne à avoir des activités ludiques.

☐ **c.** la capacité d'une personne à se détendre et à se cultiver.

FICHE

13 Les facteurs de développement et rythmes de l'enfant

Différents facteurs peuvent freiner ou stimuler le développement de l'enfant. Certains sont propres à l'individu (facteurs endogènes), d'autres relèvent de causes externes (facteurs exogènes). Ainsi, les rythmes de vie de l'enfant influent fortement sur son développement.

1. Les facteurs de développement

Chaque enfant a un potentiel de départ qui lui est propre mais certains facteurs vont influencer d'une manière positive ou négative son développement somatique (▸ FICHES 5 ET 6), sensoriel, moteur, affectif, intellectuel et social.

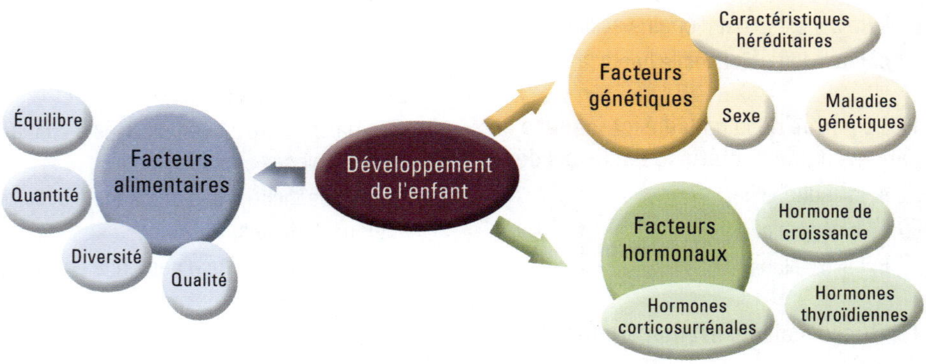

Certains facteurs environnementaux ont également un impact important sur le développement de l'enfant comme :

– **les conditions socio-économiques** de la famille (logement, environnement, revenus…) ;
– **l'équilibre psychoaffectif** (qualité des échanges, stimulation…) ;
– **l'hygiène de vie** (respect du rythme de l'enfant, en particulier du sommeil et de l'alimentation).

2. Le rythme du sommeil

Le rythme circadien connaît des variations en fonction de l'individu et de son âge. Bien que l'on retrouve les mêmes stades de sommeil tout au long de la vie, leur organisation évolue.

Les mécanismes du sommeil

Le sommeil participe au bien-être et à l'équilibre physique et psychique de l'enfant. Il faut savoir que les variations d'un individu à l'autre sont nombreuses (durée, qualité du sommeil…). Cependant, le découpage du cycle du sommeil est le même pour tous avec une **phase d'endormissement**, une **phase de sommeil lent** (divisée en quatre) et une **phase de sommeil paradoxal**.

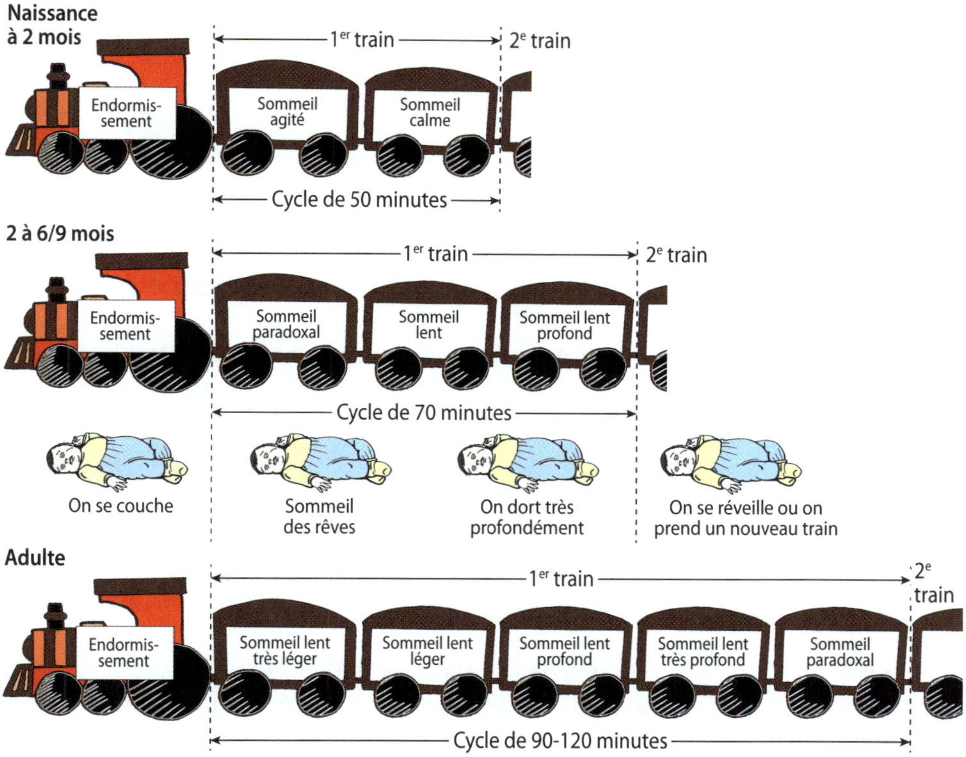

> **A-Z**
> **Cycle de sommeil** : cycle qui dure environ 90 minutes. Il commence par le sommeil léger et se termine par le sommeil profond. Une nuit comprend 6 cycles.
> **Rythme circadien** : appelé aussi « horloge biologique », il est calqué sur une horloge interne qui régule le rythme veille/sommeil.

Les rôles du sommeil

Le sommeil est déterminant pour :
- **la croissance** (sécrétion d'une hormone de croissance, la somathormone, pendant le sommeil lent) ;
- **la récupération physique** (au cours du sommeil lent) ;
- **la maturation cérébrale** (au cours du sommeil paradoxal) ;
- **le mécanisme d'apprentissage et de mémorisation** (au cours du sommeil paradoxal).

Le temps de sommeil

Le temps de sommeil de l'enfant varie en fonction de l'âge. Les valeurs ci-dessous indiquent une moyenne générale.

Âge	Nouveau-né	1 mois	6 mois	12 mois	18-24 mois	2-3 ans
Sommeil par 24 heures	18 à 20 heures par jour	16 à 18 heures par jour	14 à 15 heures par jour	13 à 14 heures par jour	12 à 13 heures par jour	12 à 13 heures par jour
Sommeil diurne	Pas d'alternance jour/nuit	7 à 9 heures	3 siestes	2 siestes	1 sieste	1 sieste

Les conditions favorables au sommeil

Afin d'encourager le sommeil de l'enfant, la personne en charge de la sieste, ou du coucher, doit être très attentive à certains signes et respecter plusieurs conditions. Il faut :

– **repérer les signes de fatigue** qui annoncent la phase d'endormissement : l'enfant baille, se frotte les yeux, cherche une position confortable. Si ces signes n'ont pas été reconnus, il faudra attendre le cycle suivant pour que l'enfant s'endorme ;

– **créer un climat calme et sécurisant** : préparer le moment du repos par la lecture d'une histoire, l'écoute d'une chanson calme… ;

– **respecter les rituels d'endormissement** : lumière tamisée, chanson, doudou, sucette… Et proposer une régularité dans les heures de coucher pour les plus grands ;

– **surveiller la sieste** : afin de repérer toute anomalie (▸ FICHE 52) ;

– **veiller à la qualité du réveil** : éviter de réveiller l'enfant et préférer un réveil spontané ;

– **aménager l'environnement et l'espace** : créer un coin repos, utiliser le même lit…

À savoir

La température idéale d'une chambre est d'environ 18 °C.

Question de pro

Sabine, ATSEM en école maternelle demande : De plus en plus d'enfants se couchent tard le soir et arrivent fatigués le matin. Quelles peuvent être les conséquences d'une insuffisance du sommeil ?

Réponse : Un léger trouble du sommeil peut avoir des répercussions sur les apprentissages et le comportement (enfant grognon, difficultés pour se concentrer…) et un manque de sommeil plus important augmente le risque d'obésité. Enfin, on peut observer des troubles de la croissance liés à un manque de sommeil répétitif et important.

Les troubles du sommeil

Les troubles du sommeil sont courants chez l'enfant (25 à 30 % des moins de 6 ans sont concernés) et peuvent perturber son développement. Les troubles les plus fréquents font partie des parasomnies qui se définissent comme des comportements anormaux pendant le sommeil.

Type de parasomnie	Apparition et signes	Conduite à tenir vis-à-vis de l'enfant
Terreurs nocturnes *Concernent 40 % des enfants de moins de 6 ans.*	– Surviennent lors de la phase de sommeil profond. – L'enfant est agité, effrayé ; il peut crier et sembler inconsolable. – L'enfant se rendort d'un coup et n'a aucun souvenir de l'épisode au réveil.	– Ne pas essayer de le réveiller. – S'assurer qu'il est en sécurité. – Ne pas s'étendre sur le sujet dans la journée.
Cauchemar	– Survient pendant le sommeil paradoxal. – Ce sont des rêves qui provoquent la peur. – L'enfant est complètement réveillé et s'en souvient le lendemain.	– Le rassurer, parler avec lui de ce qui l'inquiète. – Accepter ses peurs. – Laisser une veilleuse allumée dans sa chambre, si besoin. – L'encourager à prendre son objet transitionnel.
Somnambulisme *Concerne 14 % des enfants de 4 à 12 ans.*	– Survient pendant le sommeil profond. – L'enfant est partiellement réveillé mais non conscient de ses actes.	– Le mettre en sécurité (escaliers fermés avec une barrière, pas de lits superposés…). – Ne pas le réveiller mais le guider en douceur vers son lit.

D'autres troubles du sommeil peuvent s'observer comme le fait de parler en dormant, les mouvements répétitifs lors de l'endormissement (balancements…), les grincements ou serrements de dents, une énurésie (▶ FICHE 15)…

3. Le rythme alimentaire

La vie du jeune enfant est rythmée par le sommeil mais aussi par les repas. Ses besoins vont évoluer au fil des années passant de 6 à 8 tétées chez le nourrisson à 4 repas chez l'enfant plus grand. L'adulte sera amené à s'adapter au rythme de chacun. ▶ FICHES 49 ET 50

JE RETIENS

1) Classer les différentes phases chronologiquement, de 1 à 6.

Sommeil paradoxal	Sommeil lent très léger	Sommeil lent très profond	Endormissement	Sommeil lent profond	Sommeil lent léger
Phase n° ...	Phase n° ...	Phase n°...	Phase n° ...	Phase n° ...	Phase n° ...

2) Relier les différents rôles du sommeil aux phases auxquelles ils interviennent.

Sécrétion de l'hormone de croissance •
Récupération physique •
Maturation cérébrale •
Apprentissage, mémorisation •

• Sommeil lent
• Sommeil paradoxal

→ ***Vous trouverez tous les éléments de réponses à ces questions p. 117***

FICHE

14 Les besoins de l'enfant

Il est important de connaître les besoins fondamentaux de l'enfant afin d'y répondre au mieux. Ces besoins varient d'un individu à l'autre et en fonction de l'âge. Ainsi, chez le nourrisson, le besoin de boire et manger est particulièrement important. Plus tard, le besoin d'apprendre sera essentiel pour les uns alors que pour les autres il s'agira plutôt du besoin de se mouvoir.

1. Les besoins fondamentaux selon Virginia Henderson

Virginia Henderson (infirmière américaine) a répertorié quatorze besoins fondamentaux interdépendants chez l'être humain. Si l'un de ces besoins n'est pas satisfait, la personne éprouve une difficulté, un déséquilibre, au niveau de son organisme ou de son intégration sociale.

Respirer **Boire et manger** **Éliminer** **Apprendre** **Se recréer** **S'occuper en vue de se réaliser** **Agir selon ses croyances et ses valeurs** **Communiquer avec ses semblables** **Éviter les dangers** **Se mouvoir et maintenir une bonne posture** **Dormir et se reposer** **Se vêtir et se devêtir** **Maintenir la température de son corps dans les limites de la normale** **Être propre, soigné et protéger ses téguments**

A-Z

Se recréer : capacité d'une personne à se détendre et à se cultiver.

Agir selon ses croyances et ses valeurs : capacité d'une personne à connaître et promouvoir ses propres principes, croyances et valeurs transmises par les parents.

S'occuper en vue de se réaliser : capacité d'une personne à avoir des activités ludiques ou créatrices, à s'auto-réaliser et à conserver son estime d'elle-même. Chez l'enfant, cela se traduit par le jeu qui lui permet de se développer et de se réaliser.

2. Les besoins spécifiques de l'enfant

L'enfant a des besoins spécifiques (affectifs, de communication et de stimulation) auxquels l'adulte doit répondre de façons différentes en fonction de l'âge et de l'individu.

	Développement affectif et social de l'enfant	Rôle de l'adulte vis-à-vis de l'enfant
De 1 à 2 mois	– Réceptif à la voix et la présence de l'adulte. – S'apaise quand on lui parle. – S'apaise quand on le prend dans les bras.	– Apporter de l'affection au nourrisson : contact corporel (toucher, caresses, portage, massages…) et bain de langage (parler régulièrement à l'enfant pour qu'il se développe harmonieusement). – Procurer de la sécurité : même adulte référent lors des soins. Il doit être consolé, bercé…
De 3 à 4 mois	– Aime la compagnie des adultes. – Explore du regard. – Sourit (premier sourire intentionnel). – Exprime ses besoins par son corps.	– Mettre en place un environnement qui va permettre l'épanouissement de l'enfant (couleurs, jouets...) sans le surstimuler pour autant. – Lui parler souvent, chanter, le regarder. – L'observer pour comprendre et décoder ses besoins.
De 5 à 8 mois	– S'intéresse à la manipulation des objets. – Explore l'autre de façon tactile. – Angoisse du 8e mois (peur de l'étranger).	– Varier les jeux et les situations (ne pas le laisser tout le temps dans la même position). – Permettre aux bébés de se toucher entre eux, proposer des jeux tactiles. – Rassurer l'enfant, éviter les séparations, verbaliser ce qui se passe pour lui. – Laisser l'objet transitionnel à disposition.
De 9 à 12 mois	– Découvre le déplacement à quatre pattes. – Aime jeter les objets loin et qu'on lui ramasse (maîtrise des absences et présences de la mère). – Remarque les détails de l'environnement et apprécie de retrouver les objets familiers. – Est fasciné par son image dans le miroir.	– Prévenir les risques d'accidents. ► FICHE 35 – Savoir fixer les limites. – Jouer à « coucou » (jeu de cache-cache qui permet de prendre conscience de l'absence/présence). – Veiller à maintenir un environnement familier (sécurisant pour l'enfant). – Installer des miroirs et jouer avec l'enfant devant.
De 1 à 2 ans	– Explore et découvre le monde qui l'entoure (grimpe, prend des risques…). – Sentiments de frustration liés aux interdits (colères) et aux mots insuffisants pour s'exprimer. – Période égocentrique.	– Sécuriser l'espace qui doit être suffisamment grand pour que l'enfant explore. ► FICHE 35 – Mettre des mots sur les émotions de l'enfant (« Je vois que tu es en colère »). – Ne pas répondre à l'enfant agresseur par le même code (« Tu tapes, je te tape ») : l'enfant ne peut pas comprendre que l'adulte fasse ce qu'il lui interdit de faire. – Sécuriser l'enfant par la voix. – Féliciter l'enfant quand il réussit quelque chose.
De 2 à 3 ans	– Se sent distinct d'autrui (utilise le « moi » et le « je »). – Phase d'opposition : c'est l'âge du « non ». – Développement de l'autonomie. – S'ouvre aux autres.	– Expliquer à l'enfant les règles de vie. – Prendre du recul : la période du « non » permet à l'enfant de grandir. – L'inciter à tenir compte de l'autre : jeux collectifs, jeux de société, partages d'un jouet (« chacun son tour »)… – Valoriser ses progrès en matière d'autonomie et lui proposer des situations d'apprentissage (mettre le pantalon seul, enfiler ses chaussures…).
De 3 à 6 ans	– Entrée à l'école maternelle. – Insertion dans un groupe d'enfants. – Aime se mesurer à autrui.	– Favoriser le passage d'un mode de garde à l'autre de façon progressive. – Déceler les éventuels troubles d'adaptation scolaire. – Favoriser les jeux collectifs (en groupes réduits), les jeux de rôles.

L'adulte qui accompagne l'enfant dans son développement aura une attitude sécurisante mais non étouffante ou laxiste. Il guidera l'enfant dans ses explorations afin qu'il prenne confiance en lui et qu'il découvre le monde qui l'entoure en prenant des risques mesurés.

À savoir

Du milieu socioculturel dans lequel l'enfant est né, va dépendre sa prise en charge. Par exemple, dans des cultures africaines traditionnelles, l'enfant et la mère ont une relation fusionnelle jusqu'au sevrage. Après cette période, l'enfant est élevé par la communauté dans laquelle il vit et appelle « papa » ou « maman » de manière indifférente ses parents ou ses oncles et tantes. L'attachement se vit d'une autre façon que dans la culture occidentale classique.

3. Les troubles induits par un manque de stimulation

Les enfants ont besoin d'affection, de stimulation et d'attention pour se développer de façon harmonieuse. Ils doivent être encouragés à jouer, explorer (en sécurité) afin de s'enrichir et de se développer sur les plans physiques, sociaux, affectifs et intellectuels.

L'absence ou le manque de stimulation, qui se traduit souvent par un milieu socio-économique pauvre, un manque de reconnaissance ou d'écoute de l'enfant, une relation adulte/enfant pas assez riche, peut avoir des répercussions sur le développement physique et mental de l'enfant. Des retards dans l'acquisition du langage et des retards moteurs peuvent ainsi être notés. Les enfants peu stimulés peuvent se renfermer sur eux-mêmes, voire ne pas exprimer leurs besoins (cris faibles, mimiques peu expressives, attitude passive, évitement du contact physique et visuel…). ▸ FICHE 22

À l'inverse, certains enfants sont surstimulés. Là aussi leur rythme n'est pas respecté. On leur demande d'acquérir des compétences de façon trop précoce (s'asseoir à 4 mois, marcher avant 10 mois, être propre de bonne heure…). Ces enfants sont en surtension corporelle mais s'adaptent pourtant au désir de l'adulte, au détriment du respect de leur propre rythme. Ces enfants surstimulés sont bien souvent dépendants de l'adulte, en attente de son approbation. Cela entraîne le risque qu'ils mettent en veille leurs propres sentiments pour faire plaisir à l'adulte…

Question de pro

Adèle, élève en CAP Petite enfance s'interroge : Comment trouver un juste milieu entre trop ou pas assez de stimulation ?

Réponse : Tout est question de dosage ! À certains moments de la journée, l'enfant peut être invité à explorer seul des jeux, son corps, l'espace... Dans ces temps-là, la posture de l'adulte est importante : il met à disposition le matériel, aménage l'espace et laisse l'enfant à ses découvertes. Sa présence bienvaillante et sécurisante (mais non interventionniste) rassure l'enfant qui peut se concentrer sereinement sur ses explorations. Il n'est, par exemple, pas rare de voir de jeunes enfants essayer de comprendre un mécanisme et relever régulièrement la tête pour s'assurer de la présence de l'adulte. Ces situations permettent aux enfants de prendre confiance en eux. À l'inverse, à d'autres moments, l'adulte peut proposer (sans imposer) des activités qui permettent à l'enfant de développer des capacités spécifiques (parcours moteurs, lecture d'un livre, activité pâte à sel...). Ici, l'adulte accompagne l'enfant en verbalisant les situations, en l'encourageant et en le félicitant.

Je retiens

1) Lister les besoins fondamentaux dont il est question dans la situation suivante.

Il est 10 h 30. Tom, 4 mois, se réveille de la sieste. L'auxiliaire de puériculture lui change sa couche puis l'installe confortablement dans le transat pour qu'il joue. Dans un moment, elle lui préparera son biberon.

....

....

....

....

2) Citer une conséquence d'une surstimulation de l'enfant.

....

....

3) Sophia, 8 mois, pleure dès qu'elle voit un visage nouveau et a du mal à laisser partir sa mère le matin. Quelle attitude doit avoir le professionnel dans cette situation ?

....

....

....

....

→ ***Vous trouverez tous les éléments de réponses à ces questions p. 117***

FICHE

15 Le développement psychomoteur de l'enfant

Le développement de l'enfant comprend le développement somatique (poids, taille, proportion des segments du corps, maturation des os et des dents) (▸ FICHES 5 ET 6) et le développement psychomoteur (développement moteur, sensoriel, social, affectif, ainsi que l'intelligence, la préhension et le langage).
L'évolution du développement psychomoteur est progressive ; elle n'est ni uniforme, ni continue. Cette évolution se déroule avec des phases de progressions rapides mais également des stagnations, des arrêts, voire même des régressions. Il est important de rappeler que chaque enfant se développe à son rythme et que les âges des acquisitions donnés sont approximatifs.

Développement moteur — Développement social, affectif et intellectuel — Graphisme
Préhension — Développement sensoriel — Langage

1. De 0 à 2 mois : les découvertes sensorielles

Ne tient pas sa tête et a les membres fléchis.   Réflexe d'agrippement 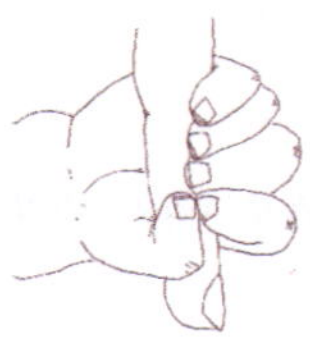	**Vision** : sensible aux contrastes, reconnaît le visage rapproché de sa mère, champ visuel limité à 30 cm. À 2 mois, il suit du regard les objets déplacés. ▸ FICHE 3 **Audition** : sensible aux sons aigus, reconnaît la voix de ses parents. **Odorat** : réagit aux odeurs (peau maternelle, lait). **Goût** : apparaît dès la vie intra-utérine. Perçoit les 4 saveurs. Préférence pour le sucré. **Toucher** : besoin d'être câliné. Zones sensibles (bouche, puis main et peau de tout le corps). **Vers 3-4 jours** : fixe les yeux et la bouche de l'adulte qui parle. **Vers 1 mois** : vagissements (sons rauques). **Vers 2 mois** : vocalises (sons plus légers riches en voyelles « a » et « e »). Le bébé va utiliser la communication non verbale pour s'exprimer : pleurs (lors d'un inconfort, de la faim, d'une douleur), regards et mimiques.

À savoir

Le nouveau-né n'a pas conscience de son propre corps ni du monde qui l'entoure. Il a besoin de stimulations extérieures pour réaliser progressivement la conscience de son corps.

2. De 3 à 6 mois : la découverte du corps

De 3 à 4 mois

- Tient la tête.
- Flexion extension des membres (bébé nageur).
- En position ventrale, se soulève sur les avant-bras.

Préhension palmaire involontaire (de contact).

Vision

- À partir de 3 mois, voit au-delà de 2,50 mètres.
- Voit précisément les visages, les objets, et distingue les couleurs.
- Mouvements de poursuite oculaire (suit un objet du regard).

Audition : localise la source sonore.

Stade oral : porte tout à la bouche et y prend plaisir.

- Sourires réponses, mimiques, sourire sélectif.
- Rit aux éclats.
- Prend conscience des sons qu'il émet et les répète.
- Stade du miroir : perçoit son image dans le miroir comme celle d'un autre enfant qui fait les mêmes gestes. Il faudra attendre ses 12 mois pour qu'il reconnaisse sa propre image.

- Vocalises.
- Produit des bruits avec sa bouche.
- Utilise la communication non verbale pour s'exprimer.

De 5 à 6 mois

- Se retourne sur le dos et sur le ventre.
- Relève le buste en se tenant sur les mains (fait le phoque).

Préhension palmaire volontaire, porte les objets à la bouche.

À savoir

Entre 6 mois et 3 ans, un enfant peut brusquement cesser de respirer lors d'une crise de larmes puis perdre connaissance. Ce phénomène, appelé « spasme du sanglot », apparaît avec une personne en particulier, avec qui l'enfant a un lien affectif fort, souvent suite à une frustration. La situation ne présente pas de risque pour l'enfant, malgré le côté spectaculaire et l'angoisse que cela peut générer chez l'adulte.

Attention

Strabisme, torticolis, désintérêt aux stimuli visuels, absence de poursuite oculaire après 4 mois… Tous ces signes doivent alerter et conduire à un examen ophtalmologique. Plus tard, vers 2 ans, il faudra être vigilant aux chutes fréquentes, à une lenteur d'exécution ou un retard de langage qui peuvent être dus à un déficit visuel.

3. De 7 à 12 mois : une période de grande activité motrice

De 7 à 8 mois		
– Tient la position assise sans soutien. – Rampe pour se déplacer. Pince inférieure (pouce/annulaire, auriculaire) et relâchement volontaire. 	– Tend les bras. – Est inquiet face à un visage étranger (angoisse du 8e mois). ▶ FICHE 14 – Comprend qu'il est distinct de sa mère. – Comprend le sens du « non ». – Comprend des ordres simples.	Babillages : prononce des « reu, peu, beu ».
De 9 à 10 mois		
Marche à 4 pattes. Pince supérieure (pouce/index). 	– Pointe du doigt ce qui l'intéresse. – Comprend les interdits, les expressions du visage de l'adulte et les ordres simples. – Est capable de retrouver un objet caché. – Actions intentionnelles. – Réfléchit et reproduit ce qu'il a déjà expérimenté.	Monosyllabes : « ma, pa, da ».
De 11 à 12 mois		
Se met debout avec appui.		Doubles syllabes : « ma… ma, pa… pa ».

Remarque

À cette période, l'enfant va vers l'autonomie et reconnaît que l'autre est différent de lui. Certains enfants vont alors trouver un réconfort auprès d'un « doudou », ou objet transitionnel, qui sera un lien entre la maison et l'extérieur et qui aidera à supporter cette séparation.

4. De 13 mois à 3 ans : l'exploration du monde

C'est une période durant laquelle une étape essentielle du développement de l'enfant intervient : l'**acquisition de la marche**. Elle nécessite la maturation du système nerveux, du squelette et des muscles.
Pour encourager l'enfant à marcher, il faut le laisser découvrir seul son environnement et son équilibre, de façon à ce qu'il ne soit pas dépendant. L'adulte peut l'accompagner dans cet apprentissage en proposant du matériel qui lui permettra de se déplacer avec appui (tables basses, porteur…).

C'est aussi la période où l'enfant va faire l'apprentissage de la **propreté** qui nécessite :
- une maturité du système nerveux pour contrôler ses sphincters : on repère pour cela la capacité qu'a un enfant à monter et descendre les escaliers (maturation physiologique) ;
- une maturité intellectuelle pour que l'enfant comprenne ce qu'on lui demande ;
- une maturité affective : envie de devenir grand.

Les enfants arrivent à maîtriser leurs selles avant les urines, vers 18-24 mois. Ils sont propres le jour (vers 2 ans) avant la nuit (vers 3-4 ans).
L'adulte devra être patient, compréhensif et à l'écoute. Il est important de prendre le temps nécessaire, d'encourager et de respecter le rythme de l'enfant sans le gronder, le punir, l'humilier ou le forcer. Il n'est pas rare d'observer des régressions dues à des facteurs environnementaux ou affectifs modifiés (naissance d'un frère ou d'une sœur, déménagement, séparation des parents…).
Au-delà de 4-5 ans, si l'enfant ne maîtrise toujours pas le contrôle de ses sphincters, il s'agit de troubles du contrôle des sphincters. On parle alors :
- d'énurésie : perte urinaire répétée et involontaire le plus souvent nocturne après 5 ans ;
- d'encoprésie : défécation involontaire chez un enfant de plus de 4 ans.

Question de pro

Annabelle, éducatrice de jeunes enfants en multi-accueil demande : Faut-il s'inquiéter lorsqu'un enfant a un retard de développement moteur ?

Réponse : Il est important de rappeler que chaque enfant se développe à son rythme et que les variations individuelles peuvent être importantes. Il faut cependant savoir que l'acquisition d'une fonction motrice dépend de la maturation du système nerveux, mais aussi de l'environnement dans lequel se trouve l'enfant (stimulation, hérédité…). L'individu suspecté de retard de développement devra être observé et, si le retard persiste, une consultation s'impose afin de déterminer s'il y a ou non une cause médicale.

De 13 à 18 mois		
– Marche seul. – Monte l'escalier à quatre pattes. – Participe à son déshabillage. – Tourne les pages d'un livre. – Découvre le contenant et le contenu.	– Aime les jeux d'échanges avec l'adulte. – Reconnaît les personnes de son entourage. – Est méfiant vis-à-vis des inconnus. – Commence à s'intéresser aux autres. – Entre en opposition avec l'adulte (colères, début de la période du « non »).	Mot-phrase significatif (« bobo » pour dire qu'il s'est fait mal).
De 18 à 24 mois		
– Court, grimpe et monte seul un escalier. – Participe à son déshabillage et à son habillage. Fait des gribouillis.	– Est dans la période d'autonomie (veut faire seul) et d'opposition (« non »). – Apprécie la compagnie des autres.	Langage global significatif, association de deux mots : « papa pati... ».

Attention

Entre 13 et 18 mois, si l'enfant ne fait pas de tentative pour dire des mots et ne pointe pas du doigt, il faut suspecter une surdité, un retard de langage, une déficience intellectuelle...

Entre 18 et 24 mois, si l'enfant ne comprend pas le langage simple, dispose de moins de 50 mots, hésite quand il parle ou n'est pas compris par son entourage, il faut suspecter une éventuelle surdité, un retard de langage, une déficience intellectuelle ou un bégaiement (trouble affectant le rythme de la parole en présence d'un interlocuteur).

De 2 à 3 ans		
Danse, monte et descend l'escalier seul, tape dans un ballon avec précision, fait du tricycle, saute sur un pied... Acquisition d'une précision dans les gestes, mange seul... Représente les personnages sous forme de « bonhomme têtard » vers 2 ans ½ puis perfectionne son dessin (selon le stade de son schéma corporel).	– Est attentif à l'autre. – Phase œdipienne. – Sait s'il est un garçon ou une fille (c'est l'âge de l'identité sexuelle). – Trouve plaisir à dire « non ». – Sait compter jusqu'à 6 ou 8. – Apprentissage de la propreté. – Schéma corporel élaboré (a de plus en plus conscience de son corps).	– Explosion du langage : utilise le verbe. – Construit des phrases. – Aime poser des questions.

Remarque

Avec l'entrée en maternelle, des signes tels que l'agitation, l'impulsivité ou le manque d'attention peuvent être repérés chez l'enfant. Si ces signes persistent (consignes non suivies, difficultés à se canaliser, agitation des mains et des pieds constante...) il est peut-être question d'un problème d'hyperactivité.

À partir de 2-4 ans, l'enfant comprend les notions de spatialité comme : près, loin, derrière, devant, haut, bas...
À partir de 3-4 ans, il commence à montrer un début de préférence latérale. Il est cependant normal qu'il change de côté jusqu'à 6-7 ans, âges auxquels la latéralité est réellement acquise.
La notion de temps proche (avant, tout de suite...) commence à être comprise vers 4 ans.

À savoir

Le zézaiement (ou zozotement) rentre en général dans l'ordre vers 4 ans. Dans le cas contraire, une rééducation orthophonique est à envisager.

A-Z

Latéralisation : processus au cours duquel les hémisphères du cerveau se spécialisent durant la petite enfance. Il détermine une latéralité droite (pour les droitiers) ou gauche (pour les gauchers).

Schéma corporel : représentation mentale que se fait chaque individu de son corps.

Zézaiement : trouble de l'articulation qui consiste à prononcer « ze » à la place de « je » ou « ce ».

JE RETIENS

1) Classer dans l'ordre chronologique les différentes étapes du langage.

vocalises – vagissements – mot-phrase – babillages

....

2) Relier les stades clés du développement psychomoteur aux âges auxquels ils apparaissent.

Marche à quatre pattes •	• 5 mois
Tourne sur le dos/ventre •	• 8 mois
Monte et descend les escaliers seul •	• 10 mois
Tient assis sans appui •	• 13 mois
Marche •	• 2 ans

→ ***Vous trouverez tous les éléments de réponses à ces questions p. 117***

FICHE

16 Les maladies et affections de l'enfant

L'enfance est une période au cours de laquelle les défenses immunitaires se mettent en place progressivement : le système immunitaire est encore immature. Ceci explique que les jeunes enfants soient très sensibles aux maladies infectieuses.

D'autre part, l'enfant peut être atteint de maladies congénitales (maladies présentes à la naissance).

1. Les maladies infectieuses

Lorsqu'un agent infectieux (bactérie, virus, parasite...) pénètre dans l'organisme, il peut lui transmettre une maladie infectieuse. Pour prévenir la contagion de ces maladies, il est possible d'avoir recours à la vaccination ou à des mesures de protection. ▸ FICHE 11

Les phases d'une maladie infectieuse

Les phases d'une maladie infectieuse sont au nombre de quatre.

1. Pénétration de l'agent pathogène → **Incubation** : phase silencieuse pendant laquelle les symptômes ne sont pas encore apparents, mais l'enfant « couve » sa maladie et est particulièrement contagieux.
2. Premiers signes non spécifiques de la maladie → **Invasion** : apparition des premiers symptômes de la maladie le plus souvent non spécifiques (fièvre, asthénie...).
3. Signes spécifiques à la maladie → **Phase d'état** : apparition des symptômes caractéristiques de la maladie (en particulier « l'éruption » pour les maladies éruptives).
4.
   - **Convalescence** : retour complet à l'état de santé.
   - **Complications** : peuvent être responsables de séquelles et conduire au décès.
   - **Rechute** : reprise de la maladie avant guérison complète.
   - **Récidive** : nouvelle infection.

Les maladies infectieuses éruptives

Ce sont des maladies qui s'accompagnent d'éruptions cutanées (boutons).

Maladie	Signes et complications	Conduite à tenir et prévention
Roséole 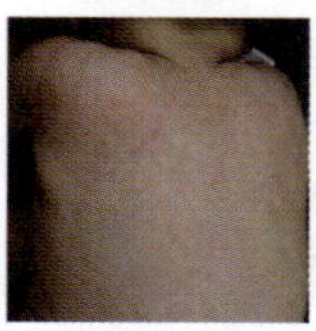 *Virus*	**Signes** : – Fièvre élevée (39 °C et plus) pendant 3 à 4 jours, puis chute de la fièvre. – Éruption cutanée : apparition de maculo-papules au niveau du tronc. **Complications** : très rarement, des méningites virales, une baisse du nombre des plaquettes, une atteinte du foie par le virus.	**Conduite à tenir :** lutter contre la fièvre. ▸ FICHE 56 **Prévention** : aucune, il n'existe pas de vaccin.

Maladie	Signes et complications	Conduite à tenir et prévention
Rubéole 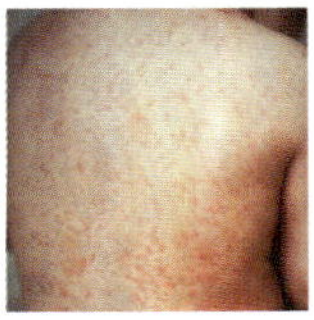 *Virus*	**Signes** : – Température modérée. – Rhume et ganglions au niveau du cou. – Éruption cutanée : maculo-papules (sauf paumes des mains et plantes des pieds). **Complications** : malformations embryonnaires et retard de croissance fœtale.	**Conduite à tenir :** – Lutter contre la fièvre. ► FICHE 56 – Nettoyer le nez. – Informer les parents des autres enfants accueillis, en particulier les femmes enceintes (risques de malformations embryonnaires). **Prévention** : vaccination.
Rougeole 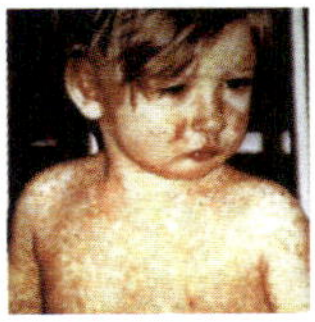 *Virus*	**Signes** : – Fièvre entre 39 °C et 40 °C. – Rhume. – Taches blanches à l'intérieur des joues. – Éruption cutanée : maculo-papules rouges avec intervalles de peau saine. **Complications** : convulsions hyperthermiques, encéphalite, complications broncho-pulmonaires et oculaires.	**Conduite à tenir :** – Lutter contre la fièvre. ► FICHE 56 – Nettoyer le nez. – Favoriser le repos. **Prévention** : vaccination.
Varicelle 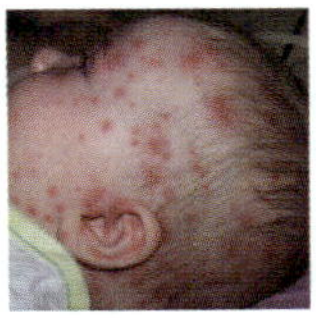 *Virus*	**Signes** : – Éruption cutanée en trois phases : macules rosées, vésicules claires, croûtes. – Prurit. – Température élevée avant éruption. **Complications** : surinfection par grattage et apparition de cicatrices indélébiles.	**Conduite à tenir :** – Informer les parents des autres enfants. – Lutter contre la fièvre. ► FICHE 56 – Éviter les bains. – Aseptiser les vésicules ou les croûtes. – Donner le traitement prescrit pour le prurit. – Veiller à l'hygiène des mains. **Prévention** : vaccination (certains cas).
Scarlatine 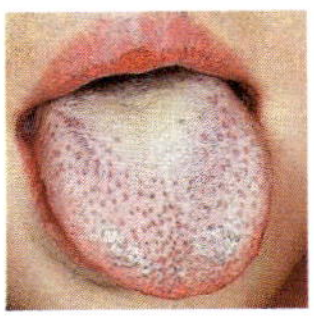 *Bactérie*	**Signes** : – Fièvre élevée à 40 °C. – Amygdales rouges et langue blanche. – Vomissements et céphalées. – Éruption cutanée : plaques rouges sans intervalle de peau saine. **Complications** : convulsions, atteintes rénales et atteintes articulaires.	**Conduite à tenir** : – Lutter contre la fièvre. ► FICHE 56 – Donner le traitement antibiotique prescrit par le médecin. – Informer les parents des autres enfants. **Prévention** : aucune, il n'existe pas de vaccin.

Les maladies infectieuses non éruptives

Maladie	Signes	Conduite à tenir et prévention
Oreillons 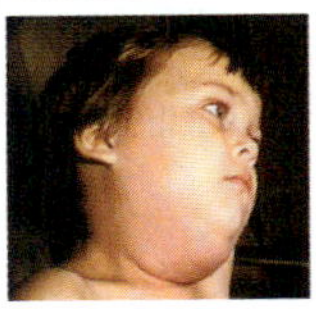 *Virus*	**Signes** : – Fièvre 38-39 °C. – Gonflement en avant de l'oreille (unilatéral puis bilatéral). – Douleurs lors de la salivation et de la mastication (difficultés pour s'alimenter). **Complications** : orchite et méningite.	**Conduite à tenir** : – Lutter contre la fièvre. ► FICHE 56 – Alimenter sans forcer. **Prévention** : vaccination.
Coqueluche 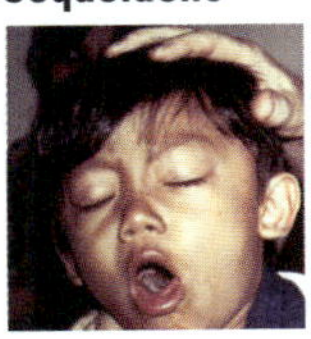 *Bactérie*	**Signes** : – Fièvre modérée. – Rhinopharyngite. – Toux sèche puis quinte de toux. – Risques de vomissements. **Complications** : convulsions, détresse respiratoire, fausse route, déshydratation et dénutrition.	**Conduite à tenir** : – Lutter contre la fièvre. ► FICHE 56 – Nettoyer le nez. – Surveiller la toux. – Être présent auprès de l'enfant au moment des quintes (risque d'asphyxie). – Surveiller l'état général (poids). **Prévention** : vaccination.

A-Z **Céphalées** : maux de tête.
Encéphalite : atteinte cérébrale entraînant des séquelles motrices et intellectuelles.
Macule : tache rouge non saillante au niveau de la peau.
Maculo-papule : association de macules et papules.
Orchite : atteinte testiculaire.
Papule : élévation de la peau de couleur rose/rouge.
Vésicule : soulèvement de l'épiderme contenant un liquide transparent.

2. Les maladies chroniques

Il existe différentes formes de maladies chroniques chez l'enfant : les maladies congénitales et les maladies allergiques.

Les maladies congénitales

Une maladie congénitale est une maladie présente à la naissance. Elle peut être d'origine génétique, héréditaire ou bien s'être développée au cours de la grossesse.

Causes	Définitions	Exemples de maladies
Causes héréditaires	Maladies transmises par les ascendants.	Diabète Daltonisme
Causes génétiques	Anomalie de la structure ou du fonctionnement d'un gène.	Hémophilie Mucoviscidose
	Anomalie portant sur le nombre de chromosomes.	Trisomie 21 Trisomie 13
Causes infectieuses	Germe transmis au cours de la grossesse, de la mère à l'enfant.	Rubéole (malformation fœtale). Toxoplasmose (lésions du système nerveux central du fœtus).
Causes toxiques	Transmise au cours de la grossesse, de la mère à l'enfant (alcool, drogue, médicaments).	Syndrome d'alcoolisation fœtale (malformations, retard de croissance, troubles du comportement).
Anomalie de positionnement fœtal	Entraîne une malformation fœtale.	Pied bot (déformation du pied) Torticolis congénital (bénin)

Les maladies allergiques

L'allergie est une maladie due à une réponse immunitaire anormale de l'organisme contre un élément étranger appelé « allergène ».
Les allergènes sont multiples : acariens, poils de chats, pollen, médicaments, aliments…
Les allergies se manifestent de plusieurs façons.

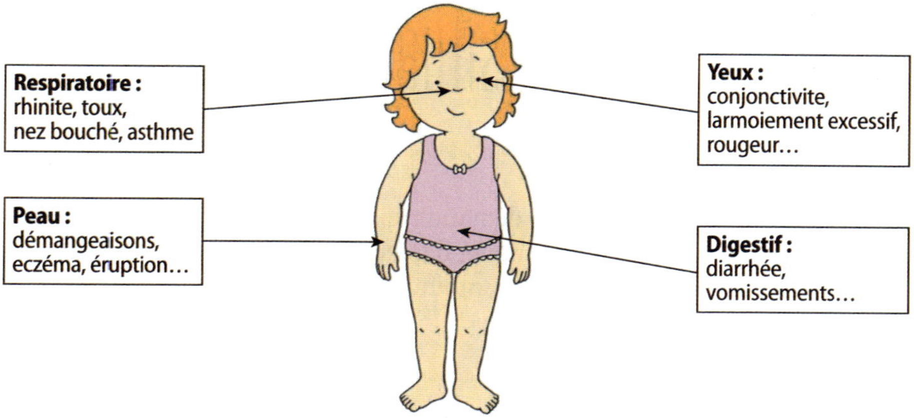

Il existe des cas de réaction anaphylactiques au cours desquelles la réaction allergique est subite et généralisée. Si elle n'est pas traitée rapidement, la tension artérielle chute, il peut y avoir perte de connaissance et même décès en quelques minutes.

JE RETIENS

1) Classer les différentes phases d'une maladie infectieuse dans l'ordre chronologique.
invasion – phase d'état – incubation – convalescence

…………………………………………………………………………

2) Caractériser ces maladies infectieuses en cochant les bonnes réponses.

Rougeole	❑ Bactérie	❑ Virus	❑ Éruptive	❑ Non éruptive	❑ Fièvre	❑ Pas de fièvre
Coqueluche	❑ Bactérie	❑ Virus	❑ Éruptive	❑ Non éruptive	❑ Fièvre	❑ Pas de fièvre
Varicelle	❑ Bactérie	❑ Virus	❑ Éruptive	❑ Non éruptive	❑ Fièvre	❑ Pas de fièvre
Oreillons	❑ Bactérie	❑ Virus	❑ Éruptive	❑ Non éruptive	❑ Fièvre	❑ Pas de fièvre
Roséole	❑ Bactérie	❑ Virus	❑ Éruptive	❑ Non éruptive	❑ Fièvre	❑ Pas de fièvre

3) Relier les différentes maladies chroniques à leur définition.

Maladie génétique •	• Maladie due à une anomalie chromosomique.
Maladie chromosomique •	• Maladie transmise par les ascendants.
Maladie héréditaire •	• Maladie due à une anomalie ou au dysfonctionnement d'un gène.

→ ***Vous trouverez tous les éléments de réponses à ces questions p. 117***

FICHE

17 L'enfant en situation de handicap

Chaque enfant en situation de handicap est unique. L'histoire de sa famille, la gravité du handicap, l'âge auquel il a été diagnostiqué vont en faire un événement singulier pour lui et son entourage.

1. Définition

La loi du 11 février 2005 définit le handicap ainsi :
« Constitue un handicap toute limitation d'activité ou restriction de participation à la vie en société subie dans son environnement par une personne en raison d'une altération substantielle, durable ou définitive d'une ou plusieurs fonctions physiques, sensorielles, mentales, cognitives ou psychiques, d'un polyhandicap ou d'un trouble de santé invalidant. »

2. La classification des handicaps

La classification des handicaps est établie à l'aide de cinq catégories.

Type de handicap	Caractéristiques	Exemples
Handicap moteur	Capacité limitée pour un individu de se déplacer, de réaliser des gestes ou de bouger certains membres. L'atteinte peut être partielle ou totale, temporaire ou incurable selon son origine.	Paralysie, infirmité motrice cérébrale, myopathie…
Handicap sensoriel	Difficultés liées aux organes des sens avec : – le handicap visuel ; – le handicap auditif (perte partielle ou totale de l'audition).	**Visuel** : cécité, malvoyance, amblyopie… ► FICHE 3 **Auditif** : malentendant, surdité qui peut entraîner des troubles de la parole.
Handicap psychique	Pathologie mentale entraînant des troubles mentaux, affectifs ou émotionnels se traduisant par une perturbation de la personnalité sans pour autant avoir des conséquences sur les fonctions intellectuelles.	Schizophrénie, maladie bipolaire…
Handicap mental	Déficience des fonctions mentales et intellectuelles qui entraîne des difficultés de réflexion, de compréhension et de conceptualisation, conduisant à des problèmes d'expression et de communication chez la personne atteinte.	Autisme, trisomie 21, polyhandicap…
Maladies invalidantes	Maladies qui, de par leurs effets sur l'organisme, peuvent générer un handicap et évoluer dans le temps.	Épilepsie, sclérose en plaque…

Les causes du handicap sont :
- **acquises** : s'il s'agit d'un handicap non présent à la naissance et d'origine accidentelle ou pathologique (par exemple un handicap suite à un accident de la route) ;
- **congénitales** : s'il s'agit d'un handicap avec lequel l'individu naît (par exemple la trisomie 21).

A-Z **Cognitif** : qui se rapporte à la faculté de connaissance.
Polyhandicap : handicap grave à expressions multiples associant une déficience motrice et une déficience intellectuelle sévère ou profonde. Les personnes polyhandicapées sont dépendantes et ont besoin de l'assistance constante d'une tierce personne, voire d'une assistance matérielle.

3. Les comportements face au handicap

Réaction de la famille et des proches

L'annonce du handicap est un choc qui entraîne un véritable état de sidération. Les réactions qui s'en suivent seront très différentes en fonction de l'âge auquel le handicap a été décelé, de son origine et de son importance.

Il sera possible d'observer plusieurs types d'attitudes.

➲ **L'acceptation** : elle se traduit par une aide apportée à l'enfant en situation de handicap afin de l'aider à surmonter ses difficultés et à s'intégrer dans la société.

➲ **La culpabilité** : lorsque le handicap est génétique ou survient dans la petite enfance les parents se sentent parfois coupables de la situation (« Je n'aurais pas dû faire telle activité, prendre tel médicament... »).

➲ **La surprotection, l'infantilisation, une permissivité excessive** : ces attitudes, liées à l'anxiété des parents, ne permettent pas à l'individu d'atteindre son développement maximum.

➲ **La peur de l'avenir, un abattement, une inquiétude** : l'enfant est loin de l'enfant idéal fantasmé par la famille. La désillusion est grande lors de l'annonce du handicap. Cela se traduit par des modifications de projets de la famille, des questionnements (« Que deviendra-t-il quand nous ne serons plus là ? »)

➲ **Le rejet** : il est trop difficile pour les parents d'avoir un enfant différent des autres. Ils font donc le choix de le confier à un établissement spécialisé ou de l'abandonner (« Je n'en veux pas, je ne le supporte pas... »).

Dans leur désarroi, les parents ont besoin d'un environnement chaleureux et d'un accueil bienveillant, respectueux et tolérant de la part des soignants qui les accompagnent.

Réactions de l'enfant

Plus l'enfant est jeune, plus sa maladie est anxiogène pour ses parents, et plus il sera désarmé pour y faire face.
L'enfant aura à lutter contre des souffrances physiques (soins…) mais également psychologiques (ruptures et séparations imposées par les hospitalisations, réduction des activités, inaptitudes…).
Enfin, le handicap peut bouleverser les rapports que l'enfant entretient avec son propre corps et être source d'une mauvaise image de soi (corps déformé, endommagé, douloureux, abîmé…). Ce corps peut être objet de honte, rejeté par les autres ce qui amène souvent l'enfant à s'isoler et/ou à être agressif.

Remarque

Handicap et fratrie
Souvent l'un des parents se consacre à la prise en charge de l'enfant en situation de handicap (consultations, hospitalisations, soins…). Les autres enfants sont davantage responsabilisés et peuvent se sentir délaissés : tout le souci des parents va à l'enfant malade. L'enfant en bonne santé peut culpabiliser d'avoir des soucis et ne pas oser en parler (« Ce n'est pas important comparé au handicap de mon frère »). Enfin, des sentiments de jalousie, d'agressivité, d'angoisse ou d'abandon peuvent se manifester.

Société et handicap

Notre société est très tournée vers le paraître, la santé, la performance, si bien que le handicap physique (ou mental) peut faire peur et susciter des réactions d'agressivité, de rejet voire de pitié. Heureusement, des professionnels et des bénévoles vont faire preuve de solidarité pour accompagner la personne en situation de handicap et son entourage avec bienveillance.

4. La prise en charge de l'enfant handicapé

Législation : loi du 11 février 2005

La loi du 11 février 2005, relative à l'égalité des droits et des chances, la participation et la citoyenneté des personnes handicapées, apporte de nombreuses avancées pour la personne en situation de handicap dans plusieurs domaines.

➲ **Droit à la compensation** : prestation qui prend en compte les besoins et le projet de vie de la personne handicapée (aide humaine, aide technique, aménagement du logement, du véhicule…). ▸ FICHE 21

➲ **Scolarité** : se traduit comme le droit de chaque enfant à une scolarisation en milieu ordinaire, au plus près de son domicile, et l'accessibilité à un parcours scolaire continu et adapté.

➲ **Accessibilité** : des lieux recevant du public, des logements, mais aussi de la voirie, des espaces publics…

À savoir

Depuis la loi du 11 février 2005, les parents participent à la mise en place d'un projet personnalisé de scolarisation (PPS). Le PPS est adapté à la nature du handicap et prévoit différentes aides (matériel scolaire, transports adaptés, présence d'une auxiliaire de vie scolaire (AVS)...). La scolarisation peut s'envisager dans un cadre collectif en **CLIS** (classes pour l'inclusion scolaire) en écoles élémentaires ou en **ULIS** (unités spécialisées pour l'inclusion scolaire) dans le secondaire ou dans un cadre individuel. ► FICHE 21

MDPH et CDAPH

C'est au niveau de chaque département que sont accordées les principales aides destinées aux personnes handicapées et à leurs proches.

La MDPH (maison départementale des personnes handicapées) leur permet d'avoir un guichet unique aux principaux droits et prestations auxquels ils peuvent prétendre. Au sein de chaque MDPH se trouve une CDAPH (commission des droits et de l'autonomie des personnes handicapées).

CDPAH

– Se prononce sur l'orientation et assure l'insertion scolaire, professionnelle et sociale de la personne handicapée.
– Désigne les établissements ou services selon les besoins de l'enfant pour son accueil, sa rééducation, son reclassement.
– Apprécie l'état et le taux d'incapacité justifiant l'attribution de l'AEEH ou des compléments d'allocations et de la carte d'invalidité.

MDPH

Mise en œuvre des décisions prises par le CDAPH.

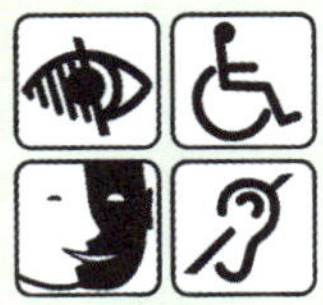

JE RETIENS

1) Retrouver dans les cas suivants la cause et le type de handicap dont il est question.

Tristan est trisomique. Ce handicap se caractérise par une déficience intellectuelle.

Cause : .... Type : ....

Jonathan est paraplégique (paralysie des membres inférieurs) suite à un accident en scooter.

Cause : .... Type : ....

2) Donner la signification des sigles suivants :

– MDPH : ....

– CDAPH : ....

→ ***Vous trouverez tous les éléments de réponses à ces questions p. 117***

FICHE

18 Le cadre politique et administratif de la France

1. Le cadre politique

L'organisation politique en France est basée sur la démocratie. Ce système politique donne le pouvoir au peuple par le vote. La Constitution, texte fondateur de la Vᵉ République, organise les différentes institutions de l'État, définit leur rôle et leurs relations.

Constitution de 1958

Pouvoir exécutif

Pouvoir détenu par le Président de la République et le gouvernement (Premier ministre nommé par le Président et ministres nommés après proposition du Premier ministre).

► Le gouvernement dépose des projets de loi. Le Président les promulgue et les fait appliquer.

Pouvoir législatif

Pourvoir détenu par le Parlement, l'Assemblée nationale (députés) et le Sénat (sénateurs).

► Fait des propositions de loi et vote les lois.

Pouvoir judiciaire

L'autorité judiciaire est exercée par les tribunaux.

► Fait respecter les lois et punit en cas d'infractions.

	Mode d'élection	Durée du mandat
Président de la République	Suffrage universel direct	5 ans
Députés (577 élus)	Suffrage universel direct	5 ans
Sénateurs (331 élus)	Suffrage universel indirect (collège de grands électeurs)	6 ans (renouvellement des sièges par moitié tous les 3 ans)

A-Z **Suffrage universel direct** : système électoral dans lequel les électeurs, citoyens jouissant de leurs droits civiques, votent pour choisir leur(s) représentant(s) parmi les candidats à l'élection.

Suffrage universel indirect : système électoral qui demande aux électeurs de voter pour des grands élus qui vont élire le(s) futur(s) candidat(s) à l'élection.

Remarque

Pour être éligible, il faut être de nationalité française (condition élargie pour les élections municipales et européennes), avoir satisfait aux obligations militaires (cela regroupe la JAPD, nouvellement appelée JDC, et le service militaire pour les personnes plus âgées), jouir du droit de vote, être majeur (ou avoir 24 ans au moins pour les élections sénatoriales), et ne pas avoir subi de condamnations pour crimes.

2. Le cadre administratif

L'État a été amené à confier des compétences aux structures administratives mises à la disposition de la population de deux façons différentes.

➲ **La décentralisation** (loi du 2 mars 1982) : transfert de compétences de l'État aux collectivités territoriales (régions, départements, communes) en vue de leur accorder une plus grande autonomie. Ces collectivités gèrent les affaires courantes de leur territoire. Par exemple :
– la commune gère l'administration des services communaux : entretien des routes, assainissement, écoles primaires (restauration scolaire…), CCAS (centre communal d'action sociale)… ;
– le département est compétent pour la construction et le financement des collèges, la gestion de l'action sociale (PMI, ASE, prise en charge des personnes âgées…) ;
– la région participe au développement économique, social et culturel de la région. Elle construit et finance les lycées.

➲ **La déconcentration** : transfert du pouvoir de décision de l'État à des représentants locaux (préfets de régions et de départements, maire). Ceux-ci mettent en application les lois et les règlements des ministères sur l'ensemble du territoire national. En matière sanitaire et sociale, il faut citer principalement :
– la DDCS (direction départementale de la cohésion sociale) qui officie auprès du préfet du département. Ses missions touchent au droit des femmes, à la politique de la ville, à l'hébergement, au logement, à la famille, à la jeunesse, au sport, à l'égalité des chances et à la vie associative ;
– les DRJSCS (directions régionales de la jeunesse, des sports et de la cohésion sociale) qui sont des services déconcentrés régionaux placés sous l'autorité du préfet de région. Ils assurent le pilotage et la coordination des politiques sociales (prévention et lutte contre les exclusions, protection et accès à l'hébergement des personnes vulnérables, intégration des personnes handicapées), sportives (accès à la pratique sportive, prévention des incivilités et lutte contre la violence dans le sport), de la jeunesse, associatives et d'éducation populaire.

Les différents acteurs de la décentralisation et de la déconcentration.

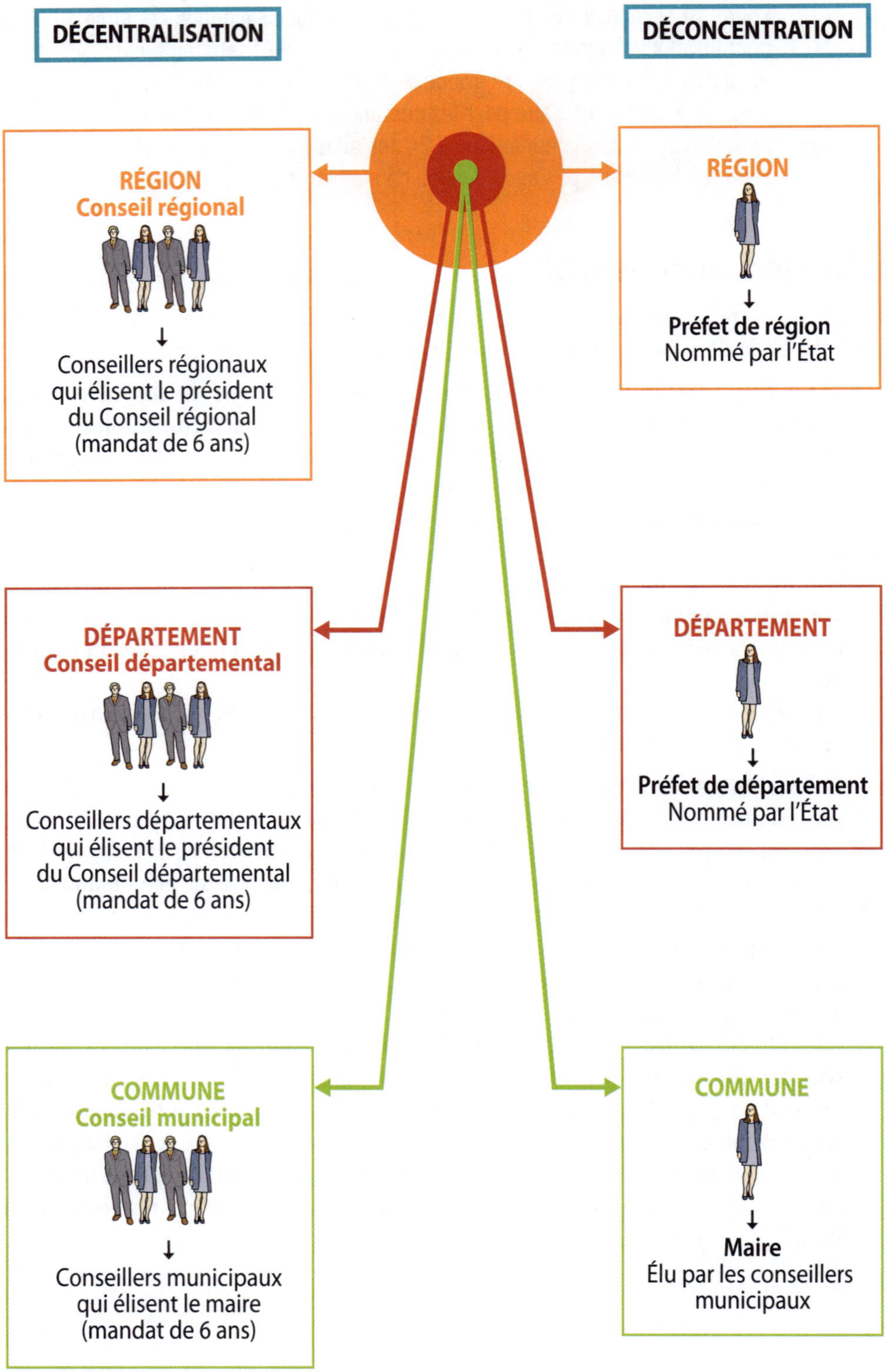

À savoir

Depuis la loi du 17 mai 2013, l'assemblée qui dirige le département prend le nom de Conseil départemental (anciennement appelé Conseil général), et les ex-conseillers généraux se nomment désormais conseillers départementaux.

Par ailleurs, le Conseil constitutionnel a validé le 15 janvier 2015 la nouvelle carte des régions qui passent de 22 à 13.

JE RETIENS

1) Caractériser les différents pouvoirs en complétant le tableau suivant.

	Pouvoir exécutif	Pouvoir législatif	Pouvoir judiciaire
Détenu par…			
Rôle			

2) Relier les termes « décentralisation » et « déconcentration » à leur définition.

Décentralisation •	• Transfert du pouvoir des décisions de l'État à des représentants locaux.
Déconcentration •	• Transfert de compétences de l'État aux collectivités territoriales pour leur accorder une plus grande autonomie.

→ ***Vous trouverez tous les éléments de réponses à ces questions p. 117-118***

FICHE

19 Le statut juridique de l'enfant et de sa famille

À l'heure actuelle, la cellule familiale est en constante mutation. Sa composition évolue à tel point que certains ne parlent plus de « la famille » mais « des familles ». Au cœur de la structure familiale se trouve l'enfant dont le statut juridique a progressé : sa place est reconnue et son statut protégé.

1. Les différentes structures familiales

On distingue trois formes de familles.

1. La famille nucléaire ou traditionnelle

Elle est constituée d'un couple et d'un ou plusieurs enfant(s).

2. La famille monoparentale

Elle est constituée d'un parent avec un ou plusieurs enfant(s).

3. La famille recomposée

Elle comprend un couple d'adultes, mariés ou non, et au moins un enfant né d'une union précédente de l'un des conjoints.

À savoir

Le terme « famille » désigne un groupe de personnes ayant des liens de parenté et vivant sous le même toit.

2. Les différentes formes d'union

Un couple peut avoir différents statuts selon le type d'union qui lie ses deux membres.

Formes d'union	Caractéristiques
Mariage	Acte juridique passé devant un officier d'état civil. Les époux (majeurs) s'engagent à cohabiter, être fidèles et se porter assistance et secours. **À savoir** Depuis l'adoption de la loi du 18 mai 2013 sur le mariage pour tous, le mariage homosexuel est aujourd'hui autorisé.
PACS (pacte civil de solidarité)	Contrat enregistré par le greffier du tribunal. Il a pour but d'organiser les modalités de la vie commune du couple. Cette union civile lie deux personnes majeures, quel que soit leur sexe.
Union libre ou concubinage	Union libre entre deux personnes, quel que soit leur sexe, vivant sous le même toit. Il n'y a pas de devoirs réciproques entre les partenaires, sauf en matière de logement.

3. La filiation

La filiation est le lien juridique qui existe entre les parents et leur(s) enfant(s). Il est établi par un acte d'état civil. Il y a deux types de filiations :

Filiation
Lien juridique qui unit un enfant à son père et à sa mère.

- **Par effet de la loi**
  Les parents sont mariés.
  Pas de démarche à faire, la déclaration de naissance sur les registres de l'état civil établit la filiation automatiquement pour les deux parents.
- **Par reconnaissance**
  Les parents ne sont pas mariés.
  La filiation maternelle est automatique. Le père doit faire établir volontairement un acte de reconnaissance de son enfant, devant l'officier d'état civil (avant, au moment ou après la naissance).

Filiation adoptive
Lien établi par une décision juridique entre un enfant et des parents qui ne sont pas du même sang.

- **Adoption plénière**
  L'enfant a un nouvel état civil (nom des parents adoptants) et une nouvelle filiation (rupture totale des liens avec la famille d'origine).
- **Adoption simple**
  Cela permet d'adopter un enfant sans pour autant que les liens juridiques soient rompus avec sa famille d'origine.

4. L'autorité parentale

L'autorité parentale se définit comme l'ensemble des droits et devoirs des parents envers leur enfant, ayant pour finalité l'intérêt de l'enfant jusqu'à sa majorité (18 ans) ou son émancipation.

Exercice de l'autorité parentale

Les deux parents exercent en commun l'autorité parentale quel que soit leur statut, qu'ils soient mariés ou non, dès lors que la filiation de l'enfant est établie. La séparation des parents est sans incidence sur l'exercice de l'autorité parentale. Elle reste une obligation même si les personnes ne vivent plus ensemble. Dans le cas où les deux parents sont décédés, un tuteur est nommé.

Question de pro

Nadège, élève de CAP Petite enfance s'interroge : Nous avons, au multi-accueil, un enfant qui n'a pas été reconnu par son père. Est-ce que celui-ci bénéficie quand même de l'autorité parentale ?

Réponse : Si les parents ne sont pas mariés, la mère bénéficie automatiquement de l'exercice de l'autorité parentale. Le père, quant à lui, n'a de droits à l'égard de l'enfant que s'il l'a reconnu. Dans le cas de parents mariés, ils exercent en commun l'autorité parentale.

Contenu de l'autorité parentale

L'autorité parentale appartient aux parents jusqu'à la majorité ou l'émancipation de l'enfant. Ils ont pour obligation de :

– protéger l'enfant dans sa sécurité, sa santé et sa moralité ;

– veiller aux besoins matériels et moraux de l'enfant (le nourrir, l'héberger, prendre des décisions médicales, surveiller ses relations, ses déplacements...) ;

– assurer l'éducation intellectuelle, professionnelle et civique de l'enfant. Les parents qui n'assurent pas l'instruction obligatoire de leur enfant (de 6 à 16 ans) s'exposent à des sanctions pénales ;

– gérer les biens de l'enfant.

À savoir

Les parents ont l'obligation de fournir une aide matérielle (hébergement, nourriture, pension...) à leur enfant majeur qui n'est pas en mesure d'assurer sa subsistance (poursuite d'études, recherche d'emploi, handicap...).
Le montant de cette aide varie en fonction des ressources du parent qui la verse et des besoins de l'enfant.

Fin de l'autorité parentale

L'autorité parentale prend fin soit :

– à la majorité de l'enfant ;

– par émancipation de l'enfant ;

– lorsque les parents se voient retirer leurs droits suite à un jugement. ▸ FICHE 22

À savoir

L'émancipation d'un mineur est l'acte qui met fin à l'autorité exercée par ses parents et qui lui confère la liberté d'accomplir, au même titre qu'un majeur, une grande partie des actes de la vie civile qui requièrent la majorité légale. En contrepartie, les parents ne sont plus responsables des dommages commis par leur enfant après son émancipation. Certains droits réservés aux majeurs ne pourront toutefois pas être exercés par un mineur émancipé (par exemple le droit de vote).

5. Les droits de l'enfant

La Convention internationale des droits de l'enfant (CIDE) est un texte rédigé par l'ONU en 1989. Elle contient les principes fondateurs sur lesquels reposent les droits des enfants, énoncés dans ses 54 articles. Cette convention a été ratifiée par 191 États. Seuls la Somalie et les États-Unis ne l'ont pas signée.

En France, le Défenseur des enfants est une autorité administrative indépendante mise en place en 2000 et destinée à défendre et promouvoir les droits de l'enfant contenus dans le droit français et dans la CIDE.

À savoir

La journée internationale des droits de l'enfant est le 20 novembre.

JE RETIENS

1) Nommer les structures familiales pour chaque exemple.

- *Yvon élève seul ses deux enfants.* Famille ....
- *Patricia et Paul sont mariés et ont un enfant.* Famille ....
- *Pierre vit avec Solange qui a eu deux enfants d'une première union.* Famille ....

2) Caractériser les différentes unions en les reliant à la bonne définition.

Mariage •	• Union entre deux personnes.
PACS •	• Acte juridique passé devant un officier d'état civil.
Union libre •	• Contrat enregistré par le greffier du tribunal.

→ ***Vous trouverez tous les éléments de réponses à ces questions p. 118***

FICHE

20 La protection sanitaire de l'enfant et sa famille

La France a mis en place plusieurs moyens de protection sanitaire pour l'enfant et sa famille, afin de garantir au mieux la santé de cette population à des âges clés du développement.

1. La PMI (protection maternelle et infantile)

La PMI est un service rattaché au département, et donc placé sous l'autorité du président du Conseil départemental. Sa mission est de protéger la future mère, la mère et l'enfant de moins de 6 ans.

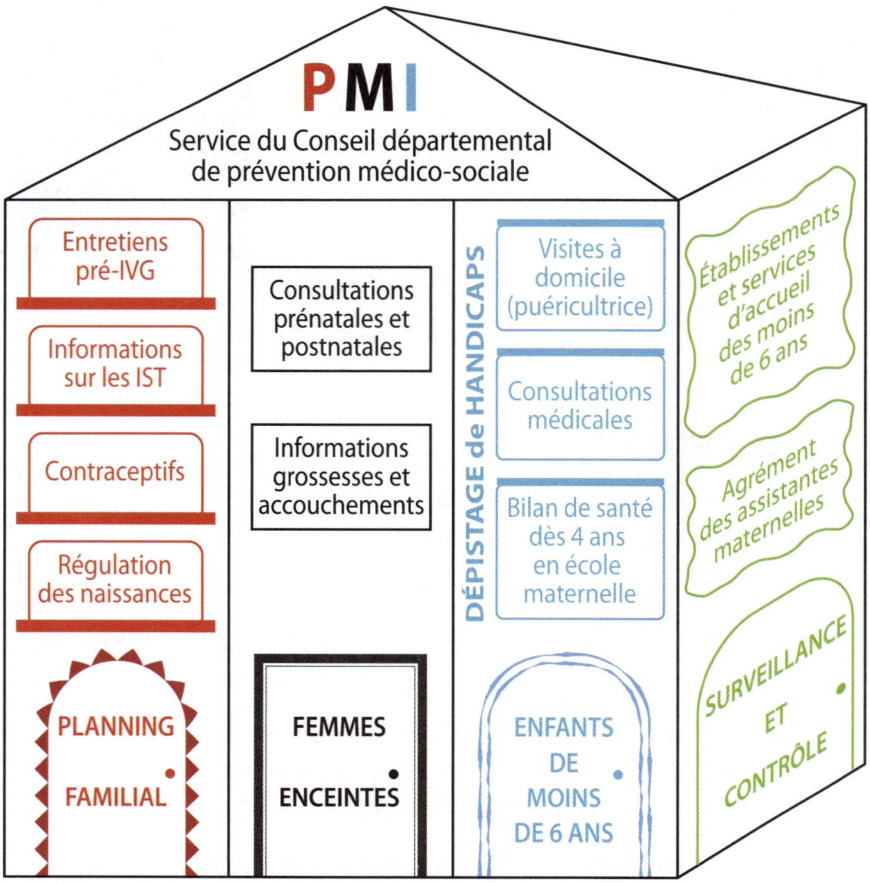

Question de pro

Hélène, auxiliaire de puériculture demande : Quelles différences y a-t-il entre les visites à domicile postnatales de la puéricultrice et les consultations médicales ?

Réponse : Les visites au domicile des familles permettent à la puéricultrice d'accompagner les mères dans les soins à apporter à leur bébé, de repérer des difficultés sociales ou relationnelles précoces, ou encore des situations de risque de maltraitance. Lors des consultations médicales, le médecin a pour objectif de dépister des déficiences, d'orienter vers un service spécialisé si besoin et de vacciner. Ces deux services sont gratuits.

2. Le carnet de santé

Le carnet de santé est délivré gratuitement par l'hôpital, la mairie ou, à défaut, par le centre de PMI lors de la déclaration de naissance. Son utilisation est réservée aux professionnels de santé et sa consultation est soumise à l'accord des parents.

Le carnet de santé c'est :

– **un outil aide-mémoire** : il contient les informations nécessaires au suivi de la santé de l'enfant jusqu'à ses 16 ans (examens médicaux, courbes staturo-pondérales (▶ FICHE 6), vaccinations…) ;

– **un outil de dialogue** : il permet d'améliorer la communication entre les différents professionnels de santé ;

– **un outil de prévention et d'éducation** : les parents y trouvent des conseils de prévention et d'éducation à la santé (par exemple : la mort subite du nourrisson, les accidents domestiques, l'hygiène bucco-dentaire…).

À savoir

Les événements écrits dans le carnet de santé de l'enfant doivent être inscrits avec l'accord des parents. C'est un document confidentiel, les informations qui y figurent sont couvertes par le secret professionnel. Nul ne peut exiger la présentation de ce carnet.

3. Protection, suivi et surveillance de l'enfant

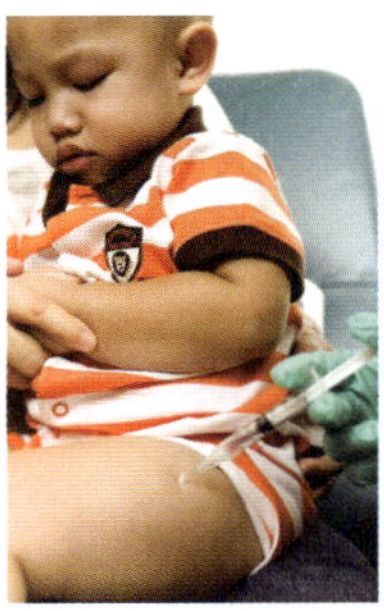

Les parents doivent soumettre leur enfant à certaines vaccinations et examens médicaux de façon à le protéger et dépister toute anomalie.

Les vaccinations

En France, il existe des vaccinations obligatoires, vérifiées lors de l'admission dans un multi-accueil, chez une assistante maternelle ou à l'école maternelle. Il existe également des vaccinations recommandées qui nécessitent l'accord des parents.

	Vaccination contre :	Associations de vaccins possibles						
Vaccinations obligatoires	Diphtérie	■	■	■				
	Tétanos	■	■	■				
	Poliomyélite	■	■	■				
Vaccinations conseillées	Coqueluche	■	■	■				
	Méningite à Haemophilus influenzae de type b		■	■				
	Hépatite B			■				
	Tuberculose : BCG				■			
	Méningocoque C						■	
	Rougeole					■		
	Oreillons					■		
	Rubéole					■		

Les examens médicaux

Jusqu'à l'âge de 6 ans, un enfant bénéficie de 20 visites médicales obligatoires et remboursées à 100 % par l'Assurance maladie. Ces visites permettent de suivre sa croissance et sa santé, de dépister rapidement certains problèmes médicaux nécessitant un traitement et de pratiquer les vaccinations. Trois de ces examens médicaux donnent lieu à la délivrance d'un certificat de santé. Ces certificats permettent aux autorités sanitaires de s'assurer que chaque famille est en mesure de dispenser les soins nécessaires à ses enfants. Ils permettent également de réaliser des statistiques sur l'état de santé de cette tranche d'âge, à un niveau national.

Calendrier des examens médicaux obligatoires de 0 à 6 ans

Âge	Examens médicaux	Certificat de santé
8 premiers jours de vie	1	X
Une fois par mois durant les six premiers mois	6	
9 mois	1	X
12 mois	1	
Deux fois entre 1 et 2 ans	2	
2 ans	1	X
Deux fois par an jusqu'à 6 ans	8	

4. La promotion de la santé en faveur des élèves

La mission de promotion de la santé en faveur des élèves a pour objectif essentiel et spécifique de veiller au bien-être des enfants scolarisés, de contribuer à leur réussite et de les accompagner dans la construction de leur personnalité individuelle et collective.

Ainsi, la responsabilité de l'école est affirmée. La réalisation de ces objectifs repose sur l'implication de toute la communauté éducative et particulièrement du médecin et de l'infirmier de l'Éducation nationale.

Question de pro

Pascal, ATSEM en école maternelle demande : Concrètement, quelles actions peuvent être menées pour répondre aux missions de promotion de la santé en faveur des élèves ?

Réponse : Une école peut par exemple mettre en place un PAI (projet d'accueil individualisé) pour un enfant atteint de maladie chronique (asthme…), d'allergie et d'intolérance alimentaire. Ce PAI doit lui permettre de suivre une scolarité normale ou d'être accueilli en collectivités tout en bénéficiant de son traitement, de son régime alimentaire, d'aménagements d'horaires, de dispenses de certaines activités incompatibles avec sa santé... Le PAI assure donc sa sécurité et compense les inconvénients liés à son état de santé.

À savoir

Le PAI est un projet écrit, élaboré à la demande de la famille, par le directeur de la collectivité et le médecin scolaire (ou de la structure d'accueil), à partir de données transmises par le médecin qui soigne l'enfant.

JE RETIENS

1) Donner la signification du sigle PMI et préciser la collectivité territoriale à laquelle elle est rattachée.

....

....

2) Parmi les vaccinations suivantes, barrer celles qui ne sont pas obligatoires.
Vaccins contre : *tuberculose – diphtérie – oreillons – tétanos – hépatite B – poliomyélite*

3) Cocher la (ou les) bonne(s) réponse(s).
Les certificats médicaux sont délivrés à : ❑ 8 jours ❑ 6 mois ❑ 9 mois ❑ 1 an ❑ 2 ans

→ ***Vous trouverez tous les éléments de réponses à ces questions p. 118***

FICHE 21

La protection sociale de l'enfant et sa famille

En France, la protection sociale a pour but d'accompagner les familles dans leur vie quotidienne. De ce fait, elle obéit à trois logiques : une logique de protection sociale qui remédie à la perte de revenus liés à un risque, une logique d'assistance (solidarité entre les personnes pour lutter contre la pauvreté) et une logique de protection universelle.

1. Les systèmes de protection sociale

La Sécurité sociale

Créée en 1945, la Sécurité sociale est un système de protection qui repose sur le principe de la solidarité. La Sécurité sociale comprend quatre branches couvrant les différents risques sociaux.

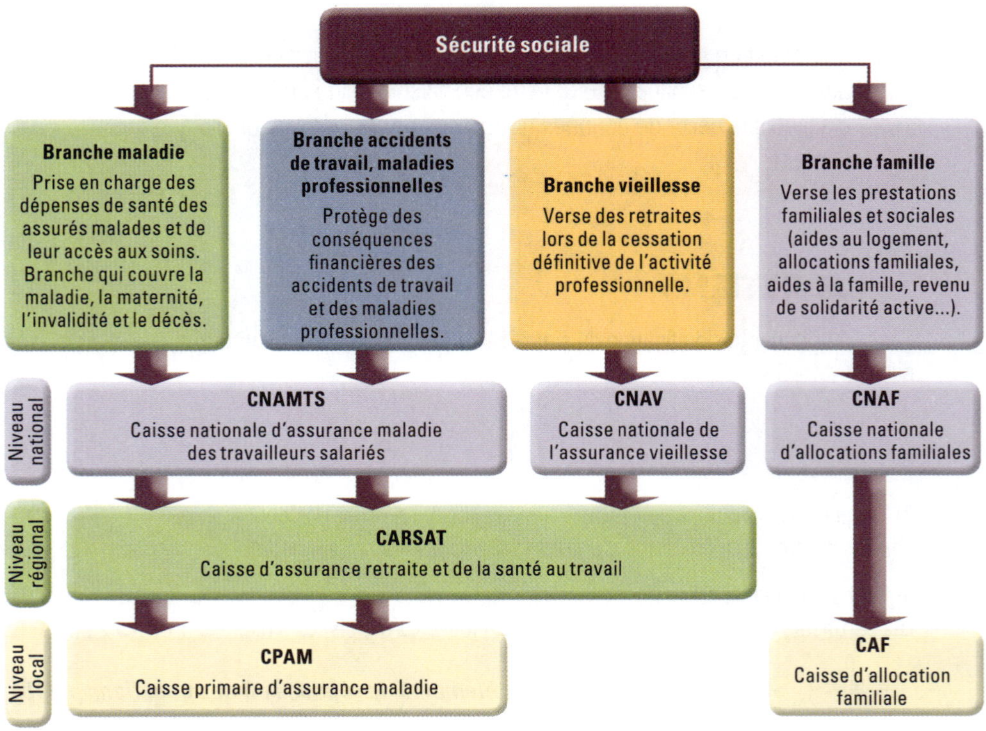

La CPAM verse des prestations en nature ou en espèce.

A-Z **Prestations en espèces** : revenus de substitution (du fait de la maladie, la maternité, l'invalidité, l'accident de travail, les maladies professionnelles ou la vieillesse) ou revenus de complément (pour compenser la charge d'enfant avec les allocations familiales ou la charge de logement avec les allocations logements).

Prestations en nature : prestations destinées au remboursement total ou partiel des dépenses médicales, paramédicales et des frais d'hospitalisation.

Risque social : événement pouvant survenir à tout individu et provoquant pour lui soit des dépenses importantes (maladie, maternité...), soit une diminution sensible de ses revenus habituels (chômage, vieillesse...) et nécessitant une prise en charge collective.

L'aide sociale

L'aide sociale est un système de solidarité nationale qui apporte assistance aux personnes confrontées à des difficultés d'ordre social et matériel. Les actions menées sont des actions d'insertion, de prévention et de secours.

Depuis les lois sur la décentralisation (► FICHE 18), les collectivités territoriales se sont vues attribuer des compétences en matière d'aide sociale leur permettant d'agir directement sur leur territoire.
Les aides sociales sont des prestations qui peuvent être attribuées en nature (aide sous forme de services, d'action sociale ou éducative) ou en espèces (aide pécuniaire).

Domaine	Public concerné	Type d'aide(s)
Aide sociale à l'enfance	Aide aux familles et enfants confrontés à des difficultés sociales, éducatives ou matérielles.	– Aide financière (si difficultés matérielles). – Aide à domicile (travailleuses familiales, d'actions éducatives ou encore de placements en famille d'accueil).
Insertion sociale	Le département s'est vu attribuer une nouvelle compétence par l'État : l'attribution du revenu de solidarité active (RSA).	– Aide financière. – Accompagnement des bénéficiaires.
Aide sociale aux personnes en situation de handicap	Prend en charge la perte d'autonomie des personnes handicapées à travers des aides destinées à apporter un soutien au quotidien.	– Aides à domicile. – Aide à la prise en charge des frais d'hébergement en établissement spécialisé ou en famille d'accueil. – Prestation de compensation du handicap (PCH). ► FICHE 17

Les organismes de protection complémentaire

Trois catégories d'organismes participent à la protection sociale complémentaire : les **mutuelles**, les **institutions de prévoyance** et les **compagnies d'assurances**. Ces organismes offrent souvent des prestations semblables mais ils ne reposent pas sur la même logique.

MUTUELLES

- **Groupements à but non lucratif**
- **Rôles :** complémentaire santé, prévention, insertion et solidarité (adhésion facultative).

INSTITUTIONS DE PRÉVOYANCE

- **Organismes de droit privé à but non lucratif**
- **Rôles :** retraite complémentaire (adhésion obligatoire), retraite supplémentaire (adhésion facultative) et prévoyance.

COMPAGNIES D'ASSURANCE

- **Institutions privées à but lucratif**
- **Rôles :** remboursements complémentaires à l'assurance maladie, retraites complémentaires par capitalisation et assurances vies.

2. Les prestations familiales

Les prestations familiales sont versées par la branche famille qui contribue ainsi aux charges occasionnées par la venue d'un ou plusieurs enfants. La CNAF supervise et pilote les différentes CAF qui sont chargées de verser les prestations.

Pour qui ? Pour quoi ?	Prestations	Sans conditions de ressources	Sous conditions de ressources
Pour un enfant né ou adopté	PAJE (prestation d'accueil jeune enfant) qui comprend : – la prime à la naissance ou à l'adoption ; – l'allocation de base ; – la prestation partagée d'éducation ; – le complément libre choix du mode de garde.	 ✔ ✔	 ✔ ✔
À partir de deux enfants à charge	– Allocations familiales. – Complément familial.	✔	 ✔
Lors de la rentrée scolaire	– Allocation de rentrée scolaire.		✔
Pour des parents isolés ou seuls	– Allocation de soutien familial.		✔
Si un enfant est malade	– Allocation journalière de présence parentale. – Complément mensuel pour frais.	✔	 ✔
Si un enfant est handicapé	– Allocation d'éducation de l'enfant handicapé.	✔	
Aide au logement	– Allocation de logement.		✔

À savoir

Si les parents sont séparés, ils peuvent d'un commun accord :
– soit désigner celui qui sera le bénéficiaire de toutes les prestations ;
– soit choisir le partage des allocations et désigner un bénéficiaire pour les autres prestations.
En cas de résidence alternée, les parents peuvent opter pour le partage des allocations familiales.

JE RETIENS

1) Citer les quatre branches de la Sécurité sociale.

. . . .

. . . .

2) Compléter le tableau en nommant la prestation définie, à l'aide des mots suivants :
PAJE (prestation d'accueil jeune enfant) – Allocation de soutien familial – Allocation de logement – Allocation journalière de présence parentale.

Prestations	Définitions
	Elle est versée pour un enfant né ou adopté.
	Elle est destinée à apporter une aide financière aux parents isolés ou seuls.
	Elle est destinée à alléger les frais de location.
	Elle permet aux parents d'assister leur enfant malade.

3) Relier chaque prestation à son organisme payeur.

Prestations maladie et invalidité •	• CARSAT
Retraites •	• CPAM
Prestations familiales •	• CAF

→ ***Vous trouverez tous les éléments de réponses à ces questions p. 118***

FICHE 22 La protection de l'enfant en danger

Presque 100 000 enfants en danger sont recensés chaque année en France. Chaque jour un à deux enfants décèdent des suites de maltraitance (dont les trois quart ont moins de 7 ans).
L'enfant n'est pas en capacité de comprendre ce qui se passe, c'est donc aux adultes, et en particulier aux professionnels de la petite enfance, d'être attentifs, observateurs et actifs à bon escient.

1. Définitions

Selon les définitions de l'ODAS (observatoire national de l'action sociale décentralisée), il existe deux catégories d'enfants en danger : les **enfants en risque** et les **enfants maltraités**.
L'appelation **« enfants en danger »** correspond à l'ensemble des enfants en risque et maltraités pris en charge par l'ASE (aide sociale à l'enfance) ou par la justice.
Les **enfants en risque** sont les enfants qui connaissent des conditions d'existence risquant de mettre en danger leur santé, leur sécurité, leur moralité, leur éducation ou leur entretien, mais qui n'ont pas pour autant été maltraités.
Les **enfants maltraités** sont des enfants victimes de violences physiques, d'abus sexuels, d'actes de cruauté mentale, de négligences lourdes ayant des conséquences graves sur leur développement physique ou psychologique.

2. Les signes de maltraitance

Le professionnel devra être attentif pour repérer les différents signes qui doivent alerter et faire suspecter une maltraitance.
Attention, un signe isolé n'est pas nécessairement significatif de maltraitance.

Signes physiques	Signes psychiques et comportementaux
– Morsures, griffures. – Plaques d'alopécie (cheveux arrachés). – Brûlures avec des localisations inexpliquées. – Marques de coups : ecchymoses, plaies multiples d'âges différents… – Fractures multiples et répétées. – Habillement mal adapté. – Aspect négligé. – Retard important du développement somatique. – Visites fréquentes à l'infirmerie scolaire.	– Troubles du comportement : agressivité, agitation, repli sur soi, isolement… – Syndrome dépressif : isolement, tristesse, diminution des activités, anxiété, provocations, agressivité… – Troubles du sommeil (cauchemars fréquents). – Peur la nuit. – Peur des adultes. – Difficultés scolaires ou baisse brutale des résultats.

	– Fugue, refus de retour au domicile. – Refus de jouer. – Refus de se dévêtir. – Vocabulaire inadapté pour l'âge de l'enfant, retard de langage. – Enurésie, encoprésie. – Troubles du comportement alimentaire (boulimie, anorexie, obésité...).

En plus de ces signes, les professionnels peuvent avoir connaissance de facteurs de risques chez les parents (eux-mêmes maltraités, rejetés, grossesse non désirée, troubles de la personnalité, alcoolisme, toxicomanie…) qui leur permettront de déterminer s'ils sont ou non en face d'actes de maltraitance.

Attention

La maltraitance peut être présente dans toutes les catégories sociales.

3. Le signalement des maltraitances

Le signalement est une procédure qui permet d'informer les services sociaux et le procureur de la République qu'un enfant est en situation de danger.

Quelles sont les situations concernées ? → Les enfants en risque et les enfants maltraités.

Qui peut faire le signalement ? → Toute personne témoin ou soupçonnant une situation d'un enfant en danger ou en risque de l'être (enseignant, voisin...).

Comment faire un signalement ? → **Voie administrative** : au Président du Conseil Départemental où réside l'enfant, par le biais de la cellule de traitement.
Voie judiciaire : police, gendarmerie, procureur de la République (si extrême gravité ou urgence), juge des enfants.

Question de pro

Nathalie, auxiliaire de puériculture en crèche, demande : Y a-t-il un service qui permet d'avoir des informations sur les enfants en danger ?

Réponse : Oui, en composant le numéro 119 (appel gratuit 24 h/24) « Allô enfance en danger ». Les écoutants ont pour mission d'accueillir les appels d'enfants en danger ou en risque de l'être pour aider leur dépistage, faciliter leur protection, transmettre les informations préoccupantes aux services départementaux compétents en la matière, signaler directement au Parquet lorsque l'information recueillie le justifie, et agir au titre de prévention des mauvais traitements.

4. Le signalement : une obligation légale

Il est important de noter que la non-dénonciation de mauvais traitements est un délit puni par la loi de trois ans d'emprisonnement et 45 000 euros d'amende.

Dans le cas de maltraitance, le secret médical est levé.
La loi précise : « L'article 226-13 n'est pas applicable dans les cas où la loi impose et autorise la révélation du secret. En outre, il n'est pas applicable à celui qui informe les autorités judiciaires, médicales ou administratives de privations ou de sévices, y compris lorsqu'il s'agit d'atteintes sexuelles, dont il a eu connaissance et qui ont été infligées à un mineur ou une personne qui n'est pas en mesure de se protéger en raison de son âge ou de son incapacité physique ou psychique. » ▸ FICHE 25

5. La protection du mineur

Il existe en France un double système de protection des mineurs adapté aux différentes situations : **une protection administrative et judiciaire.**

La protection administrative (services de l'aide sociale à l'enfance)

Plusieurs orientations peuvent être envisagées pour la protection administrative de l'enfant. Celles-ci sont mises en place au sein de l'ASE (aide sociale à l'enfance), un service du Conseil départemental, placé sous la responsabilité du Président du Conseil départemental.

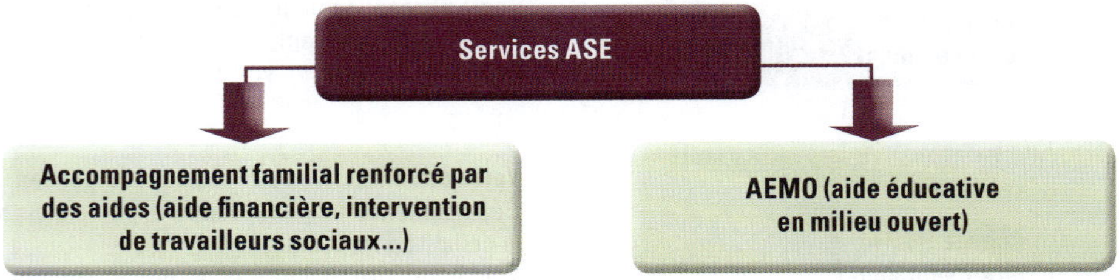

Si la gravité des faits le justifie, ou lorsque l'adhésion de la famille n'est pas possible (quand elle n'est pas partie prenante dans l'accompagnement proposé et pas d'accord pour être suivie), une mesure d'assistance éducative est demandée aux autorités judiciaires.

L'ASE remplit deux grandes missions :

– apporter un soutien aux familles à leur domicile (éducatif et/ou financier) ;
– accueillir et prendre en charge, y compris en urgence, les enfants qui lui sont confiés par leurs parents ou un juge.

La protection judiciaire (procureur de la République et juge des enfants)

Tout enfant résidant sur le territoire français relève du dispositif français de protection de l'enfance. Celui-ci ne prend pas en compte la nationalité des enfants ni celle des parents.

À savoir

Le juge des enfants intervient lorsque des mineurs sont en danger ou vivent dans de mauvaises conditions sanitaires, psychologiques ou éducatives. Il peut les placer provisoirement dans un établissement spécialisé ou dans une famille d'accueil. Il est aussi habilité à juger les mineurs délinquants.

JE RETIENS

1) Caractériser les notions suivantes en les reliant aux définitions qui correspondent.

Enfant en danger •	• Enfant qui connaît des conditions d'existence risquant de mettre en danger sa santé, sa sécurité, sa moralité...
Enfant en risque •	• Enfant victime de violences physiques, d'abus sexuels, de cruauté mentale...
Enfant maltraité •	• Ensemble des enfants pris en charge par l'ASE.

2) Donner la signification du sigle ASE.

....

3) Citer l'institution dont dépendent les services de l'ASE.

....

→ ***Vous trouverez tous les éléments de réponses à ces questions p. 118***

FICHE

23 Les modes d'accueil

Très tôt les parents se posent la question d'un mode de garde adapté pour leur enfant. Il n'est pas simple pour eux de se décider entre un mode de garde collectif ou individuel. Il n'est pas toujours évident d'avoir le choix car, malgré la volonté gouvernementale d'augmenter le nombre de places, la demande reste supérieure à l'offre.

1. Les établissements d'accueil collectif

La réglementation actuelle (décret du 7 juin 2010)

D'après le décret du 7 juin 2010, les établissements d'accueil collectif sont définis ainsi :

« Les établissements et les services d'accueil non permanent d'enfants veillent à la santé, à la sécurité, au bien-être et au développement des enfants qui leur sont confiés. Dans le respect de l'autorité parentale, ils contribuent à leur éducation. Ils concourent à l'intégration des enfants présentant un handicap ou atteints d'une maladie chronique qu'ils accueillent. Ils apportent leur aide aux parents pour favoriser la conciliation de leur vie professionnelle et de leur vie familiale. »

Les établissements d'accueil collectif regroupent les **crèches collectives**, les **multi-accueils**, les **haltes-garderies**, les **crèches parentales**, les **micro-crèches**, les **crèches familiales** et les **jardins d'enfants**.

Les établissements d'accueil du jeune enfant (EAJE) accueillent collectivement des enfants de moins de 6 ans. Ces structures doivent être agréées par la PMI (▸ FICHE 20). Les tarifs sont établis à l'heure à partir d'une grille nationale qui permet aux familles de participer financièrement en fonction de leurs ressources.

Les spécificités des différentes structures

Les structures qui accueillent les enfants de moins de 6 ans sont très variées et répondent aux besoins spécifiques des familles.

Structure et âges d'accueil	Caractéristiques	Personnel et encadrement
Multi-accueil *De 2 mois ½ à 6 ans*	– Il associe différentes formules au sein d'une même structure : collectif/régulier/occasionnel. Il permet une grande souplesse et une réponse aux horaires atypiques. – Il permet aux familles de passer d'un type d'accueil à un autre (crèche à halte-garderie par exemple) sans rupture.	**Direction** : – puéricultrice ou EJE si moins de 40 places ; – médecin ou puéricultrice (ayant 3 ans d'expérience) ou EJE (ayant 3 ans d'expérience) si plus de 40 places.

Multi-accueil (suite)	– Il est limité à 100 places.	**Adjoint** : puéricultrice, EJE ou infirmière (justifiant d'un an auprès de jeunes enfants). **Personnel** : – 40 % de professionnels qualifiés (puéricultrice, EJE, auxiliaire de puériculture, infirmier…). – 60 % (au plus) d'autres professionnels : CAP Petite enfance, BEP CSS, BEATEP, assistante maternelle ayant 5 ans d'expérience… **Encadrement** : un adulte pour cinq enfants qui ne marchent pas, et un adulte pour huit enfants qui marchent.
Crèche parentale *De 2 mois ½ à 4 ans*	– Crèche créée et gérée par les parents qui participent également à l'encadrement, aidés par des professionnels de la petite enfance. – Elle est limitée à 20 places.	
Crèche familiale ou service d'accueil familial *De 2 mois ½ à 4 ans*	Formule intermédiaire entre l'accueil collectif et l'accueil individuel (150 places maximum). Des assistantes maternelles agréées accueillent de un à quatre enfants à leur domicile. Elles sont encadrées par une équipe de professionnels qualifiés.	La crèche familiale est placée sous la direction d'une puéricultrice, d'un médecin ou d'un EJE qui organisent 1 à 2 fois par semaine des temps de regroupement.
Micro-crèche *De 2 mois ½ à 6 ans*	Autorisée depuis le décret du 7 juin 2010, cette structure accueille au maximum 10 enfants.	**Direction** : il n'y a pas de direction mais un référent technique (puéricultrice ou EJE). **Personnel** : personnes qualifiées (CAP Petite enfance, BEP CSS…) ayant 2 ans d'expérience ou assistante maternelle (ayant plus de 3 ans d'expérience). **Encadrement** : deux adultes s'il y a plus de trois enfants.
Crèche collective *De 2 mois ½ à 4 ans*	– Accueil régulier pour les enfants de moins de 4 ans. – Capacité d'accueil : 60 places maximum.	Idem que pour les multi-accueils, les crèches parentales et les haltes-garderies.
Jardin d'enfants *De 2 à 6 ans*	Entre la crèche et l'école maternelle, les jardins d'enfants accueillent les enfants non scolarisés ou scolarisés à temps partiel (80 places maximum) en vue de faciliter leur intégration dans l'enseignement du premier degré.	**Direction** : EJE. **Personnel** : au moins 50 % du personnel est composé de puéricultrices, EJE, auxiliaires de puériculture ou psychomotriciens. L'autre moitié doit détenir une qualification ou justifier d'une expérience dans le domaine de la petite enfance. **Encadrement** : un professionnel pour huit enfants de moins de 3 ans et un professionnel pour quinze enfants de 3 ans à 6 ans.
Halte-garderie *De 2 mois ½ à 6 ans*	Cette structure répond à des besoins ponctuels d'accueil (temps partiel ou occasionnel).	Idem que pour les multi-accueils, les crèches parentales et les haltes-garderies.

établissement d'accueil régulier — établissement d'accueil régulier/occasionnel — établissement d'accueil occasionnel

Le rôle des parents

Les parents ont une place reconnue par la loi dans les structures d'accueil collectif. Leur place est importante à différents moments clés de l'accueil de leur enfant.

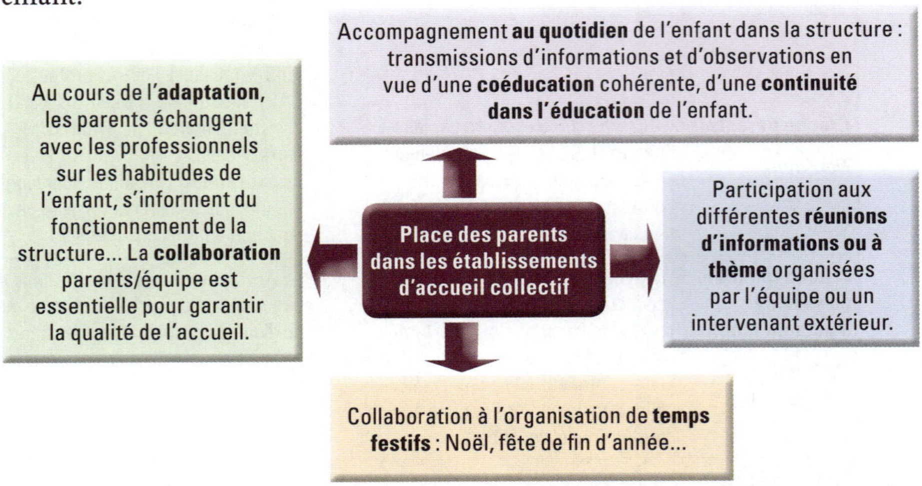

2. L'accueil individuel

Les parents peuvent avoir recours à un mode d'accueil individuel par choix (souplesse des horaires, rythme de l'enfant plus facile à respecter…) ou par défaut (manque de place en crèche).

L'assistante maternelle agréée

En dehors des parents, l'accueil principal des enfants de moins de 3 ans se fait le plus fréquemment chez l'assistante maternelle. Ce sont les parents ou la crèche familiale qui sont les employeurs.

L'agrément de l'assistante maternelle est délivré par le Président du Conseil départemental après avis des services de la PMI (▸ FICHE 20). Depuis le 1er septembre 2012, un référentiel national précise les conditions d'agrément de l'assistante maternelle. Pour obtenir l'agrément, l'assistante maternelle doit :

- effectuer un examen médical ;
- présenter les garanties, les capacités et les qualités nécessaires pour accueillir un enfant afin d'assurer son développement physique, intellectuel et affectif (disponibilité, organisation, capacités de communication, d'observation, éducatives…) ;
- garantir des conditions d'accueil favorisant la sécurité, la santé et l'épanouissement de l'enfant ;
- disposer d'un logement adapté (taille, sécurité, hygiène).

L'agrément précise le nombre d'enfants (quatre au maximum) ainsi que leurs âges (de 2 mois ½ à 6 ans) pouvant être accueillis simultanément.

Par l'agrément, l'assistante maternelle s'engage à suivre une formation de 120 heures. Elle trouvera des ressources auprès :

– de la PMI : pour l'obtention, le suivi ou le renouvellement de l'agrément, mais aussi pour un soutien, des conseils… ;
– des RAM (relais d'assistantes maternelles) : pour des échanges (assistantes maternelles, parents), des activités d'éveil, des informations (législation…) ;
– des ludothèques, des médiathèques et d'autres lieux d'accueil parents-enfants.

La garde à domicile

Dans ce cas de figure, les parents emploient une personne qui garde leur enfant à leur domicile. Ils peuvent aussi avoir recours à une formule de garde partagée : il s'agit de partager avec une autre famille l'emploi d'une personne à domicile. Cette personne s'occupe des enfants respectifs en alternant les domiciles des familles.

3. Les ALAE et ALSH

Les ALAE (accueils de loisirs associés à l'école) et les ALSH (accueils de loisirs sans hébergement) accueillent les enfants à partir de 3 ans en dehors du temps scolaire.

	ALAE	ALSH
Accueil	– Avant et après la classe. – Lors de la pause méridienne.	– Les mercredis. – Lors des vacances scolaires.
Personnel	Équipe d'animation qualifiée à 50 % minimum (BAFA) avec 50 % maximum d'agents stagiaires et 20 % maximum d'agents non qualifiés.	
Taux d'encadrement	Un animateur pour dix enfants de moins de 6 ans.	Un animateur pour huit enfants de moins de 6 ans.

A-Z

BAFA : Brevet d'aptitudes aux fonctions d'animateur.
BEATEP : Brevet d'État d'animateur technicien de l'éducation populaire et de la jeunesse.
BEP CSS : BEP Carrières sanitaires et sociales.
EJE : Éducateur de jeunes enfants.

JE RETIENS

1) Répondre par vrai ou faux aux affirmations suivantes.
- La crèche familiale est créée et gérée par les parents. ❑ Vrai ❑ Faux
- Le jardin d'enfants accueille des enfants de 2 mois ½ à 6 ans. ❑ Vrai ❑ Faux
- Le multi-accueil permet des accueils réguliers et occasionnels. ❑ Vrai ❑ Faux

2) Citer les sept modes de garde collectifs.

....

3) Citer un mode de garde individuel.. ....

→ ***Vous trouverez tous les éléments de réponses à ces questions p. 118***

FICHE

24 L'école maternelle

L'école maternelle peut accueillir les enfants avant l'instruction obligatoire qui débute à l'âge de 6 ans. Il s'agit d'une originalité et d'une spécificité du système éducatif français. L'école est mixte et gratuite si elle est publique.

1. Les objectifs

L'école maternelle est là pour aider chaque élève à devenir autonome et à s'approprier des connaissances et des compétences. Les apprentissages sont structurés en cinq domaines (voir dessin ci-contre).

2. L'organisation

L'école primaire comprend :
- l'école maternelle avec la petite section, la moyenne section et la grande section ;
- l'école élémentaire avec le CP, CE1, CE2, CM1 et CM2.

Les cycles d'enseignement, s'organisent ainsi (décret du 24 juillet 2013) :

➲ **Cycle 1** : cycle des apprentissages premiers (petite, moyenne et grande section).

➲ **Cycle 2** : cycle des apprentissages fondamentaux (CP, CE1 et CE2).

➲ **Cycle 3** : cycle de consolidation (CM1, CM2 et 6e au collège).

3. Le fonctionnement

Le conseil d'école

Le fonctionnement de l'école dépend du conseil d'école constitué :
- du directeur de l'école, qui le préside ;
- de l'ensemble des professeurs affectés à l'école ;
- du maire et du conseiller municipal chargé des affaires scolaires ;
- des représentants élus des parents d'élèves ;
- du délégué départemental de l'éducation chargé de visiter les écoles.

Ce conseil établit le règlement intérieur, participe à l'élaboration du projet d'école et donne son avis sur les questions intéressant la vie de l'école (intégration d'un enfant handicapé, restauration scolaire, activités périscolaires…).

Les conditions d'admission

Pour entrer à l'école maternelle il faut :
– que l'enfant ait 3 ans ou, dans la limite des places disponibles, 2 ans au jour de la rentrée, à condition qu'il soit physiquement et psychologiquement prêt ;
– aller à la mairie avec le livret de famille, un justificatif de domicile, un document attestant que l'enfant a subi les vaccinations obligatoires (▸ FICHE 20) pour obtenir un certificat d'inscription ;
– se présenter à l'école afin de faire enregistrer l'inscription par le directeur.

4. Les professionnels

Statut	Recrutement	Rôle
Directeur *Fonctionnaire de l'Éducation nationale*	Accès à ce poste après 3 années de service effectif en tant que professeur des écoles.	Veille au bon fonctionnement de l'école. Met en place le projet pédagogique de l'établissement et coordonne le travail des professeurs.
Professeur des écoles *Fonctionnaire de l'Éducation nationale*	Master 2 (Bac + 5) + CRPE (Concours de recrutement de professeur des écoles).	Aide l'enfant à être autonome, à s'exprimer au milieu des autres. Initie l'enfant aux lettres et aux chiffres au moyen de jeux. Permet le développement culturel, corporel et la socialisation de l'enfant.
ATSEM *(agent territorial spécialisé des écoles maternelles)*	Titulaire d'un CAP Petite enfance + concours d'ATSEM.	« Assistance du personnel enseignant pour la réception, l'animation, l'hygiène du très jeune enfant ainsi que la préparation et mise en état de propreté des locaux et du matériel servant directement aux enfants » (décret du 28 août 1992).

Dans certaines circonstances, des enseignants spécialisés ou des AVS (auxiliaire de vie scolaire) prennent en charge des enfants présentant des besoins éducatifs particuliers. ▸ FICHE 17

5. La place des parents

Les parents ont leur place au sein de l'école. Ils peuvent accompagner les enfants lors des sorties scolaires, participer aux rencontres parents/enseignants, représenter les parents d'élèves lors des conseils d'école...

JE RETIENS

1) Nommer les différents cycles d'enseignement à l'école en complétant les étiquettes.

Cycle 1	Cycle 2	Cycle 3
Cycle des	Cycle des	Cycle des ....
Classes :	Classes :	Classes : ....

2) Nommer les deux professionnels principaux que l'on retrouve en école maternelle.

....

→ ***Vous trouverez tous les éléments de réponses à ces questions p. 118***

FICHE 25 La communication appliquée au secteur professionnel

Au cours d'une journée en crèche ou en école maternelle de nombreuses informations sont échangées. Les professionnels vont donc choisir le mode de communication et le support en fonction de l'objectif à atteindre.

1. Les composantes de la communication

Étymologiquement, le terme « communiquer » signifie « mettre en commun ». Par la communication des informations, des émotions et des sentiments vont être partagés.

Dans une situation de communication il y a :
- **l'émetteur** (qui ?) : c'est celui qui envoie le message ;
- **le récepteur** (à qui ?) : c'est celui qui reçoit le message ;
- **le canal** (comment ?) : c'est la voie de transmission de l'information (canal auditif ou visuel) ;
- **le message** (quoi ?) : c'est le contenu de l'information transmise ;
- **la rétroaction** (ou feedback) : c'est la réponse donnée par le récepteur au message de l'émetteur.

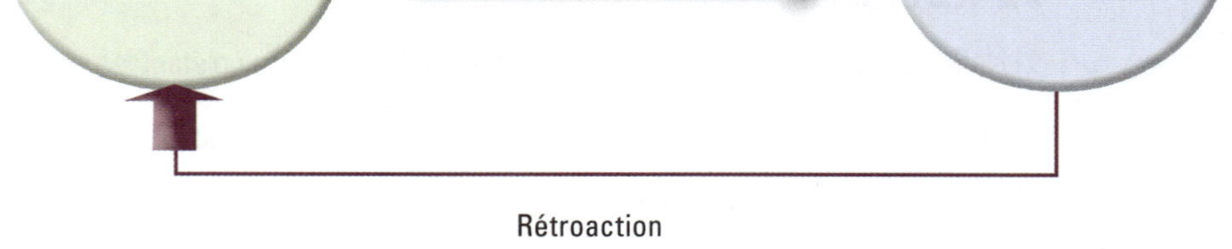

2. Les formes de communication

Il existe quatre formes de communication.

➲ **La communication verbale** : c'est un moyen pratique et rapide pour échanger des informations.

➲ **La communication non verbale** : elle peut accompagner la communication verbale et ainsi donner une signification complémentaire. Elle peut aussi être un langage à elle seule au travers des attitudes corporelles et faciales (sentiment de joie, de douleur, langage des signes...).

➲ **La communication écrite** : seuls les mots et la ponctuation donnent du sens au message.

➲ **La communication visuelle** : elle permet de transmettre une information par la « lecture » d'une image, d'un logo.

Forme de communication	Code	Canal	Exemples de situations
Communication verbale	Mots	Auditif	Entretien téléphonique, réunions, transmissions orales...
Communication non verbale	Gestes, posture, regard, attitude, toucher...	Visuel	
Communication écrite	Lettres, mots	Visuel	Lettre, transmissions écrites, note de service...
Communication visuelle	Images graphique, logo	Visuel	Tableau, planning, photographies...

À savoir

On peut répertorier trois types de communication qui dépendent du nombre de récepteurs :
– la communication interpersonnelle : il y a un émetteur et un récepteur (exemple : le professeur s'adresse à un élève) ;
– la communication de groupe : un émetteur s'adresse à plusieurs récepteurs (exemple : la directrice de crèche anime une réunion d'équipe) ;
– la communication de masse : un émetteur s'adresse à un public nombreux, anonyme et hétérogène grâce à des supports tels que les mass média (exemple : le ministre de l'Éducation nationale informe les Français sur les nouveaux rythmes scolaires par l'intermédiaire des médias).

3. Les freins de la communication

Les freins sont des obstacles qui vont nuire au bon déroulement et à la qualité de la transmission d'informations. Ils peuvent être de plusieurs ordres :
– des difficultés d'ordre physique : pathologie touchant les organes de la phonation, bégaiement, malvoyant, malentendant... ;
– des difficultés liées au codage ou décodage de l'information : vocabulaire inadapté (exemple : utilisation de vocabulaire professionnel comme le vocabulaire médical), syntaxe trop riche ou trop pauvre... ;
– des parasites, des bruits : ambiance bruyante, musique forte, friture sur la ligne téléphonique... ;

- une langue différente, une écriture illisible... ;
- de l'anxiété, de la peur, de la douleur, de l'angoisse... ;
- une culture différente, des préjugés, un cadre de référence qui diffèrent selon le milieu social (exemple : le patient qui n'ose pas poser de questions au médecin) ;
- du matériel défectueux ;
- un manque de motivation ou d'intérêt de la part du récepteur.

4. Les facteurs favorisants la communication

Pour assurer une communication de qualité, il est nécessaire de respecter certaines règles :
- être dans un endroit calme ;
- veiller à avoir une diction correcte (articulation, prononciation, débit, intonation) ;
- utiliser un vocabulaire adapté et compréhensible par le récepteur ;
- s'assurer que le récepteur a bien compris le message (rétroaction) ;
- prendre en compte la motivation et l'attention du récepteur ;
- avoir du matériel de bonne qualité (imprimante, fax, téléphone) ;
- ne pas avoir de préjugés.

5. Le secret et la discrétion professionnels

Le secret professionnel

Le secret professionnel interdit à un professionnel de divulguer à un tiers une information dont il a eu connaissance dans l'exercice de sa profession (c'est-à-dire ce qui lui a été confié, ce qu'il a vu, entendu ou compris). Le non-respect du secret professionnel est sanctionné par le code pénal en tant que délit.
Article 226-13 du Code pénal :
« La révélation d'une information à caractère secret par une personne qui en est dépositaire soit par état, soit par profession, soit en raison d'une fonction ou d'une mission temporaire, est punie d'un an d'emprisonnement et de 15 000 euros d'amende. »

Exemple de situation pour laquelle le secret professionnel a été rompu.
Le professeur des écoles raconte aux parents de Rémi que la maman d'Éva lui a confié que son divorce se passait très mal.

Mais certaines situations, selon la loi, peuvent être dispensées de cette obligation, dans le cas d'une déclaration de maltraitance ou de sévices sur un mineur de moins de 15 ans par exemple. ► FICHE 22

Question de pro

Antoine, élève en CAP Petite enfance demande : Est-ce que le secret professionnel concerne aussi les élèves ? Nous ne sommes pas considérés comme de « vrais » professionnels.

Réponse : Oui, vous êtes soumis au secret professionnel au même titre que les autres étudiants ou personnes qui ont accès aux informations couvertes par le secret.

La discrétion professionnelle

La discrétion professionnelle est l'interdiction de révéler toute information indiscrète sur la vie interne de l'établissement dont le professionnel a connaissance dans le cadre de ses fonctions. L'indiscrétion professionnelle est une faute disciplinaire susceptible d'entraîner une sanction disciplinaire.

Exemple d'une situation où la discrétion professionnelle n'a pas été respectée.

Une auxiliaire de puériculture raconte à son mari que la crèche est en situation financière difficile.

JE RETIENS

1) Analyser la situation suivante puis compléter le schéma de la communication.

Nathalie, ATSEM, est à la cantine. Elle demande à Thomas (élève de petite section) s'il souhaite encore du poulet. Celui-ci lui répond par la négative.

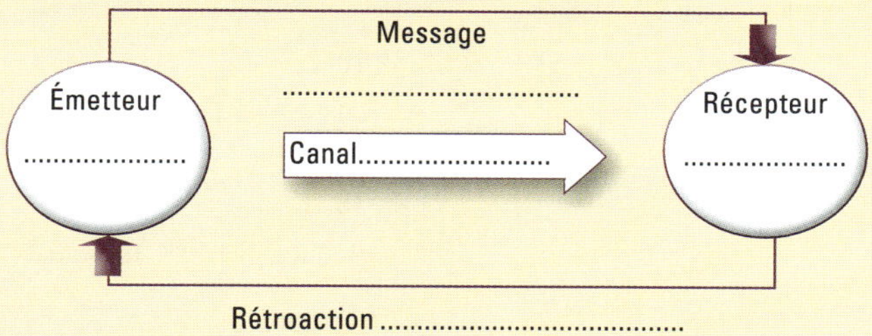

2) Parmi les situations suivantes, identifier s'il s'agit d'un secret professionnel, d'une discrétion professionnelle ou s'il faut transmettre l'information en cochant la bonne réponse.

	Secret professionnel	Discrétion professionnelle	Transmettre l'information
La réunion d'équipe traite des projets d'agrandissement de la structure.			
Le divorce des parents de Simon se passe mal.			
Zoé semble apeurée chaque fois qu'on l'approche. Elle est triste et s'isole. Elle a des hématomes sur le corps.			

→ ***Vous trouverez tous les éléments de réponses à ces questions p. 118***

Corrigé

1. a.
La récupération physique.

2. b.
13 à 14 heures par jour.

3. c.
Le Président de la République.

4. b.
De deux parents avec un ou des enfants.

5. c.
Pacte civil de solidarité.

6. a.
L'enfant n'ait pas de lien avec sa famille d'origine.

7. a.
Protection maternelle et infantile.

8. a.
Le vaccin contre la diphtérie.

9. b.
La CAF.

10. c.
Est obligatoire.

11. a.
Celui qui envoie le message.

12. b.
Est l'interdiction, pour un professionnel, de divulguer une information dont il a eu connaissance dans l'exercice de sa profession.

13. b.
8 mois.

14. a.
2 ans.

15. b.
Agent territorial spécialisé des écoles maternelles.

16. c.
L'individu naît avec le handicap.

17. a.
La coqueluche.

18. c.
Les oreillons.

19. a.
Accueil de loisir associé à l'école.

20. b.
Est un lieu où les assistantes maternelles sont encadrées par une équipe qualifiée.

21. a.
Babillage – monosyllabes – mots-phrases.

22. c.
La capacité d'une personne à se détendre et à se cultiver.

> Je retiens

Corrigé

FICHE 13

1)

Sommeil paradoxal	Sommeil lent très léger	Sommeil lent très profond
Phase n° 6	Phase n° 2	Phase n° 5

Endormissement	Sommeil lent profond	Sommeil lent léger
Phase n° 1	Phase n° 4	Phase n° 3

2) Sécrétion de l'hormone de croissance → Sommeil lent

Récupération physique → Sommeil lent

Maturation cérébrale → Sommeil paradoxal

Apprentissage, mémorisation → Sommeil paradoxal

FICHE 14

1) *Tom se réveille :* besoin de dormir et se reposer. / *L'auxiliaire de puériculture lui change sa couche :* besoin d'éliminer. / *Elle l'installe dans le transat :* besoin de se mouvoir et de maintenir une bonne posture. / *Il joue :* besoin d'apprendre et besoin de se recréer. / *Elle préparera le biberon :* besoin de boire et manger.

2) L'enfant dépendant de l'adulte, en attente de son approbation.

3) Sophia est dans la période appelée « angoisse du 8e mois ». Elle commence à distinguer ses proches des inconnus, d'où sa difficulté à se séparer de sa mère. Il est important de la rassurer, de la prendre dans les bras, de lui verbaliser ce qu'il se passe, de ne jamais partir en douce sans lui dire au revoir, de jouer à cache-cache et de lui laisser son objet transitionnel.

FICHE 15

1) Vagissements – vocalises – babillages – mot-phrase.

2) Marche à quatre pattes → 8 mois

Tourne sur le dos/ventre → 5 mois

Monte et descend les escaliers seul → 2 ans

Tient assis sans appui → 10 mois

Marche → 13 mois

FICHE 16

1) Incubation – invasion – phase d'état – convalescence.

2)

Roséole	Virus	Éruptive	Fièvre
Oreillons	Virus	Non éruptive	Fièvre
Rougeole	Virus	Éruptive	Fièvre
Coqueluche	Bactérie	Non éruptive	Fièvre
Varicelle	Virus	Éruptive	Fièvre

3) Maladie génétique → Maladie due à une anomalie ou au dysfonctionnement d'un gène.

Maladie chromosomique → Maladie due à une anomalie chromosomique.

Maladie héréditaire → Maladie transmise par les ascendants.

FICHE 17

1) *Tristan est trisomique.* Cause : congénitale Type : handicap mental.

Jonathan est paraplégique. Cause : acquise Type : handicap moteur.

2) MDPH : maison départementale des personnes handicapées.

CDAPH : commission des droits et de l'autonomie des personnes handicapées.

FICHE 18

1)

	Pouvoir exécutif	Pouvoir législatif	Pouvoir judiciaire
Détenu par…	Le Président de la République et son gouvernement	L'Assemblée nationale et le Sénat	Les tribunaux
Rôle	– Fait des projets de loi. – Promulgue et applique les lois.	– Fait des propositions de loi. – Vote des lois.	– Fait respecter les lois – Punit en cas d'infractions.

2) Décentralisation → Transfert de compétences de l'État aux collectivités territoriales en vue de leur accorder une plus grande autonomie.
Déconcentration → Transfert du pouvoir des décisions de l'État à des représentants locaux.

FICHE 19

1) Yvon : famille monoparentale.
Patricia et Paul : famille traditionnelle.
Pierre et Solange : famille recomposée.

2) Union libre → Union entre deux personnes.
Mariage → Acte juridique passé devant un officier d'état civil.
Pacs → Contrat enregistré par le greffier du tribunal.

FICHE 20

1) PMI : protection maternelle et infantile. La PMI est rattachée au département.

2) Il faut barrer oreillons, tuberculose et hépatite B.

3) Les certificats médicaux sont délivrés à 8 jours, 9 mois et 2 ans.

FICHE 21

1) Branche maladie, accidents de travail/maladies professionnelles, vieillesse et famille.

2)

Prestations	Définitions
PAJE	Elle est versée pour un enfant né ou adopté.
Allocation de soutien familial	Elle est destinée à apporter une aide financière aux parents isolés ou seuls.
Allocation de logement	Elle est destinée à alléger les frais de location.
Allocation journalière de présence parentale	Elle permet aux parents d'assister leur enfant malade.

3) Prestations maladie, invalidité → CPAM
Retraites → CARSAT
Prestations familiales → CAF

FICHE 22

1) Enfant en danger → Ensemble des enfants pris en charge par l'ASE.
Enfant en risque → Enfant qui connaît des conditions d'existence risquant de mettre en danger sa santé, sa sécurité, sa moralité...
Enfant maltraité → Enfant victime de violences physiques, d'abus sexuels, de cruauté mentale...

2) ASE : aide sociale à l'enfance.

3) L'ASE dépend du Conseil départemental.

FICHE 23

1) Faux – Faux – Vrai.

2) Le multi-accueil, la crèche collective, la halte-garderie, la crèche familiale, la micro-crèche, la crèche parentale et le jardin d'enfants.

3) L'assistante maternelle ou la garde à domicile.

FICHE 24

1) Cycle 1 → Cycle des apprentissages premiers – Classes : petite, moyenne et grande section.
Cycle 2 → Cycle des apprentissages fondamentaux – Classes : CP, CE1, CE2.
Cycle 3 → Cycle de consolidation – Classes : CM1, CM2, 6e.

2) Les professeurs des écoles et les ATSEM (agent territorial spécialisé des écoles maternelles).

FICHE 25

1)

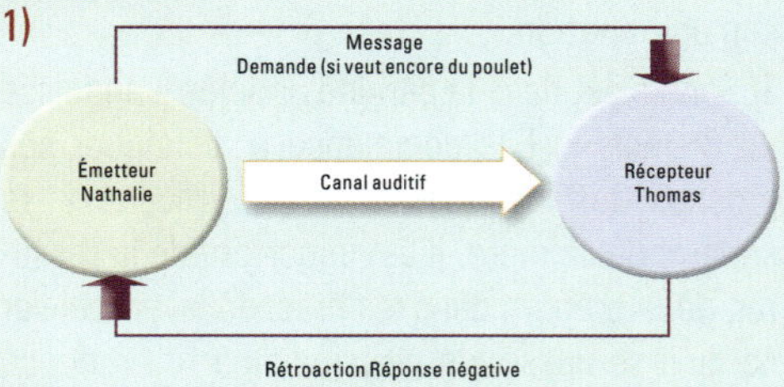

2)

Secret professionnel	Discrétion professionnelle	Transmettre l'information
	X	
X		
		X

Le seul cas où le secret professionnel peut être levé est lors d'une suspicion de maltraitance.

Partie 3

Nutrition

> TEST

Testez vos connaissances ! Après une lecture attentive de chaque question, entourez la réponse qui vous semble adaptée. Attention, une seule réponse par question est possible.

1. Les acides aminés sont :

☐ **a.** des acides que l'on trouve dans les fruits.

☐ **b.** des produits de dégradation des corps gras.

☐ **c.** des éléments de constitution des protéines.

2. Les lipides :

☐ **a.** sont des constituants des membranes cellulaires.

☐ **b.** ne sont pas indispensables dans l'alimentation et peuvent être remplacés.

☐ **c.** représentent 100 % de l'apport énergétique du lait maternel.

3. L'amidon :

☐ **a.** est un glucide simple.

☐ **b.** représente la part énergétique la plus importante de l'alimentation à partir de 3 ans.

☐ **c.** est le glucide de la viande.

4. À la naissance, un enfant à terme reste immature au niveau de certains organes. Lesquels ?

☐ **a.** Le foie et la vésicule biliaire.

☐ **b.** L'estomac et les reins.

☐ **c.** Le nez et les poumons.

5. Est-il utile de proposer de l'eau à un nourrisson ?

☐ **a.** Oui s'il a faim.

☐ **b.** Non car le lait est déjà liquide et le volume ingurgité serait trop grand.

☐ **c.** Oui s'il fait chaud et qu'il a de la fièvre.

6. Le brossage des dents avant 1 an :

☐ **a.** élimine la plaque dentaire.

☐ **b.** est néfaste car le dentifrice contient du fluor.

☐ **c.** est inutile tant que l'enfant ne mange pas de bonbons.

7. Les micronutriments sont :

☐ **a.** de tout petits aliments.

☐ **b.** les aliments des microbes.

☐ **c.** les vitamines et les minéraux.

8. Le sigle DLC signifie :

☐ **a.** durée de longue conservation.

☐ **b.** durée limite de consommation.

☐ **c.** durée limite de cuisson.

9. Le lait 1er âge pour nourrisson contient de nombreux éléments mais pas :

☐ **a.** les anticorps maternels.

☐ **b.** la vitamine D.

☐ **c.** le fer.

10. Que faut-il penser des laits d'amande ou de noisette donnés aux nourrissons ?

☐ **a.** C'est une possibilité végétarienne intéressante.

☐ **b.** C'est dangereux et peut entraîner des carences qui laisseront des séquelles.

☐ **c.** Ça ne regarde pas le professionnel de la petite enfance si ce sont les parents qui le donnent.

11. Il est souhaitable que la diversification alimentaire débute :

☐ **a.** entre 3 et 4 mois.

☐ **b.** entre 4 et 6 mois.

☐ **c.** entre 6 et 7 mois.

12. Au moment de la diversification, il est nécessaire d'ajouter 1 cuillère à café d'huile pour 100 g de purée pour :

☐ **a.** faciliter la digestion.

☐ **b.** que l'enfant grossisse plus vite.

☐ **c.** compenser la diminution du gras qui était dans le lait.

13. L'intolérance au gluten :

☐ **a.** exclut le riz de l'alimentation.

☐ **b.** se révèle dès la naissance.

☐ **c.** s'appelle aussi maladie cœliaque.

14. Le sigle PAI signifie :

☐ **a.** projet d'accueil individualisé.

☐ **b.** plan pour une alimentation industrielle.

☐ **c.** plan pour s'alimenter individuellement.

15. En cas de diarrhée, on doit réhydrater un enfant :

☐ **a.** avec de la soupe de carottes.

☐ **b.** avec un soluté de réhydratation.

☐ **c.** avec un soda à base de cola.

16. La néophobie c'est :

☐ **a.** la peur de la lumière vive.

☐ **b.** une maladie qui survient avant 3 mois.

☐ **c.** le refus de tout aliment nouveau vers 2 ans.

17. Stériliser les légumes du jardin en bocaux :

☐ **a.** revient plus cher que de les acheter.

☐ **b.** peut être dangereux si la stérilisation est mal faite et entraîner le botulisme.

☐ **c.** est une assurance pour conserver les vitamines sensibles à la chaleur.

18. La constipation à partir de 2 ans peut se résoudre :

☐ **a.** en faisant boire d'avantage d'eau.

☐ **b.** en faisant systématiquement faire la sieste.

☐ **c.** en transportant l'enfant en poussette le plus souvent possible.

19. Pour éviter une parasitose alimentaire, le plus important est de :

☐ **a.** vérifier la provenance des aliments.

☐ **b.** s'assurer des moyens de conservation adaptés.

☐ **c.** cuire les aliments à cœur.

20. La date de durabilité minimale (DDM) sur une étiquette signifie que :

☐ **a.** au-delà de cette date, l'aliment est impropre à la consommation.

☐ **b.** il faut attendre au moins cette date pour consommer l'aliment.

☐ **c.** l'aliment peut être consommé sans risque mais il a perdu de ses qualités nutritionnelles.

21. Le lait de croissance :

☐ **a.** convient pour les enfants de 3 à 6 ans.

☐ **b.** contient du fer.

☐ **c.** ne doit pas être chauffé.

FICHE 26 Les besoins nutritionnels de l'enfant

L'apport nutritionnel doit couvrir les besoins de vie, c'est-à-dire de **maintenance** et de **croissance**, de l'enfant, ainsi que les besoins liés à son **activité physique**. C'est l'alimentation qui va lui fournir les nutriments dont il a besoin : protides, lipides, glucides, minéraux et vitamines.

1. La croissance et l'activité physique

De la naissance à 3 ans

Cette période se caractérise par :
- une croissance rapide ;
- l'immaturité d'un certain nombre de fonctions vitales (digestives et rénales).

Les réserves de l'organisme sont faibles. Les éléments nécessaires à l'accroissement de la masse corporelle doivent être fréquemment fournis par l'alimentation. Celle-ci doit également tenir compte du développement neuromusculaire et psychomoteur de l'enfant.

De 3 à 6 ans

La vitesse de croissance ralentit progressivement mais, surtout, l'activité physique varie d'un enfant à l'autre. C'est le moment de l'ouverture à la vie sociale et de la confrontation des goûts en famille comme en collectivité.

2. L'énergie

L'énergie est apportée par les protides, les lipides et les glucides de l'alimentation. Elle est mesurée en kilocalories (kcal) ou en kiloJoules (kJ). **1kcal = 4,18kJ.**
La dépense énergétique dépend :
- **du besoin énergétique au repos** (aussi appelé « besoin énergétique de base ») ;
- **de la croissance** ;
- **de la thermorégulation** (surtout chez le nourrisson) ;
- **de l'activité physique**.

De la naissance à 3 ans

Le besoin énergétique est lié, dans les premiers mois de vie, aux besoins d'**anabolisme** très marqués. Dans les mois qui suivent, la vitesse de croissance diminue alors que les périodes d'éveil et de dépenses physiques augmentent.

De 3 à 6 ans

Pendant cette période, le besoin énergétique dépend de l'activité physique.

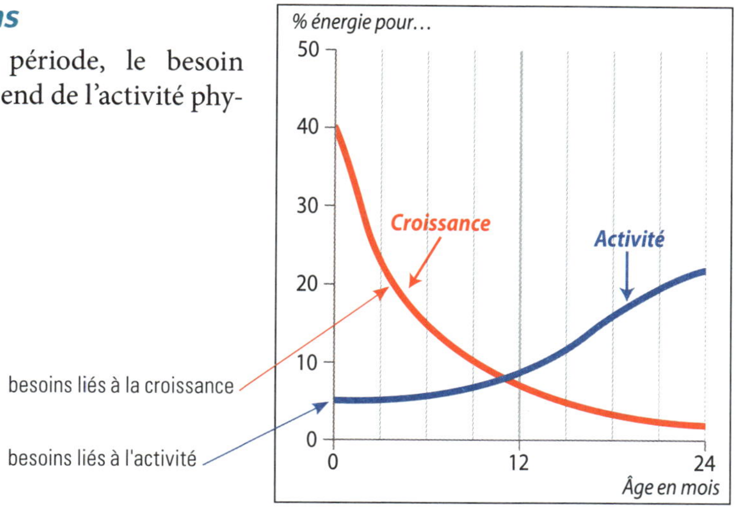

À savoir

Le besoin énergétique est très variable d'un enfant à l'autre. L'apport énergétique est satisfaisant quand la croissance est harmonieuse en poids et en taille. Celle-ci est mesurée par l'**indice de masse corporelle (IMC) = poids (kg)/taille² (m)**. Les courbes de corpulence sont présentées dans les carnets de santé.

Courbes de corpulence de 0 à 18 ans

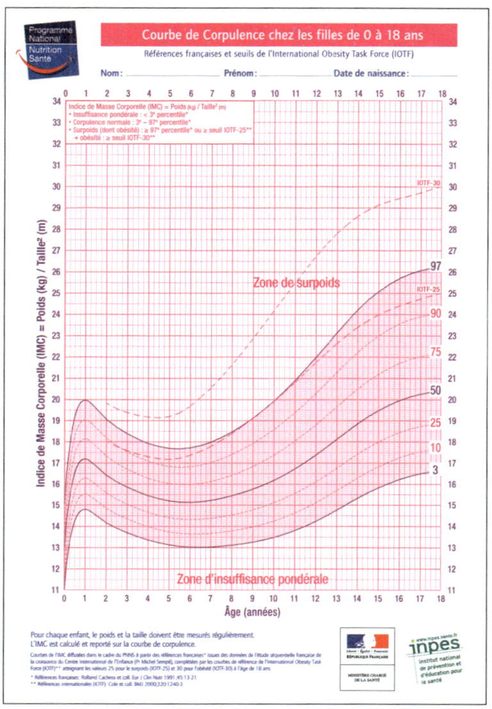

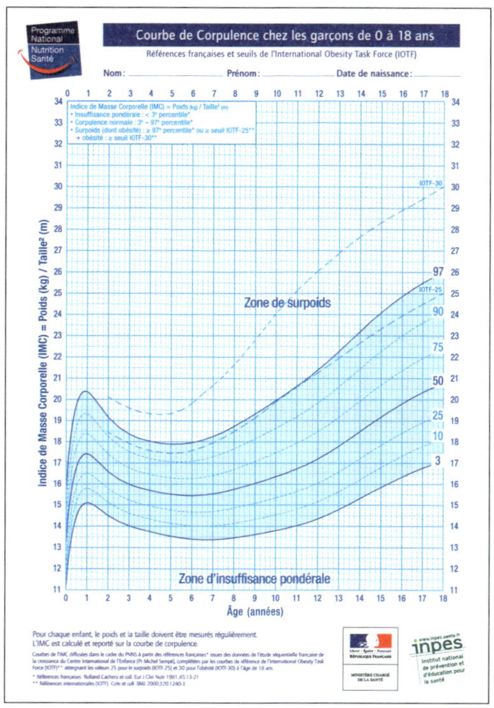

3. L'eau

Le nourrisson est fortement dépendant des apports d'eau. En effet, sa fréquence respiratoire et sa surface corporelle sont plus importantes que celle de l'adulte ce qui augmente les pertes par évaporation cutanée. De plus, son immaturité rénale requiert de l'eau pour éliminer les déchets dans l'urine.
Les besoins hydriques sont liés :
- à la quantité de protides et de minéraux consommés ;
- aux éléments extérieurs (température, hygrométrie) ;
- à une augmentation des pertes en cas de diarrhée, vomissements ou fièvre.

4. Les protides (ou protéines)

Principaux éléments de constitution du corps, ils sont formés d'acides aminés. On les retrouve comme éléments bâtisseurs mais aussi comme éléments transporteurs ou médiateurs dans le sang par exemple.
La définition du besoin protéique est la somme du besoin protidique pour l'entretien du renouvellement cellulaire et du besoin pour la croissance.

5. Les lipides

Les lipides sont essentiellement constitués d'acides gras et de glycérol mais on y trouve aussi du cholestérol. Ils permettent le stockage d'énergie, font partie des membranes cellulaires et sont l'élément constitutif de certaines vitamines.

De la naissance à 3 ans

La moitié de l'apport énergétique fourni par le lait maternel vient des lipides. Cette proportion est préconisée dans les premiers mois vie pour couvrir les besoins en **acide gras essentiel**, en acide linoléique et en acide α linolénique.

De 3 à 6 ans

La proportion des besoins lipidiques ne fournit plus que 30 à 40 % des besoins énergétiques. On favorise un apport lipidique riche en acides gras de la série oméga 3.

6. Les glucides

Les glucides, aussi appelés sucres, hydrates de carbone ou oses, sont le principal nutriment après 9 mois, et ce jusqu'à 1 an. On les divise en :
- **glucides simples**, qui sont de petites molécules, la plupart ayant un goût sucré (sucre ou saccharose, fructose, lactose) ;
- **glucides complexes** qui sont de grosses molécules comme l'amidon, constituant principal des céréales et féculents.

La part des glucides vers 1 an représente environ 50 % de l'apport énergétique total.

Valeur énergétique des principaux nutriments

Nutriments	Énergie
1 g de protides	4 kcal ou ± 17 kJ
1 g de lipides	9 kcal ou ± 38 kJ
1 g de glucides	4 kcal ou ± 17 kJ

7. Le calcium

C'est le principal minéral de constitution des os et des dents. Un apport suffisant en calcium est d'autant plus important que la croissance du squelette est rapide, ce qui se produit dans la première année de vie.

8. Le fer

C'est le minéral le plus important dans la constitution de l'**hémoglobine**. Il est stocké au niveau du foie. Durant les 4 à 6 premiers mois de sa vie, le nourrisson vit sur les réserves hépatiques de fer constituées pendant la grossesse. Ensuite, il est indispensable de lui assurer un apport par l'alimentation.

A-Z

Acides gras essentiels : composants des lipides, ou graisses, qui ne sont pas synthétisés par l'organisme et, de ce fait, doivent être apportés par l'alimentation.

Anabolisme : synthèse qui permet la croissance ou le renouvellement cellulaire.

Hémoglobine : pigment respiratoire des globules rouges qui assure les échanges gazeux avec le milieu extérieur.

9. La vitamine D

Un apport de vitamine D est indispensable au nourrisson pour éviter les risques de rachitisme. Cet apport est partiellement couvert par les laits pour nourrissons mais une supplémentation médicamenteuse reste nécessaire. Il est recommandé de donner pendant les mois d'automne et d'hiver de la vitamine D jusqu'à 5 ans.

JE RETIENS

1) Cocher la bonne réponse et justifier par une phrase.

Léa n'a pas pris de vitamine D depuis 1 mois. Vous rassurez sa mère :
« Tout va bien, il y en a suffisamment dans le lait 2e âge. » ❑ Vrai ❑ Faux

. . . .

2) Indiquer les trois constituants alimentaires qui apportent de l'énergie à l'organisme.

. . . .

→ ***Vous trouverez tous les éléments de réponses à ces questions p. 149***

FICHE

27 L'appareil digestif du jeune enfant

Une alimentation adaptée à l'âge de l'enfant tient compte de l'évolution de son système neuromusculaire, digestif et rénal. La préoccupation de l'adulte en charge de l'enfant est son bien être immédiat (rassasiement, absences de troubles digestifs...) et la préservation de son capital santé (croissance harmonieuse, dents saines...).

1. Une alimentation adaptée à l'évolution de la physiologie

La période qui se situe entre la naissance et les 3 ans de l'enfant se caractérise par une croissance rapide et, simultanément, par l'immaturité d'un certain nombre de fonctions vitales, en particulier digestives et rénales.
Les réserves de l'organisme sont faibles à la naissance, c'est pourquoi les éléments nécessaires à l'accroissement de la masse corporelle doivent être fournis par l'alimentation, fréquemment au cours des 24 heures. Durant cette phase de grande évolution, l'alimentation doit également tenir compte du développement neuromusculaire et psychomoteur de l'enfant ainsi que de sa dentition.

Le développement neuromusculaire et psychomoteur

Âge	Développement neuromusculaire	Texture de l'alimentation	Évolution de l'appareil digestif
Naissance	Réflexes archaïques présents.	Liquide (tétée).	Pas de dents, seul existe le réflexe de succion.
Vers 2 mois	Repousse avec sa langue.		
Vers 3 mois	– La partie antérieure de la langue commence à être utilisée pour avaler. – L'enfant tient sa tête. – Diminution des réflexes archaïques.	Liquide.	L'estomac de petit volume nécessite un apport alimentaire fréquent. L'œsophage est court et la digestion de l'amidon est limitée.
4 mois	– Découvre sa bouche avec ses mains. – Explore le monde, tape, palpe. – Commence à attraper.		
De 5 à 8 mois	– Mouvement de mastication ébauché. – Attrape volontairement les objets.	Semi-liquide à épaisse (essai cuillère).	Apparition des premières incisives.
6 mois	– Tout objet est sucé. – Tient assis avec un support. – Méfiance vis-à-vis des étrangers.		

Âge	Développement neuromusculaire	Texture de l'alimentation	Évolution de l'appareil digestif
7 mois	Peut manger seul un crouton.	Moins lisse, un peu grumeleuse.	« Machouille » et imprègne de salive. La capacité de l'estomac permet quatre repas.
Vers 8 mois	– Passage d'une main à l'autre. – Tape ses objets sur la table. – Peut tenir son biberon.	Petits morceaux.	
De 8 à 11 mois	– Porte la nourriture à sa bouche avec ses doigts. – Veut tenir sa cuillère. – Commence à vouloir s'alimenter seul. – Se tient debout avec appui. – Préhension avec pouce et index.	Aliments moulinés.	Les enzymes de la digestion sont à maturité.
12 mois	Marche seul (10 à 18 mois).	– Légumes tendres et fruits cuits, ou bien mûrs en morceaux. – Aliments écrasés.	
De 15 à 18 mois	– Dit quelques mots. – Boit seul au verre.		
De 18 à 24 mois	– Gribouille. – Parle son jargon. – Mange seul et réussit. – Se cherche derrière un miroir. – Tourne les pages d'un livre.	Aliments en morceaux et ajout de viande, de poisson et d'œuf en morceaux ainsi que de légumes secs en purée.	Apparition des prémolaires puis des canines. Les aliments crus peuvent entraîner une accélération du transit s'ils sont insuffisamment mâchés.
24 mois	– Propre le jour et parfois la nuit. – Grimpe. – Refuse les aliments inconnus	Au plan digestif, l'enfant peut s'alimenter comme un adulte (sauf la viande de 2e catégorie qui est encore difficile à mastiquer).	Le système digestif est à maturité.
30 mois	– Peut utiliser une fourchette. – Verse.		
36 mois	Mange en imitant les autres.		

L'immaturité rénale

Les reins ont un rôle de filtre. Ils permettent l'excrétion de l'eau, de déchets azotés (urée, acide urique…) et de minéraux (sodium, potassium, phosphore…) présents dans l'urine. Ils ont un pouvoir de concentration de ces déchets.
Pendant les premiers mois de vie, le nourrisson possède un pouvoir de concentration urinaire inférieur à celui de l'adulte. De ce fait, son alimentation ne doit pas être trop riche en protides, en minéraux (en particulier le sodium) et fournir suffisamment d'eau. De plus, un nourrisson est sensible à la déshydratation, surtout en cas d'augmentation des pertes (diarrhée et vomissements) ou en cas de fortes chaleurs (fièvre, chaleur ambiante).

Conseil

Veiller à proposer de l'eau sans forcer, surtout en cas de pertes ou d'augmentation des dépenses.

L'immaturité du système digestif

L'œsophage est proportionnellement plus court que celui de l'adulte. Le sphincter inférieur de l'œsophage est parfois trop souple ce qui provoque une remontée du contenu de l'estomac (régurgitations). Plus l'enfant grandit, moins le sphincter devient souple et, ainsi, assure mieux son rôle de clapet.

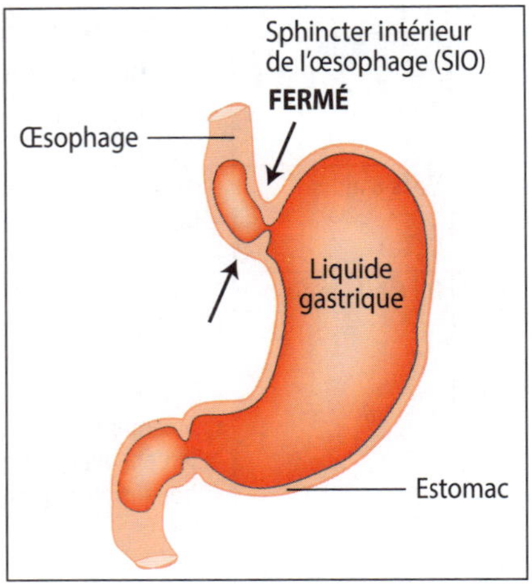

Mécanisme du système anti-reflux de l'estomac

Le volume de l'estomac, faible à la naissance, croît rapidement avec le temps.

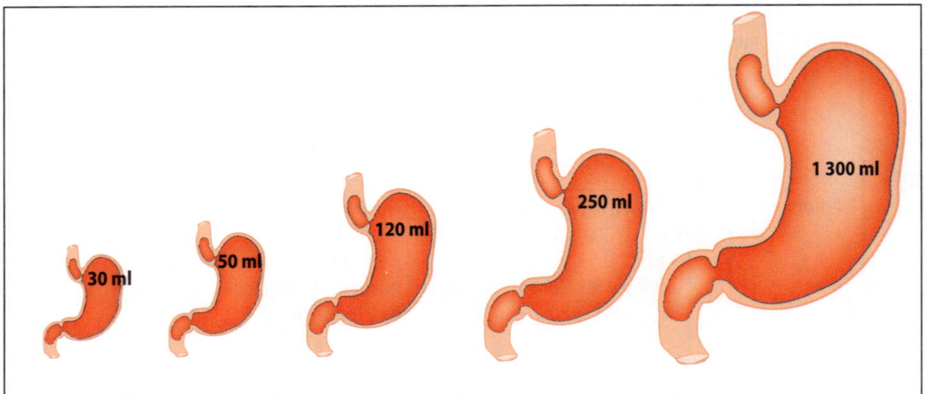

Évolution du volume de l'estomac

Conseil

Fractionner l'alimentation pour garder de petits volumes et ne pas diminuer trop rapidement le nombre de biberons.

2. L'hygiène de la digestion

L'éducation à l'hygiène bucco-dentaire

Les dents sont la première étape de la digestion lorsque l'enfant mastique. Les incisives permettent de découper les aliments, les canines de les déchiqueter, alors que les molaires et prémolaires servent à les broyer.

La plaque dentaire se forme dès l'apparition des dents. C'est une substance blanchâtre constituée de protéines salivaires de sucres, d'acides alimentaires de bactéries et de toxines bactériennes. Elle favorise l'arrivée des caries (attaque de l'émail et de la dentine). Pour éviter son apparition :

– on propose, dès l'apparition des premières dents, un brossage de 2 minutes matin et soir avec une petite brosse à dents et un dentifrice dont le dosage de fluor est adapté à l'âge de l'enfant ;
– on prévoit une première visite chez le dentiste dès 1 an, puis une fois par an ;
– on limite, à titre préventif, la consommation d'aliments sucrés et collants (bonbons, chocolats…) ;
– on ne laisse pas un enfant téter un biberon de lait, de jus ou d'eau sucrée dans la journée ou dans son lit (mieux vaut lui proposer un biberon d'eau).

Les conditions d'une bonne digestion

Au niveau de l'estomac, les régurgitations sont le reflux du contenu gastrique acide dans l'œsophage. Elles peuvent être à l'origine de douleurs (l'enfant pleure quand on le met en position horizontale par exemple). Dans une telle situation, il convient de :
– veiller à garder des biberons moins volumineux et plus fréquents ;
– suggérer que le médecin prescrive un lait « anti-régurgitations » ;
– ne pas oublier de faire faire un rot en cours et en fin de tétée pour privilégier l'expulsion de l'air de l'estomac.

Au niveau de l'intestin, une consommation inappropriée de fibres peut entraîner des troubles douloureux (▶ FICHE 31). Ainsi, l'ingestion excessive de fibres peut provoquer des ballonnements et de la diarrhée. Il faudra alors proposer la consommation de pain blanc et des fruits et légumes cuits.

À l'inverse, une consommation insuffisante de fibres peut être la cause de constipation ou de petites fissures anales douloureuses qui amènent l'enfant à retenir ses selles.

À savoir

Le nombre de selles d'un nourrisson allaité au lait maternel peut être d'une selle par tétée, soit 7 à 8 par jour en début de vie. Il est très variable d'un enfant à l'autre et diminue au moment de la diversification. L'essentiel est que l'enfant ne montre pas de signes de souffrance.

JE RETIENS

1) Citer deux raisons physiologiques pour donner des biberons de lait à 3 mois et non un repas mixé.

. . . .

2) Cocher la bonne réponse et justifier par une phrase.

Le lait est un aliment liquide qui couvre largement les besoins hydriques à 5 mois. Il n'est pas utile de donner de l'eau en supplément l'hiver quand l'enfant reste à l'intérieur. ❑ Vrai ❑ Faux

. . . .

➜ ***Vous trouverez tous les éléments de réponses à ces questions p. 149***

FICHE

28 Les sources nutritionnelles : les aliments

1. Les sept groupes d'aliments

Les aliments sont classés en sept groupes. L'eau et les boissons sont un groupe à part. **Au sein d'un même groupe, les aliments sont considérés comme équivalents.**

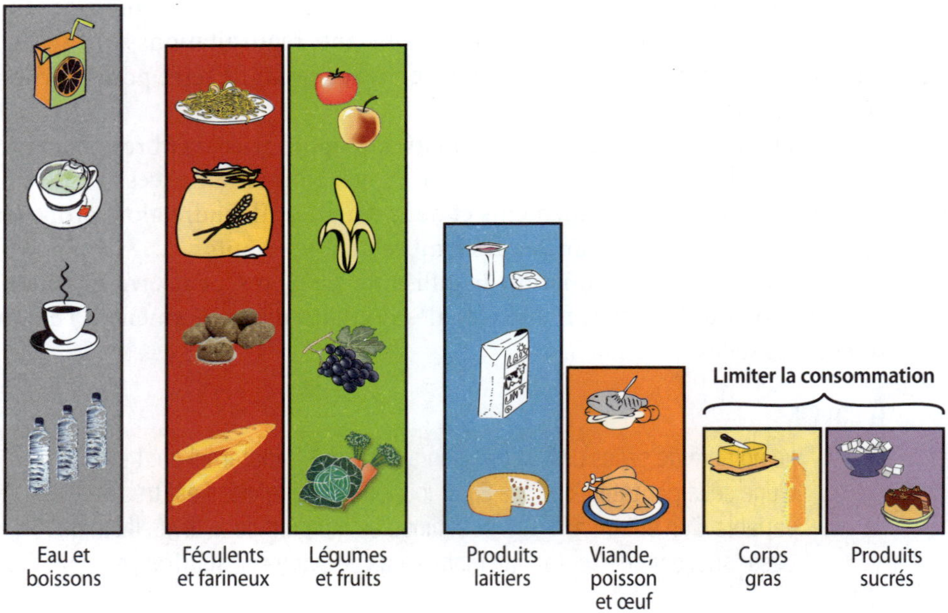

Pour les classer, on tient compte de leur composition en :
- **macronutriments**, qui apportent l'énergie et les matériaux de construction du corps ;
- **micronutriments**, sans valeur énergétique mais vitaux pour l'organisme.

	Constitution	Rôle
Macronutriments		
Protides	Peptides, acides aminés.	Édification de tous les tissus du corps.
Lipides	Acides gras (saturés et insaturés)	– Élément énergétique et de stockage. – Constitution de membrane cellulaire.
Glucides	– Simples (oses). – Complexes (amidon).	Élément énergétique et de stockage.

	Constitution	Rôle
Micronutriments		
Vitamines	– Hydrosolubles : B1, B2, B5, B6, B12, acide folique et PP (on les appelle du groupe B) et C. – Liposolubles : A, D, E, K.	Participent à de nombreuses réactions métaboliques indispensables.
Minéraux	Ils sont très nombreux : calcium, phosphore, sodium, potassium, magnésium, fer...	– Participent à de nombreuses réactions métaboliques indispensables. – Calcium et phosphore constituants du squelette et des dents.
Oligoéléments	En petite quantité : cuivre, zinc, cobalt, sélénium, iode...	Participent à de nombreuses réactions métaboliques indispensables.

Groupe 1 : produits laitiers

On classe dans ce groupe les laits d'animaux, principalement le lait de vache, leurs dérivés (laitages frais, fermentés ou non) et les fromages.
Le beurre est classé dans la catégorie « corps gras » (groupe 5).

Composants énergétiques	Composants non énergétiques
– Protides de bonne qualité. – Lipides : essentiellement des acides gras saturés. – Glucides : essentiellement le lactose.	– Calcium : les produits laitiers sont la principale source de calcium de l'alimentation. – Vitamines liposolubles A et D. – Vitamines hydrosolubles du groupe B.

➲ **Équivalences calciques :** 150 ml de lait (1 verre moyen) = 1 yaourt nature = 80 g de fromage blanc = 50 g de fromage de type camembert = 20 g de fromage de type emmental.

Groupe 2 : viande, poisson, œuf

On classe dans ce groupe les viandes (bœuf, veau, porc, mouton, cheval, volailles, gibier), les poissons (de pêche ou d'élevage) et les œufs.

Composants énergétiques	Composants non énergétiques
– Protides de bonne qualité : viande et poisson apportent 20 g de protides pour 100 g. – Lipides : les poissons gras sont une source intéressante d'acides gras polyinsaturés.	– Minéraux : potassium, phosphore et fer. – Oligo-éléments : zinc fourni par la viande et iode fourni par les produits de la mer. – Vitamines du groupe B.

➲ **Équivalences protidiques :** 50 g de viande = 50 g de poisson = 1 œuf.

Groupe 3 : féculents et farineux

Ce groupe est celui qui est consommé le plus largement. Il inclut :
– toutes les céréales (blé, riz, maïs, orge, avoine, seigle...) et leurs dérivés (pain, viennoiseries, biscuits...) ;
– la pomme de terre, la patate douce, le tapioca et la banane plantain ;
– tous les légumes secs ou légumineuses (lentilles, haricots blancs, fèves...).

Composants énergétiques	Composants non énergétiques
Glucides : essentiellement l'amidon.	– Fibres : dans les légumineuses et certaines céréales « complètes ». – Vitamines du groupe B. – Minéraux (légumineuses riches en fer, potassium et magnésium).

Groupe 4 : légumes et fruits

Ce groupe coloré et varié comporte :
- les légumes (chou-fleur, artichaut, épinards, salade, carottes, betteraves, fenouil, oignons, tomates, haricots verts, courgettes…) ;
- les fruits, plus sucrés au goût, qui sont souvent consommables crus.

Composants énergétiques	Composants non énergétiques
Glucides simples : sucre ou saccharose, glucose, fructose. En moyenne deux fois plus dans les fruits que dans les légumes.	– Fibres solubles (pectine) et insolubles (cellulose et hémicellulose). – Vitamines du groupe B, vitamine C et bêta-carotène. – Minéraux : potassium et magnésium. – Eau : 80 à 95 % de la composition.

Remarque

Les recommandations de santé qui incitent à manger cinq fruits et légumes par jour concernent les enfants dont l'alimentation est complètement diversifiée à partir de 10 à 12 mois. ► PARTIE 8

Groupe 5 : corps gras

On différencie :
- les corps gras d'origine végétale : huiles de fruits ou de graines et margarines à base de ces huiles ;
- les corps gras d'origine animale : beurre, crème fraîche provenant du lait, graisses de mouton, bœuf, porc, oie, et canard ;
- les fruits oléagineux qui fournissent de l'huile : arachide, noix, noisettes et amandes.

Composants énergétiques	Composants non énergétiques
Lipides : ce groupe est le plus riche en lipides. Les huiles végétales contiennent des acides gras plus ou moins insaturés. Les matières grasses animales contiennent d'avantage de lipides saturés.	– Vitamines A et D dans les lipides animaux. – Vitamine E dans les fruits oléagineux.

Groupe 6 : produits sucrés

Ce groupe d'aliments est varié, son principal composant est le sucre ou saccharose. Il comprend :
- le sucre blanc, de canne ou de betterave ;
- les produits dont le sucre est un composant important (bonbons) ;
- le miel (75 % de glucides) qui contient du fructose, du glucose et du saccharose, ainsi que des traces de vitamines et de minéraux.

Composants énergétiques	Composants non énergétiques
Essentiellement glucides simples : sucre ou saccharose, fructose.	Pas de réels intérêts en vitamines, minéraux et oligoéléments.

Groupe 7 : eau et boissons

On trouve dans ce groupe l'eau du robinet et l'eau minérale, les jus de fruits, les boissons sucrées et les infusions.
Les jus de fruits (sans sucre ajouté ou à base de concentré) ont la même teneur en glucides et en minéraux que les fruits. Ils apportent donc entre 10 et 15 % de glucides (soit quatre à six morceaux de sucre dans un verre de 200 ml).
Les sodas ont pratiquement la même teneur en glucides que les jus.

2. Les modifications des constituants de l'alimentation

Le trempage et la cuisson à l'eau entraînent une dilution des minéraux. Pour limiter cette perte, il faut privilégier la cuisson des légumes à la vapeur ou dans peu d'eau. ▸ FICHE 73
La durée et la température de stockage, ainsi que le temps de cuisson, augmentent les risques d'oxydation de certaines vitamines qui perdent alors leur intérêt nutritionnel. Pour éviter cela, il est nécessaire de :
- observer les dates limites de consommation (DLC) ou les dates de durabilité minimum (DDM) ;
- respecter les temps de cuisson en particulier des fruits et des légumes ;
- consommer au moins un fruit cru et/ou un légume cru par jour pour bénéficier de la vitamine C intacte ;
- éplucher, râper ou presser un fruit juste avant de le consommer pour préserver la vitamine C.

Enfin, une cuisson longue et à haute température (friture) ou une conservation au-delà de la DDM, peut oxyder et donner un goût de rance à certaines huiles. Pour éviter cela, il est nécessaire de :
- respecter les dates limites de consommation (DLC) ;
- choisir pour les cuissons des huiles d'arachide ou d'olive, peu insaturées ;
- garder au réfrigérateur les huiles les plus fragiles (colza et noix) et les consommer crues.

JE RETIENS

1) Citer deux aliments pour lesquels les nutriments sont altérés par la chaleur.

....

2) Cocher la bonne réponse et justifier par une phrase.

On peut remplacer une compote par un petit-suisse fruité car ce sont deux aliments sucrés.

❑ Vrai ❑ Faux

....

→ *Vous trouverez tous les éléments de réponses à ces questions p. 149*

FICHE

29 L'alimentation de l'enfant de 0 à 6 ans

1. L'alimentation lactée

Jusqu'à 4 à 6 mois, l'alimentation du nourrisson est exclusivement lactée.

Le lait maternel

Le lait maternel est la meilleure alimentation pour le nourrisson. Ses avantages sont nombreux :
– adaptation de la composition aux besoins de l'enfant au cours du temps et même au cours de la tétée ;
– bonne composition chimique, car les nutriments dont la surcharge est préjudiciable pour l'organisme (protides, fer, calcium, fer) sont présents en faibles quantités mais leur utilisation digestive et métabolique est optimale ;
– protection contre les risques infectieux et viraux (infections gastro-intestinales, otites, infections urinaires…) ;
– diminution des risques d'allergie (dermatite atopique, asthme, allergies alimentaires…).

À savoir

Il n'y a que de rares contre-indications à l'allaitement : usage de drogues par la mère ou infection maternelle par le virus du SIDA.

Les préparations pour nourrissons (ou laits 1er âge)

Les préparations pour nourrissons (PPN, terme réglementaire pour désigner le lait 1er âge) sont majoritairement à base de lait de vache, parfois de lait de chèvre. On trouve aussi des préparations à base de protéines végétales (soja ou riz). Le terme « lait » est cependant réservé aux préparations pour nourrissons à base de protéines animales.

Pour se rapprocher du lait maternel, sans l'égaler, ces préparations contiennent :
– des protéines dont la proportion en caséines et protéines solubles est variable ;
– des glucides : du lactose qui est le sucre naturel du lait et parfois des maltodextrines (glucides facilement digérés) ;
– des lipides, essentiellement sous forme de lipides d'origine végétale ;
– des minéraux dont la proportion est adaptée à l'immaturité rénale ;

– des vitamines dont la teneur est calquée sur celle du lait maternel (la vitamine D doit être donnée en plus de l'alimentation, selon prescription médicale).
▸ FICHE 26

Les PPN sont élaborées pour couvrir les besoins du nourrisson (excepté celui en vitamine D) jusqu'au moment de la diversification alimentaire.

Les différents laits spéciaux

Ce sont des laits qui répondent aussi aux normes de la réglementation européenne. En dehors des laits bio, qui sont choisis pour convenance personnelle, ils ont des propriétés spécifiques. Mieux vaut les donner après avis médical. Parmi tous les laits spéciaux existants on peut citer :

➲ **Les laits anti-régurgitation (AR ou « confort ») :** ils sont indiqués en cas de reflux gastrique ou en cas de problèmes de déglutition. Ils épaississent dans le biberon quand ils sont chauffés.

➲ **Les laits pauvres en lactose :** ils sont donnés aux enfants qui ne tolèrent pas bien ce sucre naturel du lait et en cas de diarrhée prolongée.

➲ **Les laits acidifiés :** certains sont enrichis en bifidobactéries vivantes qui limiteraient les risques de diarrhée et faciliteraient la digestion.

➲ **Les PPN hypoallergéniques (ou laits HA) :** elles sont données à titre préventif aux enfants à risque d'allergie.

➲ **Les PPN à protéines hydrolysées :** elles sont prescrites en cas d'allergie aux protéines de lait de vache ou après un épisode de diarrhée grave.

➲ **Les PPN à base de protéines de soja :** elles ne contiennent pas de lactose et sont parfois données en cas de ballonnement ou de diarrhée.

➲ **Les laits contenant des probiotiques et des prébiotiques :** ils sont donnés pour équilibrer la flore bactérienne lors de coliques.

Les préparations de suite (ou laits de suite, ou laits 2e âge)

Les préparations de suite (PDS) sont élaborées pour couvrir les besoins du nourrisson en même temps que l'alimentation solide augmente progressivement dans son régime. On les donne à partir de 4-6 mois et jusqu'à 1 an.
Elles sont également soumises à la réglementation européenne. Majoritairement à base de lait de vache, parfois de lait de chèvre, on trouve aussi des préparations de suite à base de protéines végétales (soja ou riz).
Par rapport aux laits 1er âge, les laits 2e âge ont une teneur en protéines et en glucides légèrement plus élevée et une teneur en lipides plus faible.
Les principales raisons de donner une PDS à un enfant sont :
– sa teneur en fer qui assure un apport indispensable au moment où les réserves hépatiques constituées pendant la grossesse sont épuisées ;
– sa teneur en protéines qui est environ la moitié de celle du lait de vache, ce qui limite les risques d'excès protidique ;
– sa teneur en acides gras essentiels et en vitamine E.

Question de pro

Rachel, assistante maternelle demande : À l'heure du goûter Jules, 9 mois, refuse son biberon. Est-ce que je peux lui donner un yaourt à la place ?

Réponse : Il est préférable de garder au moins deux biberons (500 ml de lait de suite) jusqu'à 1 an. Les produits laitiers normaux ne peuvent que partiellement les remplacer car ils ne contiennent ni fer ni acides gras essentiels. Lorsqu'un enfant refuse un biberon de lait de suite, on peut lui proposer un laitage à base de lait de suite de type fromage blanc ou yaourt « pour enfant en bas âge ».

2. L'alimentation diversifiée

La diversification alimentaire est l'introduction dans l'alimentation d'un autre aliment que le lait. Elle débute au plus tôt à 4 mois et au plus tard à 6 mois. À chacun son rythme !

Comment savoir si un enfant est prêt à manger à la cuillère ?

- Il tient sa tête droite.
- Il porte des jouets en bouche.
- Il apprend à creuser sa langue et accepte de mieux en mieux la cuillère.
- Il s'intéresse aux aliments que mangent les adultes.

Comment commencer la diversification alimentaire ?

Vers 5 à 6 mois	L'enfant prend 4 à 5 biberons ou tétées (voire 6 à 7 tétées) par jour. Le lait est l'aliment de base.
Autour du 6e mois	Progressivement, une partie du biberon est remplacée par quelques cuillères de légumes ou de fruits mixés. On peut aussi commencer par quelques cuillères de céréales infantiles dans un des biberons.
Vers la fin du 7e mois	Au bout de 1 à 2 semaines, la structure des repas de la journée se compose de 3 à 4 biberons et d'un repas diversifié. Lors de ce repas, introduire une cuillère à café de viande ou de poisson mélangée aux légumes.
De 8 à 12 mois	On remplace un autre biberon par des aliments variés. À l'un des repas, on propose un dessert lacté. La journée est structurée en 2 repas variés et 2 biberons.
De 12 mois à 3 ans	Les quantités d'aliments augmentent, la texture devient grumeleuse puis en petits morceaux. On peut donner du lait de croissance (ou lait pour enfant en bas âge) dont la composition est proche du lait de suite.

Remarque

Il est conseillé d'ajouter une cuillère à café d'huile de colza, de noix ou de tournesol (ou un noix de beurre) pour 100 g de purée de pomme de terre ou de pot de légumes afin de compenser l'apport lipidique du lait qui diminue dans l'alimentation quotidienne.

Aliments variés : prendre de bonnes habitudes

	1er mois	2e mois	3e mois	4e mois	5e mois	6e mois	7e mois	8e mois	9e mois	10e mois	11e mois	12e mois	2e année	3e année
Lait	Lait maternel exclusif						Lait maternel						Lait 2e âge ou de croissance	
	ou Lait 1er âge exclusif			Lait 1er âge ou 2e âge			ou Lait 2e âge ≥ 500 ml par jour							
Produits laitiers						Yaourt ou fromages blancs nature								
Fruits					Tous : très mûrs ou cuits et mixés ; texture homogène, lise Crus écrasés* à partir du 11e mois								En morceaux, à croquer*	
Légumes					Tous : purée lisse (petits morceaux à partir du 9e mois)								En morceaux, à croquer*	
Pommes de terre					Purée, lisse Petits morceaux à partir du 9e mois								En morceaux, à croquer*	
Légumes secs													15-18 mois : en purée	
Farines infantiles (céréales)					Avec gluten									
Produits céréaliers								Pain, pâtes fines, semoule, riz*						
Viandes, poissons					Tous** : mixés 10 g par jour (2 cc)				Hachés : 20 g par jour (4 cc)				30 g par jour (6 cc)	
Œufs							¼ (dur)		1/3 (dur)				1/2	
Matières grasses ajoutées							Huile (olive, colza…) ou beurre (1 cc d'huil ou 1 noisette de beurre au repas) pour 100 g de légumes							
Boissons	Eau pure : à proposer en cas de fièvre ou de forte chaleur						Eau pure							
Sel													Peu pendant la cuisson ; ne pas ressaler à table	
Produits sucrés* **							Sans urgence ; à limiter							

* À adapter en fonction des capacités de mastication et de la tolérance digestive de l'enfant.
** Limiter les charcuteries, sauf le jambon blanc.
*** Biscuits, bonbons, crèmes, desserts lactés, chocolat, boissons sucrées, confiture, miel…

JE RETIENS

1) Indiquer si les affirmations sont vraies ou fausses et justifier par une phrase.

Il n'est pas utile de proposer de l'eau en dehors des repas systématiquement, surtout après la diversification alimentaire. ❑ Vrai ❑ Faux

....

Si un enfant refuse de manger à la cuillère, il ne faut pas insister et lui proposer une autre fois. ❑ Vrai ❑ Faux

....

2) Jusqu'à quel âge est-il nécessaire de conserver 500 ml de lait 2e âge ?

❑ 9 mois ❑ 1 an ❑ 2 ans

→ ***Vous trouverez tous les éléments de réponses à ces questions p. 149***

FICHE

30 Les régimes alimentaires de l'enfant

1. Les allergies et les intolérances alimentaires

Les allergies et les intolérances alimentaires obligent à une vigilance quotidienne. Dans les deux cas, il s'agit de réactions d'hypersensibilité dont les symptômes sont provoqués par une substance tolérée par les sujets normaux.

L'allergie alimentaire

Elle se manifeste par l'apparition de signes cutanés, respiratoires ou digestifs. Seul un médecin peut poser un diagnostic d'allergie à la suite de tests cutanés ou de dosage d'anticorps.
L'allergie la plus connue est celle aux protéines de lait de vache Elle touche 2 à 3 % des enfants avant l'âge de 2 ans. Dans ce cas-là, toutes les formes de lait sont exclues de l'alimentation (produits laitiers, PPN...).
D'autres allergies alimentaires existent. Les plus fréquentes sont celles à l'œuf, l'arachide, le poisson, la noix de cajou, le sésame, le kiwi… Pour ces allergies, le traitement consiste à l'exclusion stricte de l'aliment mis en cause.
Les éléments de prévention de l'allergie alimentaire sont l'allaitement maternel, durant au moins 3 mois, et la diversification alimentaire débutée entre la fin du 4e mois et du 6e mois. Celle-ci doit se faire avec une introduction progressive des aliments afin de pouvoir détecter une éventuelle allergie. Il est inutile d'introduire tardivement le poisson ou l'œuf, mieux vaut suivre le calendrier normal (▸ FICHE 29), avec une attention particulière aux réactions de l'enfant.
L'introduction d'aliments à fort pouvoir allergisant (kiwi, céleri, fruits à coques, crustacés…) est repoussée après 1 an.

L'intolérance alimentaire

Les deux principales intolérances alimentaires sont l'intolérance au gluten et l'intolérance au lactose. Les signes sont essentiellement digestifs de type douleurs abdominales et diarrhées, parfois des vomissements.

➲ **L'intolérance au gluten (ou maladie cœliaque) :** elle se révèle dès l'introduction du gluten (protéine contenue dans certaines céréales comme le blé, le seigle, l'orge, l'avoine) dans l'alimentation. Le seul traitement est l'exclusion totale des céréales concernées. L'éviction du blé entraîne donc la suppression de la farine, c'est-à-dire du pain, des biscuits, mais aussi des pâtes, de la semoule… L'introduction du gluten entre 4 et 7 mois limite les risques d'intolérance.

➲ **L'intolérance au lactose :** elle apparaît progressivement après le sevrage. La consommation d'un lait et de produits laitiers pauvres en lactose (yaourts, petits-suisses et fromages) est la plupart du temps bien tolérée.

En pratique, comment faire ?

Il faut avant tout suivre les recommandations médicales données aux parents, proposer un repas adapté et éviter les échanges entre les enfants.
Avant la diversification, il est simple d'exclure l'aliment incriminé. On peut préparer le repas selon les instructions des parents ou bien leur demander de fournir un repas qui « convient à l'alimentation de leur enfant ».
En collectivité, un projet d'accueil individualisé (PAI), établi entre le médecin prescripteur, les parents et le responsable de la collectivité, précise les exclusions, les conséquences et les gestes d'urgence à pratiquer si nécessaire.

À savoir

Pour connaître la composition des aliments, la lecture des étiquettes est primordiale. En effet, la réglementation rend obligatoire l'étiquetage de 14 allergènes, quelle que soit leur quantité. ► FICHE 39

2. Le régime de l'enfant diabétique

Le diabète de l'enfant, ou diabète de type 1, est une maladie rare (15 enfants touchés sur 100 000). Il se caractérise par la destruction des cellules du pancréas qui secrètent l'insuline. Il est donc nécessaire d'injecter de l'insuline pour réguler la glycémie. Pour les enfants diabétiques :
- la répartition des prises alimentaires dans la journée dépend du traitement ;
- l'alimentation est équilibrée et normale ;
- on veille à la consommation de fruits et légumes aux repas principaux ;
- le goût de l'enfant est éduqué vers des saveurs peu sucrées.

Le personnel de petite enfance doit se conformer au PAI ou à la prescription médicale transmise par les parents formés au traitement.

Attention

– Le diabète de type 1 ne nécessite pas de réduction énergétique comme le diabète de type 2 chez l'adulte.
– Il n'y a pas lieu d'établir un régime hypo-énergétique avant l'âge de 6 ans sans prescription médicale.

JE RETIENS

1) Indiquer si l'affirmation est vraie ou fausse et justifier par une phrase.

Le gluten ne doit pas être introduit dans l'alimentation avant 1 an. ❑ Vrai ❑ Faux

. . . .

2) Citer les produits laitiers qui peuvent être consommés en cas d'intolérance au lactose.

. . . .

→ ***Vous trouverez tous les éléments de réponses à ces questions p. 149***

FICHE

31 Les troubles de l'alimentation

1. Les troubles de comportement

L'enfant grignoteur

Il réclame et mange de petites quantités tout au long de la journée.
Son repas est préparé en choisissant des aliments qu'il aime pour l'inciter à manger. On limite le nombre de prises entre les repas en fixant des repères (réveil de la sieste, retour de promenade…).

L'enfant « petit mangeur »

Il mange de petites quantités et ne termine pas ce qu'on lui propose. Mieux vaut remplir peu son assiette pour qu'il demande à être resservi et régule tout seul son appétit.

L'enfant qui refuse certains aliments

On présente l'aliment refusé en très petite quantité (½ cuillère à café chaque fois qu'il est au menu), parfois 10 à 15 fois et en le faisant consommer par les autres convives. On peut aussi intéresser l'enfant à l'achat ou la préparation de l'aliment.

Les attitudes à éviter

- Féliciter l'enfant quand il termine son assiette (il mange car il a faim, non pour plaire à l'adulte).
- Faire du chantage (« Si tu manges tes épinards, tu auras le droit de jouer »).
- Donner des aliments-récompenses.
- Obliger l'enfant à terminer son assiette.

2. Les troubles digestifs courants

La constipation banale

On parle de constipation lorsque les selles sont rares et dures. La constipation peut être associée à des douleurs abdominales et à un ballonnement.

➲ **Jusqu'à 6 mois :** chez l'enfant nourrit au sein, le nombre de selles varie entre 6 à 8 par jour alors que pour l'enfant nourrit qu'au biberon, il est en moyenne de 4 selles par jour. De ce fait, on a parfois l'impression que l'enfant est constipé au moment du sevrage. S'il ne semble pas incommodé, il n'y a pas lieu d'intervenir.

➲ **Après la diversification :** il arrive parfois qu'un enfant devienne constipé lorsqu'il reçoit une alimentation diversifiée. Il faut alors s'assurer qu'il boit assez d'eau, qu'il consomme des fibres et qu'il reçoit suffisamment de lipides (huile ou beurre).

La diarrhée aiguë

La diarrhée est définie par l'augmentation du nombre de selles et la modification de leur aspect (liquide, glaireux, sanglant). La cause est virale et parfois bactérienne. La guérison est souvent spontanée, en quelques jours.
Le risque majeur d'une diarrhée aiguë est la déshydratation. Le traitement diététique de la diarrhée se compose de deux principes essentiels : **la réhydratation** et **la réalimentation précoce**. La réhydratation se fait exclusivement à l'aide de solutés de réhydratation orale que l'on trouve en pharmacie. On reprend l'alimentation avec un lait hydrolysé ou sans lactose selon la prescription médicale. Lorsque l'alimentation est déjà diversifiée, on évite dans un premier temps ce qui pourrait avoir un effet irritant sur l'intestin.

Les régurgitations

Les régurgitations sont des remontées involontaires et sans effort du contenu gastrique dans l'œsophage dans l'heure qui suit la prise du lait. Elles sont dues à une immaturité du sphincter œsophagien. Il n'y a pas lieu de s'inquiéter si la croissance est régulière et si l'enfant ne souffre pas.
L'usage d'un lait épaissi et la limitation du volume des biberons permettent de réduire ces remontées. D'autres mesures simples limitent les régurgitations :
- attendre au milieu du biberon que l'enfant « fasse un rot » ;
- attendre à la fin du biberon le dernier « rot » avant de reposer l'enfant en position horizontale sur un matelas légèrement incliné ;
- éviter les vêtements serrés qui risquent de comprimer l'estomac.

Les coliques du nouveau-né

Les coliques du nourrisson sont fréquentes et occasionnent des pleurs inconsolables. En général, ces crises s'associent à des troubles intestinaux et se produisent le soir. Le médecin doit être le seul à prendre la décision de changer de lait si cela est nécessaire. On peut cependant proposer aux parents des moyens simples pour soulager leur enfant : bain en fin de journée, massage abdominal…

JE RETIENS

1) Éléonore, 15 mois, est constipée. Citer les mesures diététiques que vous mettez en œuvre pour limiter la constipation.

2) Jules, 2 ans, est un petit mangeur. À la maison, tout le monde se relaie pour lui faire terminer son assiette. Citer trois attitudes à éviter pour qu'il termine son assiette.

→ ***Vous trouverez tous les éléments de réponses à ces questions p. 149***

FICHE

32 L'éducation alimentaire

Manger est une expérience sensorielle mais aussi une forme de partage et d'intégration au groupe social. Partager un repas avec des parents, des éducateurs ou d'autres enfants permet de les imiter. Se servir d'un ustensile, cuillère ou fourchette, attendre avant de commencer un plat, ne pas parler la bouche pleine… Tout cela fait partie de l'apprentissage du vivre ensemble.

1. La perception sensorielle des aliments

Au fur et à mesure que l'enfant grandit, il prend conscience que la perception de ce qu'il mange se fait avec la langue, avec le nez mais aussi avec les yeux, le toucher et l'oreille. Identifier les sens sollicités va lui permettre de dire ce qu'il ressent.

➲ **La langue :** l'organe du goût. Elle permet de détecter l'amer, l'acide, le salé et le sucré.

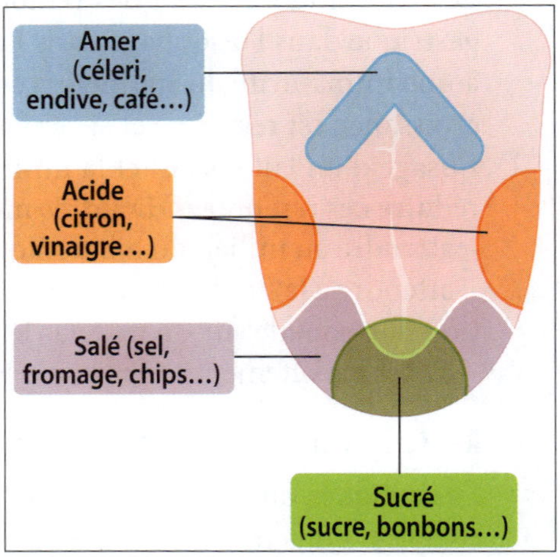

Les zones du goût sur la langue

➲ **Le nez :** il permet de sentir les arômes et de préciser le goût de l'aliment. Les odeurs perçues par la cavité nasale avant et pendant la dégustation (arômes) sont le plus souvent décrits comme faisant partie du goût. On appelle « flaveur » l'ensemble goût + arôme.

➲ **L'œil :** il permet d'anticiper l'appétence pour la nourriture. En effet, la couleur et la présentation d'un aliment le rendent plus ou moins attrayant.

➲ **Le toucher :** il permet l'identification d'un aliment avec les mains ou la sensation dans la bouche (somesthésie) : mou, croquant, juteux, pétillant…

➲ **L'oreille :** elle renseigne sur le bruit, quand on croque par exemple, et permet aussi d'entendre la description ou le nom de ce qu'on mange, ce qui prépare à la dégustation.

2. L'apprentissage des saveurs et des textures

Le goût est une imprégnation ancienne qui évolue au cours de l'âge.

Calendrier	Ce qui se produit	Attitude à avoir
Avant la naissance	Le liquide amniotique est riche en molécules aromatiques venues des aliments consommés par la mère.	Plus la mère consomme des aliments de goût différent, plus l'enfant y est accoutumé pour la diversification alimentaire.
À la naissance	Le lait maternel offre des goûts qui reflètent ce que mange la mère. Les enfants allaités sont déjà entraînés à la variété.	
Vers 5-6 mois	La diversification alimentaire fait découvrir à l'enfant des goûts et des textures nouvelles.	Offrir la plus grande variété possible avant le « blocage » de la néophobie.
Vers 9-12 mois	Quand s'ébauchent les mouvements de mastication, les aliments sont proposés en texture grumeleuse ou moulinée.	Cette étape est importante à respecter sous peine de voir l'enfant refuser les morceaux plus tard.
Vers 18 mois et jusqu'à 3 ans ou plus	Apparition de la néophobie : l'enfant refuse les aliments qu'il ne connait pas ou sous une forme nouvelle. Par exemple, il mange le chou-fleur en purée mais le refuse en morceaux.	Encourager à manger une quantité de l'ordre de ½ cuillère à café, mettre l'enfant à table avec des convives qui consomment l'aliment refusé et le présenter de nombreuses fois permet la familiarisation puis l'acceptation de ce qui était rejeté.
Après 3 ans	La néophobie peut durer longtemps. C'est par imitation ou par une curiosité encouragée que l'on étend la palette des goûts.	Cuisiner ensemble permet à l'enfant de se familiariser avec un aliment, le préparer de façon ludique l'aide à l'accepter.

3. L'environnement des repas

Pour que le repas se déroule le plus sereinement possible, il faut :
- une pièce calme ;
- des meubles adaptés à la taille des enfants (ou des réhausseurs de sièges) ;
- des assiettes incurvées et des couverts qui offrent un maniement aisé ;
- un temps suffisamment long pour permettre à tous de terminer ;
- des plats attrayants qui donnent envie de goûter.

En famille, à la crèche ou chez l'assistante maternelle, le repas est un moment de retrouvailles pour échanger des informations, se poser des questions et partager des moments vécus. On évite donc ce qui détourne l'attention comme :
- le parasitage de bruits ou d'images (télévision, radio ou téléphone) ;
- les disputes à table.

JE RETIENS

1) Indiquer si l'affirmation est vraie ou fausse et justifier votre réponse.

À 2 ans un enfant mange de tout. On peut lui donner au cours d'un repas exactement tous les aliments consommés par ses parents. ❑ Vrai ❑ Faux

....

2) Citer deux méthodes pour faire accepter un aliment refusé par un enfant de 2 ans.

....

→ ***Vous trouverez tous les éléments de réponses à ces questions p. 149***

FICHE

33 Les contaminations alimentaires

Les enfants sont sensibles aux contaminations alimentaires, qu'elles soient chimiques (métaux lourds, PCB…), bactériennes ou parasitaires.

1. Les toxi-infections alimentaires

Les toxi-infections alimentaires collectives, aussi appelées TIAC dans les crèches, se caractérisent souvent par des troubles digestifs (diarrhées ou vomissements) et touchent au moins deux personnes ayant consommé l'aliment en cause. Elles surviennent quelques heures à quelques jours après l'ingestion du produit suspect.
Les principales bactéries responsables des TIAC sont les salmonelles, les staphylocoques dorés et le *Clostridium perfringens*. On retrouve cependant d'autres germes dont certains peuvent être mortels, comme le *Clostridium botulinum*, responsable du botulisme.

Agent pathogène	Causes fréquentes	Aliments à risques	Mesures préventives
Salmonelles	Mains mal lavées.	Viandes de boucherie, volailles, œufs (contamination par contact avec la coquille) et lait.	Cuisson à cœur de l'aliment.
Staphylocoques	Mains mal lavées, plaies infectées ou transmission par l'air (rhume).	Pâtisseries, crème pâtissière, mayonnaise, crèmes glacées, charcuterie, viande hachée et crevettes.	Cuisson à cœur de l'aliment.
Clostridium perfringens	Se développe en l'absence d'air.	Viande en bouillon, sauces, aliments cuits la veille et stockés à température ambiante.	Refroidir et réchauffer rapidement les aliments.
Listeria	Mains mal lavées.	Aliments crus, viandes peu cuites et produits laitiers au lait cru.	Respect des règles d'hygiène. Cuisson à cœur de l'aliment.
Clostridium botulinum	Conserves familiales insuffisamment stérilisées.	Tous.	Stérilisation à plus de 121 °C pendant un temps long.

2. Les parasitoses alimentaires

Les parasitoses alimentaires sont dues à des parasites vivants ingérés en même temps que l'aliment.
Les parasites les plus fréquents sont les vers (le ténia, l'anisakis, la douve du foie…) et les protozoaires qui sont des animaux unicellulaires microscopiques (amibe, toxoplasme…). Les parasites prolifèrent au dépend de l'hôte.

	Transmission par consommation de viande ou de poisson contaminés				Transmission directe par le cuisinier ou par un milieu contaminé (eau, végétaux)			
Parasite	Ténia	Trichine	Anisakis	Toxoplasme	Oxyures	Ascaris	Amibe	Douve du foie
Aliments responsables	Bœuf, porc ou poisson	Porc, cheval, sanglier	Poisson	Viande, produits peu cuits	Aliments crus	Crudités, eaux	Crudités, eaux	Cresson sauvage
Mesures préventives	– Contrôle visuel de la viande et du poisson. – Cuisson à cœur supérieure ou égale à 63 °C. – Congélation prolongée (–20 °C) plusieurs jours.			– Hygiène du préparateur. – Lavage des mains. – Lavages des aliments. – Recherche de porteurs sains. – Cuisson suffisante des aliments.				Consommer du cresson venant d'une cressonnière contrôlée.

3. Les risques toxicologiques dus aux aliments

Certaines de ces recommandations ont été extraites des recommandations « petite enfance » du groupe d'étude des marchés de restauration collective et nutrition (GEM-RCN) ou bien des recommandations de l'ANSES (agence nationale de sécurité sanitaire, de l'alimentation, de l'environnement et du travail). Le tableau ci-dessous en est un résumé.

Type d'aliments	Cause de la prévention	À proscrire	À limiter ou à déconseiller
Poissons prédateurs sauvages (lotte, thon…)	Risque de contamination chimique.		X
Poissons particulièrement bio-accumulateurs (espadon, requin…)		X	
Aliments à base de soja (tofu, yaourts et desserts au soja)	Nutritionnellement inadapté.	X	
Autres jus végétaux improprement appelés « lait » (amande, châtaigne, noisette…)		X (en substitution des préparations lactées infantiles)	
Laits d'autres animaux non soumis à la réglementation des PPN et PDS (brebis, chèvre, ânesse, jument…)		X (en substitution des préparations lactées infantiles)	
Aliments contenant des arômes et/ou colorants artificiels	Sans intérêt nutritionnel.		X
Aliments contenant des édulcorants		X	
Miel de consommation	Risque de contamination microbiologique.	X (jusqu'à 12 mois)	
Aliments servis crus ou fumés (poissons, crustacés, viandes, œufs et fromages au lait cru, charcuteries, graines germées crues)		X	

4. La prévention des toxi-infections alimentaires

Le personnel en charge de la manipulation des aliments

Pour limiter les risques de contamination, la personne en charge des repas veillera à bien se laver les mains et à porter une tenue professionnelle propre.
Afin que ses cheveux ne tombent pas dans les préparations, elle les attachera ou les couvrira avant toute manipulation des aliments.

Le stockage des denrées

➲ **Dans le placard de la cuisine :** mettre sur le devant les produits à consommer le plus rapidement en se référant aux dates inscrites sur l'emballage.

➲ **Dans le réfrigérateur :** il convient de placer les aliments dans les compartiments qui leurs sont dédiés. La notice du réfrigérateur indique où les placer selon leur nature.

– **Dans la partie entre 4 °C et 6 °C :** préparations maison, légumes et fruits cuits, viandes et poissons cuits, yaourts et fromages faits à cœur.
– **Dans la partie la plus froide, entre 0 °C et 4 °C :** viandes, charcuteries, poissons, produits en cours de décongélation, produits frais entamés, fromages frais et au lait cru, jus de fruits frais, salades et plats cuisinés.
– **Dans le bac à légumes :** légumes et fruits frais lavés.
– **Dans la porte :** œufs, beurre, lait et jus de fruits entamés.

Attention

– La date de durabilité minimale (DDM) est exprimée par la mention « à consommer de préférence avant le » pour les produits d'épicerie, les surgelés et les boissons. Lorsque cette date est dépassée, le produit n'est pas dangereux, il peut être consommé sans risque mais il a perdu une partie de ses qualités nutritionnelles et organoleptiques.
– Lorsque la date limite de consommation (DLC), exprimée sur les produits réfrigérés par la mention « à consommer jusqu'au », est dépassée, le produit est impropre à la consommation.

Il ne faut pas oublier d'ôter le suremballage carton ou plastique des aliments achetés avant de les stocker, et vérifier que l'emballage de l'aliment n'est pas abîmé, ce qui pourrait nuire à sa conservation.
Enfin, il faut penser à bien nettoyer son réfrigérateur pour éviter une propagation de micro-organismes (bactéries, levures ou champignons) sur les aliments. Il est recommandé de le nettoyer à l'eau savonneuse et de le rincer à l'eau légèrement javellisée une fois par mois, contre une fois par an pour le congélateur.

La conservation des restes

– Ne pas laisser les restes à température ambiante. Si le plat est encore chaud, mieux vaut le laisser refroidir 2 heures maximum avant de le mettre au réfrigérateur, sinon il risquerait d'en réchauffer l'intérieur et d'entraver la chaîne du froid.
– Placer les restes dans un récipient hermétique ou disposer du film plastique, ou du papier d'aluminium, sur le plat afin de les faire refroidir et de les ranger.
– Ne pas oublier de consommer rapidement tous les restes.
– Noter qu'il faut éviter que les produits acides entrent en contact avec le papier d'aluminium et les produits gras avec le film plastique.

La préparation des aliments

Tout d'abord, le plan de travail est nettoyé avec un détergent-désinfectant alimentaire. Attention, il est néfaste de surdoser le produit et important de ne pas oublier de rincer.
Ensuite, le matériel utile à la préparation est sorti prêt à l'emploi. Puis, les aliments sont épluchés et/ou préparés selon le principe de « marche en avant ». Enfin, les temps de cuisson sont respectés pour une cuisson complète ou à cœur de l'aliment. ► PARTIE 8

JE RETIENS

1) Indiquer si l'affirmation est vraie ou fausse et justifier par une phrase.

Le maquereau est un poisson gras, il ne doit pas être donné aux enfants avant 3 ans.

❑ Vrai ❑ Faux

....

2) Relier les aliments aux micro-organismes qui peuvent les infecter et provoquer une TIAC.

	• Staphylocoques
La viande de boucherie saignante •	• Listeria
Les produits laitiers au lait cru •	• *Clostridium perfringens*
	• Salmonelles

3) Citer trois parasites qui pourraient contaminer le filet de porc que vous venez d'acheter.

....

→ ***Vous trouverez tous les éléments de réponses à ces questions p. 149***

> TEST

Corrigé

1. c.
Des éléments de constitution des protéines.

2. a.
Sont des constituants des membranes cellulaires.

3. b.
Représente la part énergétique la plus importante de l'alimentation à partir de 3 ans.

4. b.
L'estomac et les reins.

5. c.
Oui s'il fait chaud et qu'il a de la fièvre.

6. a.
Élimine la plaque dentaire.

7. c.
Les vitamines et les minéraux.

8. b.
Durée limite de consommation.

9. a.
Les anticorps maternels.

10. b.
C'est dangereux et peut entraîner des carences avec des séquelles.

11. b.
Entre 4 et 6 mois.

12. c.
Compenser la diminution du gras qui était dans le lait.

13. c.
S'appelle aussi maladie cœliaque.

14. a.
Projet d'accueil individualisé.

15. b.
Un soluté de réhydratation.

16. c.
Le refus de tout aliment nouveau vers 2 ans.

17. b.
Peut être dangereux si la stérilisation est mal faite et entraîner le botulisme.

18. a.
En faisant boire davantage d'eau.

19. c.
Cuire les aliments à cœur.

20. c.
L'aliment peut être consommé sans risque mais il a perdu une partie de ses qualités nutritionnelles.

21. b.
Contient du fer.

Corrigé

FICHE 26

1) Faux. Il est nécessaire de donner un complément de vitamine D prescrit par le médecin.

2) Les protides, les lipides et les glucides.

FICHE 27

1) L'enfant sait seulement téter et non mastiquer. Son immaturité rénale nécessite un apport d'eau important.

2) Faux. L'hiver, l'air est souvent sec et les habitations bien chauffées. Mieux vaut proposer de l'eau entre les biberons, sans forcer l'enfant.

FICHE 28

1) Les fruits et les légumes.

2) Vrai. Ils sont sucrés tous les deux mais le petit-suisse apporte des protides, des lipides et du calcium et la compote des fibres et des glucides. On ne peut pas remplacer quotidiennement l'un par l'autre.

FICHE 29

1) Faux. Il faut systématiquement proposer de l'eau à un enfant, surtout quand il commence à manger à la cuillère car le volume d'eau de son alimentation diminue quand il boit moins de lait et il ne sait pas réclamer quand il a soif.
Vrai. Chacun a son rythme. Il n'y a pas d'urgence. Mieux vaut attendre pour que la nouveauté soit acceptée en douceur.

2) 1 an.

FICHE 30

1) Faux. Il existe une « fenêtre » d'introduction souhaitable entre 4 et 7 mois.

2) Tous les fromages, les petits-suisses ou les yaourts sont bien tolérés.

FICHE 31

1) Assurer une alimentation variée riche en fruits et légumes, contenant des graisses ajoutées, peu de sucre et peu de boissons sucrées mais beaucoup d'eau.

2) Faire du chantage.
L'obliger à terminer son assiette.
Lui donner des aliments-récompenses.

FICHE 32

1) Faux. Il ne peut manger pas la même chose que les adultes. On évite les aliments très salés, frits ou panés comme la charcuterie, les nuggets ou les pizzas…

2) On encourage l'enfant à consommer une très petite quantité de l'aliment refusé, on présente cet aliment de nombreuses fois selon les menus. On met l'enfant à une table de convives qui consomment ce qu'il rejette.

FICHE 33

1) Faux. Le maquereau est recommandé (selon une quantité adaptée à l'âge) car c'est un poisson riche en acides gras intéressants.

2) La viande de boucherie saignante → staphylocoques, listeria, *Clostridium perfringens*, salmonelles.
Les produits laitiers au lait cru → listeria.

3) Ténia, trichine, toxoplasme, oxyures…

3

Partie 4

Technologie

> TEST

Testez vos connaissances ! Après une lecture attentive de chaque question, entourez la réponse qui vous semble adaptée. Attention, une seule réponse par question est possible.

1. Une bonne aération du logement permet :

☐ **a.** de lutter contre les allergies respiratoires.

☐ **b.** de faire rentrer l'air pollué.

☐ **c.** d'apporter de la fraîcheur.

2. Qu'appelle-t-on « bruits d'impact » ?

☐ **a.** Les bruits de conversations.

☐ **b.** Les bruits provenant de la rue (voitures, chantier...).

☐ **c.** Les bruits provoqués par la chute d'objets sur le sol.

3. L'aménagement d'un logement se fait selon des critères :

☐ **a.** d'esthétique, de confort et de rentabilité.

☐ **b.** de sécurité, d'hygiène et de confort.

☐ **c.** de propreté, d'ergonomie et de logistique.

4. Les accidents domestiques concernant les moins de 18 mois et qui ont lieu dans la salle de bain sont :

☐ **a.** les chutes, les noyades et les brûlures.

☐ **b.** l'asphyxie, l'intoxication et les chutes.

☐ **c.** l'étouffement, les brûlures et l'asphyxie.

5. Une personne est électrisée quand :

☐ **a.** un courant électrique lui traverse le corps et provoque des blessures.

☐ **b.** un courant électrique traverse son corps et entraîne sa mort.

☐ **c.** elle est touchée par la foudre sous un arbre.

6. Les médicaments doivent :

☐ **a.** être placés hors de portée des enfants, en hauteur, dans un placard fermé à clé.

☐ **b.** être cachés sous un évier.

☐ **c.** être rangés avec soin par catégories.

7. Dans une collectivité, les espaces de vie sont souvent divisés en trois parties :

☐ **a.** en fonction du genre des enfants.

☐ **b.** en fonction de l'âge des enfants.

☐ **c.** en fonction des heures d'arrivée des enfants.

8. Dans l'espace de repos, chaque enfant doit disposer d'une zone pour dormir de :

☐ **a.** 2 m^2 maximum.

☐ **b.** 3 m^2 minimum.

☐ **c.** 5 m^2 minimum.

9. Quels matériels ne font pas partie des soins d'hygiène corporelle ?

☐ **a.** La brosse à dents et le peigne.

☐ **b.** La baignoire et le thermomètre.

☐ **c.** Le savon et le shampooing.

10. Quelles sont les caractéristiques du lait de toilette ?

☐ **a.** Il permet d'adoucir la peau et d'éviter les sécheresses.

☐ **b.** Il limite la prolifération des bactéries.

☐ **c.** Il nettoye les salissures.

11. Un transat ne doit jamais :

☐ **a.** être utilisé avec un enfant qui régurgite souvent.

☐ **b.** être posé en hauteur.

☐ **c.** avoir de sangles de sécurité.

12. Le planning est :

☐ **a.** un outil d'organisation du temps de travail.

☐ **b.** un document qui permet de suivre la croissance d'un enfant.

☐ **c.** un outil de communication avec les parents.

13. Les produits commercialisés sont classés en gammes. Celles-ci sont au nombre de :

☐ **a.** 5

☐ **b.** 6

☐ **c.** 7

14. Les plats cuisinés frais sous vides sont conservés :

☐ **a.** dans la partie haute du réfrigérateur, entre 0 °C et 4 °C.

☐ **b.** dans un placard, à température ambiante.

☐ **c.** dans le bac du réfrigérateur pendant plusieurs semaines.

15. L'une de ces mentions n'est pas obligatoire sur un étiquetage alimentaire. Laquelle ?

☐ **a.** La quantité nette du produit.

☐ **b.** Les conditions de conservation du produit.

☐ **c.** La mention d'une origine contrôlée (AOC, AOP…).

16. Sur l'emballage des laits pour enfants, le fabricant est obligé d'indiquer :

☐ **a.** l'âge des enfants auquel le lait est destiné.

☐ **b.** l'adresse de l'usine de fabrication.

☐ **c.** la date de mise en vente.

17. Un produit décongelé :

☐ **a.** ne doit pas être donné à des enfants de moins de 3 ans.

☐ **b.** n'a pas de date de péremption.

☐ **c.** ne doit jamais être recongelé.

18. Avant d'utiliser un produit d'entretien des surfaces, il faut :

☐ **a.** le secouer.

☐ **b.** lire attentivement son étiquetage.

☐ **c.** mettre une charlotte.

19. Il ne faut jamais :

☐ **a.** transvaser un produit d'entretien dans un flacon sans étiquette.

☐ **b.** mettre des conserves dans un placard situé au-dessus d'un évier.

☐ **c.** ouvrir les fenêtres d'une pièce lorsqu'on est en train de la nettoyer.

20. Un produit d'entretien agglutinant permet :

☐ **a.** de dissoudre les taches.

☐ **b.** de fixer la poussière.

☐ **c.** d'éliminer les bactéries.

FICHE
34 La qualité de vie dans le logement

La qualité de vie dans le logement est essentielle pour la bonne santé des enfants accueillis. Elle comprend le respect de règles d'hygiène et de confort ainsi que l'organisation de l'espace au cours des différents temps de la journée.

1. L'hygiène et le confort du logement

La qualité de l'air

L'aération permet d'extraire l'air vicié (pollué) et d'introduire de l'air neuf. De plus, une hygiène correcte du logement permet de lutter contre certaines allergies, notamment respiratoires (acariens, poils de chats...). ► FICHE 16

Aérer, été comme hiver, au moins 10 minutes par jour pour renouveler l'air de la pièce, évacuer les polluants et l'humidité.

La ventilation permet un renouvellement continu de l'air. Elle est dite « naturelle » (grilles, bouches, ouvertures de ventilation) ou « mécanique » grâce à la VMC (ventilation mécanique contrôlée). Les ouvertures d'aération et les gaines de VMC doivent être nettoyées une fois par an.

La température idéale d'une pièce est entre 16 °C et 22 °C et le taux d'humidité entre 40 % et 60 %. Si l'air est trop sec, la peau et les muqueuses se dessèchent. S'il est trop humide, on peut avoir des difficultés à respirer.
Les produits de nettoyage doivent être adaptés. Il faut respecter les dosages et utiliser des produits labellisés NF Environnement ou Ecolabel européen.

© APPA (brochure réalisée avec le soutien de GDF Suez et de l'Unaf)

À savoir

De plus en plus de structures sont équipées de climatisation. Cette technique permet de contrôler, réguler et modifier les conditions climatiques de façon à obtenir davantage de fraîcheur et donc, un meilleur confort.

Le confort acoustique

Le bruit, facteur de fatigue et de troubles du sommeil, est l'une des premières sources de pollution contre laquelle il n'est pas toujours facile de lutter.

On distingue différents types de bruits.

➲ **Les bruits aériens extérieurs** : bruits de la rue, de trafic, de chantier, d'avions...

➲ **Les bruits aériens intérieurs** : conversations, pleurs des enfants, musique, sonnerie de téléphone...

➲ **Les bruits d'impact** : personnes marchant (talons), bruits de chaises, chutes d'objets...

➲ **Les bruits d'équipement** : robinetterie, chasse d'eau, VMC (ventilation mécanique contrôlée), lave-linge, sèche-linge, ascenseur...

Pour améliorer le confort acoustique, quelques précautions sont à prendre :
- insonoriser les locaux grâce au double vitrage ;
- isoler les murs (en particulier ceux des dortoirs) ;
- baisser le volume de la musique ;
- porter des chaussures adaptées (▸ FICHE 41) ;
- prévoir des revêtements de sol isolant phonique ;
- manipuler les objets en les soulevant ;
- ne pas crier.

Le confort visuel

Un éclairage inadapté au lieu et à l'activité peut occasionner des troubles oculaires, des maux de tête et des accidents. Il est donc utile de privilégier :
- un éclairage avec une lumière plus intense et directe dans les pièces d'activité ;
- un éclairage plus faible avec une lumière diffuse dans les zones de détente ;
- un ensoleillement modéré.

Les variateurs de lumière et l'allumage progressif sont des installations qui permettent de maîtriser l'éclairage et de l'adapter aux situations.

4

2. Les aménagements spécifiques du logement

Le choix de l'aménagement et de l'équipement du logement repose sur trois critères essentiels : **la sécurité**, **l'hygiène** et **le confort** (pour l'enfant et le professionnel).

L'espace de repos

Cet espace est organisé pour répondre au besoin de dormir et de se reposer de l'enfant (▸ FICHE 14). Il lui permet de s'isoler un moment au calme.
Ce lieu dédié au repos est caractérisé par un coin douillet, confortable et intime avec des coussins et une banquette. La chambre et le dortoir correspondent

à des endroits calmes du domicile, de la crèche ou de l'école maternelle. Ces pièces sont équipées de matériel adapté à l'âge des enfants.
La température de la pièce est d'environ 18 °C. ▸ FICHES 13 ET 52

<table>
<tr><th>Moins de 2 ans</th><th>2-3 ans</th><th>À partir de 3 ans</th></tr>
<tr><td>
Lit-cage à barreaux</td><td>
Lits à barreaux bas</td><td>
Lits de camp (ou couchettes) empilables (utilisés surtout en école maternelle)</td></tr>
<tr><td>Sécurité : remonter les barrières après installation de l'enfant.
Ergonomie : lit à la hauteur de l'adulte.</td><td colspan="2">Sécurité : présence d'un adulte tout au long de la sieste.
Ergonomie : l'adulte ne porte pas l'enfant pour le coucher.
Autonomie : l'enfant peut se mettre seul dans son lit.
Les lits de camp ont l'avantage de permettre un gain de place car ils sont empilables.</td></tr>
</table>

L'espace des repas

Cet espace permet de répondre au besoin de boire et de manger (▸ FICHE 14). Il est aménagé en fonction de l'âge des enfants.

➲ **De 3 à 5 mois :** les tout-petits doivent prendre leur biberon dans un endroit calme, souvent dans les bras du professionnel. Cette position permet de développer une relation privilégiée avec l'adulte. ▸ FICHES 49 ET 76

➲ **De 5 à 9 mois :** à ces âges-là, les enfants sont installés dans un transat pour prendre leurs premiers repas à la cuillère. Cette position semi-assise est adaptée aux jeunes enfants qui ne tiennent pas encore assis sans appui.

➲ **Jusqu'à 2 ans :** les enfants peuvent être installés dans une chaise haute ou avoir un mobilier adapté avec chaise basse à accoudoirs et table basse. Les repas sont organisés en petits groupes pour que le professionnel soit disponible pour chacun d'eux.

➲ **Plus de 2 ans :** les plus grands constituent un groupe important autour de la table car ils sont plus autonomes (cinq à huit enfants).

L'espace des sanitaires

Cet espace répond aux besoins de l'enfant d'éliminer, d'être propre, soigné et de protéger ses téguments (▸ FICHE 14). Il s'organise différemment selon qu'il s'agisse du domicile de l'assistante maternelle ou d'un lieu collectif.

La table de change	Le pot	Les WC
	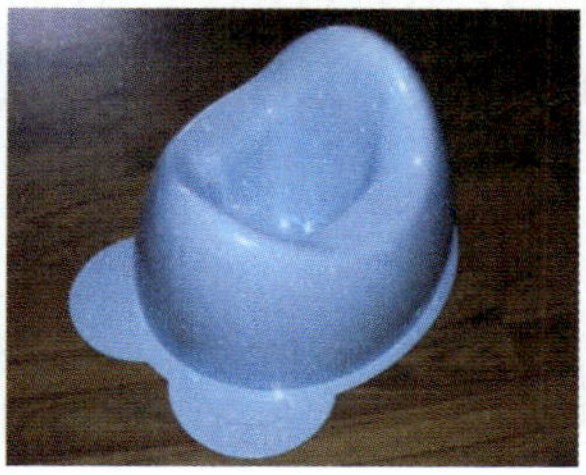	
Elle est utilisée pour des enfants ayant la couche.	*Il est utilisé pour l'apprentissage de la propreté et pour faire la transition entre couche et WC.*	*Ils sont adaptés à la taille des enfants.*
Hygiène : – Nettoyage et désinfection après chaque change. ► **FICHE 43** – Serviette de toilette attribuée à chaque enfant et changée tous les jours. – Possibilité d'utiliser un drap d'examen. ► **FICHE 44** **Sécurité** : ne jamais lâcher l'enfant sur la table à langer.	**Hygiène** : le pot est à nettoyer et désinfecter après chaque passage d'enfant. ► **FICHE 80**	**Hygiène** : nettoyage et désinfection après chaque passage des enfants. **Pudeur** : certains WC sont séparés par un paravent. **Autonomie** : l'autonomie de l'enfant est respectée (tire la chasse, se déshabille seul...).

Les espaces de jeux et d'activité

Ils sont souvent organisés en espaces d'apprentissage qui permettent à l'enfant de jouer en autonomie (il choisit son espace, joue, range et passe à un autre espace). À d'autres moments, le jeu peut être organisé et accompagné par l'adulte comme, par exemple, les jeux de société ou les ateliers (pâte à sel, peinture, cuisine, lecture...).
On distingue différents types de jeux, chacun représenté selon l'apprentissage qu'il met en avant. Pour les plus jeunes, cet espace est souvent organisé autour d'un tapis ou de portiques. ► **PARTIE 7**

Les jeux et jouets doivent répondre aux critères d'hygiène (► **FICHE 83**), de sécurité (► **FICHE 59**) et d'organisation.

JE RETIENS

1) Indiquer deux facteurs d'hygiène et de confort de la chambre d'un enfant.

....

....

2) Citer deux facteurs d'hygiène d'un logement accueillant des enfants.

....

....

→ ***Vous trouverez tous les éléments de réponses à ces questions p. 179***

FICHE

35 La prévention des accidents domestiques

Les accidents domestiques (se produisant à la maison et dans ses environnements immédiats) font chaque année de nombreuses victimes. En France, toutes causes et tranches d'âges confondues, ces accidents touchent plus de 11 millions de personnes chaque année, dont 4,5 millions font l'objet d'un recours aux urgences.
Leurs causes sont très variées et ils restent difficiles à quantifier avec exactitude car ils ne sont pas comptabilisés de façon exhaustive. Pour autant, ils sont à l'origine de décès (19 000 par an), de handicaps et de séquelles. Les principales victimes sont les enfants et les personnes âgées.

1. Les risques en fonction de l'âge

Les enfants n'ayant pas pleinement conscience des dangers, sont particulièrement vulnérables face aux accidents de la vie courante.
À chaque étape de leur développement psychomoteur, leurs compétences s'affinent, leur territoire s'agrandit et de nouveaux risques apparaissent. Les enfants veulent découvrir et explorer le monde qui les entoure en prenant parfois des risques non mesurés.
Dans les premiers mois, l'adulte sera particulièrement attentif à sécuriser l'environnement de l'enfant. Ainsi, celui-ci sera systématiquement attaché dans son transat, les plantes toxiques seront éloignées, l'accès aux escaliers sera protégé par des barrières...
Plus tard, des interdits seront posés (« Il est interdit de monter sur la table ») et expliqués. L'interdiction prendra tout son sens si elle est posée systématiquement et qu'elle est constante.
Par la suite, l'enfant pourra comprendre les conséquences de ses actions et les risques qu'il prend si cela est expliqué avec des mots simples. L'adulte devra trouver un juste équilibre entre laisser faire et tout interdire. C'est en prenant des risques mesurés (et sous surveillance de l'adulte) que l'enfant prendra confiance en lui.
Enfin, il est important de préciser que l'intérieur de la maison représente le lieu principal d'accidents pour les enfants de moins de 6 ans (80 %). Pour les enfants de moins de 12 mois, il s'agit plus particulièrement d'accidents survenant dans la cuisine, la chambre et la salle de bain. Pour les plus grands (de 1 à 4 ans) les lieux les plus incriminés sont la cuisine et la salle de bain.

2. Les accidents domestiques

❶ **Brûlure.** Limiter la durée d'exposition au soleil. Éviter les heures dangereuses (entre 12 et 16 heures). Mettre un chapeau, une paire de lunettes de soleil et des vêtements couvrants. Utiliser une crème solaire. ► FICHE 58

❷ **Noyade.** Clôturer la piscine et surveiller en permanence les enfants.

❸ **Étouffement.** Coucher l'enfant en sécurité (sur le dos, sans oreiller, couette, peluches) sur un matelas adapté au lit. ► FICHE 52

❹ **Chute.** Ne pas placer de meuble sous les fenêtres et les balcons. Bloquer la fenêtre avec un système de sécurité.

❺ **Chute.** Ne jamais laisser l'enfant sans surveillance sur la table de change. Le prendre avec soi s'il est nécessaire de s'éloigner. Préparer le matériel avant d'effectuer le change. ► FICHE 44

❻ **Noyade.** Ne jamais s'éloigner de la baignoire, même quelques secondes. ► FICHE 47

❼ **Brûlure.** Vérifier la température de l'eau (37 °C) ou faire installer un dispositif de sécurité avec le robinet. ► FICHE 58

❽ **Asphyxie.** Vérifier que l'installation est en bon état et qu'il y a une aération efficace. Prévoir un ramonage régulier. Fermer le robinet d'alimentation après chaque usage. Vérifier la durée de vie des flexibles. S'assurer du bon état du détecteur de fumée.

❾ **Intoxication.** Placer médicaments, produits ménagers, vétérinaires, phytosanitaires en hauteur, dans un placard fermé à clé ou ayant une fermeture de sécurité. Ne pas transvaser les produits dans une autre bouteille. Préférer les produits munis de bouchons de sécurité.

❿ **Brûlure.** Ne pas laisser l'enfant seul et l'éloigner des objets brûlants (bouilloire, four...). Équiper le four d'une « porte froide ». Tourner les queues de casserole vers l'intérieur de la plaque de cuisson. Attention aux brûlures avec le biberon. ► FICHE 58

⓫ **Étouffement.** Ne pas laisser à la portée de l'enfant de petits objets (olives, piles, pièces...). Le surveiller pendant les repas, les jeux... ► FICHE 59

⓬ **Électrocution.** Équiper les prises de dispositifs de sécurité. Ne pas laisser de rallonge électrique branchée. Ne pas surcharger les prises avec des multiprises. Ne jamais ouvrir l'eau du robinet à proximité d'un appareil électrique en marche.

⓭ **Chute.** Utiliser une sangle d'entrejambe et boucler les attaches. Ne jamais laisser un enfant sans surveillance. S'il y a un escalier, installer des barrières de sécurité en haut et en bas des marches.

À savoir

Il est important de retenir trois numéros en cas d'urgence : les pompiers (18), le SAMU (15 ou 112) et le centre anti-poison (numéros en fonction des régions). ► PARTIE 6

3. Les risques liés à l'utilisation de l'eau

La distribution de l'eau potable

C'est un service confié aux collectivités territoriales (les communes). De nombreux contrôles sont effectués tout au long de la chaîne de production d'eau potable : au point de captage, à la station de traitement et au niveau des réseaux de distribution.
En France, l'eau du robinet est potable. C'est l'un des aliments les plus contrôlés. Elle satisfait à un certain nombre de caractéristiques la rendant propre à la consommation humaine. Sont pris en compte :
– **les paramètres organoleptiques** : goût, couleur, odeur, transparence ;
– **les paramètres physico-chimiques** : pH, dureté, minéraux... ;
– **les paramètres concernant les substances indésirables** : nitrates, nitrites, matières en suspension... ;
– **les paramètres concernant les substances toxiques** : métaux lourds, pesticides... ;
– **les paramètres microbiologiques** : recherche de virus, bactéries et parasites responsables de risques infectieux.
En France, il n'y a pas de réel risque lié à la consommation d'eau en raison des contrôles très stricts. Cependant, dans de rares cas, l'ingestion d'eau non potable contenant des éléments pathogènes peut provoquer de simples diarrhées faciles à traiter. ▸ FICHES 31 ET 33

La production d'eau chaude dans un logement

Il existe plusieurs façons d'obtenir de l'eau chaude dans un logement :
– la production et le stockage de l'eau dans un ballon d'eau ;
– la production à la demande grâce à un échangeur instantané (chauffe-eau) ;
– la production solaire grâce à l'énergie solaire. Les besoins non couverts sont assurés par une chaudière ou une résistance électrique dans le ballon (système d'appoint) ;
– la production thermodynamique grâce à une pompe à chaleur électrique qui récupère son énergie dans l'air extérieur et la transfère dans l'eau.

À savoir

La température du chauffe-eau doit être comprise entre 55 °C et 60 °C (obligation légale) afin de limiter les risques sanitaires liés à la prolifération de micro-organismes à l'intérieur du ballon d'eau chaude ou des canalisations. En dessous de 50 °C, il existe un risque de développement de la légionelle. Naturellement présente dans l'eau, elle se multiplie très bien dans une eau stagnante ou peu chaude et peut entraîner la légionellose.

4. Les risques liés à l'alimentation en électricité

Afin de limiter les risques liés à l'électricité, il faut sécuriser les installations électriques. Ainsi, en cas de danger, le disjoncteur permet de couper le courant, la mise à la terre réduit les risques d'électrocution et le disjoncteur divisionnaire protège l'installation électrique de tout court-circuit (NF).

À savoir

Les risques liés à l'électricité sont l'électrisation ou l'électrocution. Une personne est électrisée lorsqu'un courant électrique traverse son corps et provoque des blessures plus ou moins graves. On parle d'électrocution, par contact direct ou indirect, lorsque le courant électrique provoque la mort de la personne. Il faut alors couper le courant sans toucher la victime, afin d'éviter le sur-accident, et prévenir les secours. ► FICHE 58

5. Les risques liés à l'évacuation des déchets

Les eaux usées (utilisées et souillées par des activités humaines) sont traitées dans les stations d'épuration individuelles, les fosses septiques ou envoyées dans des stations d'épuration distantes, ou encore drainées par un système d'égout. Les déchets solides (excrétas) sont évacués par une fosse septique qui retient les solides et évacue les liquides ou par le réseau d'égout.
Enfin, les déchets ménagers doivent être triés et évacués régulièrement.

À savoir

L'accumulation des déchets peut favoriser l'apparition d'animaux nuisibles, entraîner des incendies, ou encore être à l'origine d'intoxication ou de pollution de l'environnement. Le déversement direct de déchets dans la mer ou les cours d'eau est interdit car cela constitue un danger sanitaire.

4

JE RETIENS

1) Relier chaque cas au type de production d'eau chaude correspondant.

L'eau chaude est produite à l'avance. •	• Production d'eau chaude instantanée (chauffe-eau).
L'eau chaude est produite au moment du tirage. •	• Production d'eau chaude par accumulateur (ballon).
La température de l'eau est constante. •	

2) Citer deux risques liés à l'eau dans un domicile.

....

3) Préciser la conduite à tenir avec les médicaments afin d'éviter les accidents domestiques.

....

→ ***Vous trouverez tous les éléments de réponses à ces questions p. 179***

FICHE 36 L'environnement de l'enfant en collectivités

1. L'organisation spatiale des locaux

L'organisation spatiale des locaux et des structures de la petite enfance comprend les espaces de repos, de repas, d'accueil, de jeux et/ou d'activités et les sanitaires.

D'autres locaux, non accessibles aux familles, peuvent être envisagés comme : un espace pour le personnel, une buanderie, une cuisine, une zone de stockage pour les produits d'entretien ou consommables, une réserve pour les produits alimentaires et un ou plusieurs bureaux.

Plan d'une crèche collective

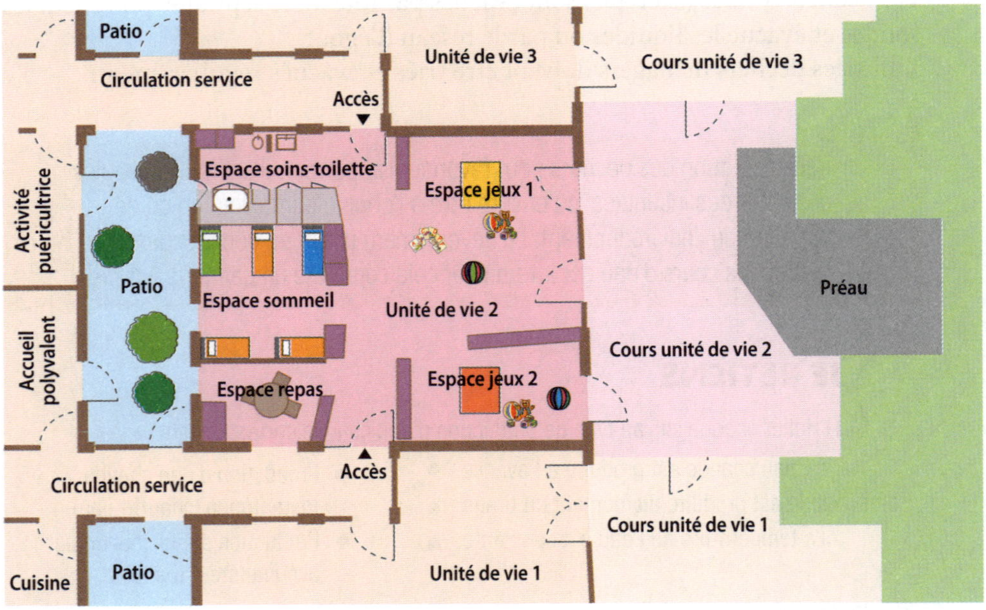

2. L'espace d'accueil

L'espace d'accueil sert à recevoir les parents avec leurs enfants, à déposer les affaires et les matériels nécessaires qui font le lien entre la structure et l'extérieur. Cet espace dispose de casiers pour entreposer les affaires des enfants et d'une table de change qui facilite l'habillage et le déshabillage. Il est souvent séparé de la salle de vie faisant sas entre ces deux univers. Parfois, il existe également un local à poussettes.

3. L'espace de vie ou d'activité

Il est souvent divisé en trois parties : l'espace des bébés, l'espace des moyens et l'espace des grands.

L'espace de vie des bébés

Ce lieu de vie est un espace « cocooning » où les professionnels disposent de divers tapis multicolores, nids (une sorte de grosses bouées avec un fond douillet), petites structures motrices et aires de jeux gonflables.
Des mobiles suspendus, des portiques en bois ou des tapis d'éveil avec arceaux constituent des jeux indispensables pour le bon développement des tout-petits. Cet espace assure la base de sécurité affective des enfants âgés de 2 mois ½ à environ 10 mois.

L'espace de vie des moyens

Les enfants âgés de 12 à 24 mois sont actifs et désirent, de façon répétitive, vider, jeter, remplir, grimper... Ils ne se posent pas beaucoup et les interactions avec leurs camarades sont limitées. Ils ont besoin d'expérimenter leurs nouvelles compétences motrices. De grands tapis pour les jeux de construction, des caisses à disposition avec des récipients de différentes contenances et un coin calme sont les ingrédients qui permettent aux moyens de s'épanouir. Un coin motricité est indispensable, sans oublier quelques coins de jeux d'imitation (dînettes, poupées, bricolage…). ► FICHE 65

L'espace de vie des grands

Les grands de la crèche apprécient de jouer en petits groupes constitués de deux ou trois enfants. Ils commencent à se déplacer et à jouer en interaction. La pièce doit donc être aménagée en petits coins pour répondre aux besoins de leur développement.
Un coin cuisine, un endroit où s'occuper des poupées, un coin livres et une petite table d'activités sont les bases de l'accueil de ces enfants. Ils apprécient de participer à des ateliers de manipulation, de cuisine et de motricité fine. Pour pouvoir répondre aux besoins de cette tranche d'âge, l'aménagement de l'espace doit donc être épuré.

Remarque

Un espace de jeux et d'activités extérieur est parfois présent dans les structures. Il est conçu afin de développer la conscience de l'espace, en permettant aux enfants de se déplacer en haut et en bas (balançoire, tourniquet, ressort...), mais aussi de grimper au-dessus et en-dessous (portique, araignée, toboggan...). Son encadrement et sa surveillance doivent être rigoureux.

4. L'espace repos

Le lieu de repos, de 3 m² minimum par enfant, séparé de l'espace d'accueil et de jeux, s'organise en petits dortoirs. Chaque enfant accueilli doit pouvoir disposer d'un lit individuel.
Pour les plus grands, il est souhaitable de prévoir un dortoir plus vaste. Celui-ci, isolé du dortoir des bébés, peut également être utilisé en dehors des moments de repos pour des activités calmes. Les cloisons et les portes des dortoirs doivent permettre une isolation de bonne qualité phonique. ▸ FICHE 34

5. L'espace préparation des repas

L'aménagement de la « cuisine » est différent selon qu'il s'agit de préparer ou de réchauffer les repas (normes vérifiées auprès des services vétérinaires lors de la construction de l'établissement). S'il s'agit de repas réchauffés après livraison, les conditions d'hygiène sont moins rigoureuses que si les repas sont préparés sur place.
Un espace contigu à la cuisine peut être utilisé pour prendre les repas, mais aussi pour réaliser les activités sur table (peinture, pâte à modeler...). Une rampe

d'eau accessible aux enfants est nécessaire. Cet espace, isolé de la salle de jeux, leur permet de profiter calmement du temps de repas.

6. L'espace des sanitaires

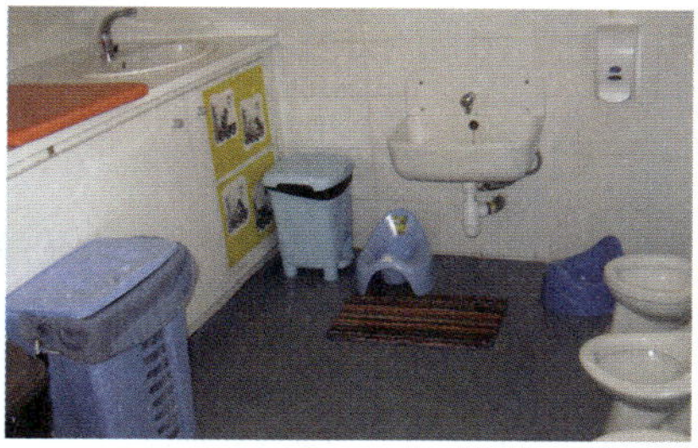

La salle dite de « propreté » doit comprendre au minimum deux tables de change et être équipée d'un petit lavabo.
L'accès à la table se fait pour les plus grands enfants par un petit escalier adapté. Celui-ci est limité d'un côté par la table de change et de l'autre par une cloison afin d'éviter les risques de chutes.
Sous la table de change sont rangés dans un meuble les couches et les matériels de change. Un espace fermé doit être réservé pour la poubelle des couches. Une tablette en hauteur, au-dessus du lavabo et hors d'accès des enfants, permet de ranger les produits indispensables à la toilette.
L'espace doit aussi contenir un ou deux petits WC installés à l'écart et permettant de respecter l'intimité des enfants. Ceux-ci doivent pouvoir actionner seuls les chasses d'eau.
Un espace libre permet l'utilisation d'un pot, et un lavabo de petite profondeur donne aux plus jeunes enfants la possibilité de se laver les mains pour un apprentissage systématique de l'hygiène.

4

JE RETIENS

1) Nommer les différents espaces à aménager dans une structure dédiée aux enfants.

....

....

2) Annoter la photo représentant une partie de l'espace change des bébés.

1 ....
2 ....
3 ....
4 ....
5 ....
6 ....

→ ***Vous trouverez tous les éléments de réponses à ces questions p. 179***

FICHE 37

Les matériels et produits liés aux soins d'hygiène et au confort

1. Les matériels d'hygiène et de confort

Le matériel d'hygiène corporelle

Matériel	Caractéristiques et intérêts	Précautions et modalités d'utilisation
Baignoire d'enfant	Permet de faire prendre un bain en sécurisant l'enfant.	À utiliser jusqu'à 18 mois environ.
Siège de bain pour enfants	Permet de laver l'enfant qui se tient seul lors du bain.	À utiliser après 18 mois.
Thermomètre	Permet de déterminer la température exacte de l'eau du bain.	L'eau doit avoir une température comprise en 37 °C et 38 °C.
Table à langer	Offre un espace sécurisé et confortable pour réaliser les soins.	Ne jamais laisser l'enfant seul.
Peigne et brosse à cheveux	Démêle et lisse la chevelure.	À désinfecter et à nettoyer après chaque usage. Choisir une brosse à poils en soie pour les bébés.
Brosse à dents	Permet de retirer les restes de nourriture coincés entre les dents.	Choisir une brosse souple qui ne blesse pas les gencives sensibles de l'enfant.

Le matériel de confort

Matériel	Caractéristiques et intérêts	Précautions et modalités d'utilisation
Lits (berceaux, lits à barreaux,…)	Offre à l'enfant un espace sécurisé et confortable pour se reposer.	Choisir le type de lit en fonction du lieu d'accueil et de l'âge de l'enfant. ► FICHE 34
Transat ► FICHE 52	Permet de faire manger l'enfant de moins de 6 mois à la cuillère, de jouer.	À poser systématiquement par terre, jamais en hauteur.
Chaise haute ► FICHE 52	Permet de faire manger l'enfant à hauteur de table d'adulte, de proposer un jeu.	À utiliser chez l'enfant de plus de 8 mois sous surveillance, munie de trois à cinq points d'attache.
Siège-auto	Permet de transporter le bébé et l'enfant en limitant les risques en cas d'accident.	Penser à attacher sytématiquement l'enfant dans le siège-auto, même pour de très petits parcours.
Poussettes (landau, poussette-canne)	Permet de déplacer l'enfant de façon confortable. Mise à l'abri de l'enfant avec le landau.	Choisir le type de poussette en fonction de l'âge de l'enfant : landau jusqu'à 6 mois, puis poussette ou poussette-canne.

Le matériel des soins courants

On trouve ici le matériel destiné à réaliser les soins de plaies simples, la prise de température… ► PARTIE 6

2. Les produits d'hygiène et de confort

Les produits d'hygiène corporelle

Produit	Caractéristiques et intérêts	Précautions et modalités d'utilisation
Savon	Permet de nettoyer, c'est-à-dire de décoller les salissures.	Bien rincer à l'eau claire et sécher pour éviter un déssèchement de la peau. Préférer du savon liquide.
Lait de toilette	Adoucit la peau et limite sa sécheresse. Peut provoquer des allergies mais reste pratique en l'absence de point d'eau.	Rincer à l'eau. Bien refermer le flacon après utilisation.
Shampooing	Lave le cuir chevelu et les cheveux (enlève les graisses et les saletés).	Choisir un shampooing adapté à l'âge et au type de cheveux. Lire la composition pour éviter toute réaction allergique. Bien rincer à l'eau claire. Éviter le contact avec les yeux.
Dentifrice	Permet de nettoyer les dents et de limiter l'apparition de la plaque dentaire et des caries.	À utiliser dès l'apparition des premières dents. Choisir un dentifrice adapté à l'âge.

Les produits de soins courants

Produit	Caractéristiques et intérêts	Précautions et modalités d'utilisation
Sérum physiologique	Permet de laver efficacement les yeux et le nez.	Utiliser des unidoses. ► FICHE 45
Antiseptique	Permet de nettoyer et désinfecter une plaie.	À utiliser après un lavage au savon et à l'eau. ► FICHE 55
Crème solaire	Protège les peaux sensibles des enfants des rayons du soleil.	Choisir un indice 50. Renouveler l'application toutes les deux heures lors d'une exposition prolongée.

À savoir

Lorsqu'il utilise les produits de soins courants, le professionnel doit veiller à respecter des règles strictes. Il doit avant tout vérifier les conditions d'utilisation et les précautions d'emploi du produit, vérifier les dates de péremptions (toujours indiquer la date d'ouverture sur le flacon), le conserver hors de portée des enfants, à l'abri de la chaleur et de l'humidité, et le refermer soigneusement après utilisation.

JE RETIENS

1) Citer un produit utilisé pour prévenir et limiter les irritations de la peau.

....

2) Indiquer les conditions pour une bonne utilisation de la chaise haute.

....

➜ ***Vous trouverez tous les éléments de réponses à ces questions p. 179***

FICHE 38 L'organisation du travail

Une bonne organisation des activités et des tâches à réaliser est déterminante pour offrir un cadre clair dans le déroulé de la journée. Elle s'applique au domicile particulier et dans le cadre des collectivités où elle est d'autant plus importante que le travail se fait en équipe.

1. L'analyse fonctionnelle d'une activité ou d'une tâche

Afin d'analyser l'action à réaliser on utilise une méthode dite du **QQOQCP** qui correspond à six questions qui vont permettre de cadrer l'activité ou la tâche.

➲ **Quoi ?** Pour déterminer la nature de l'activité ou de la tâche à réaliser. Par exemple : laver les sols, organiser un atelier peinture, faire réchauffer les repas...

➲ **Pourquoi ?** Afin de comprendre l'intérêt de la tâche. Par exemple : développer la motricité des enfants, répondre aux règles d'hygiène...

➲ **Où ?** Pour déterminer le lieu le plus approprié à sa réalisation. Par exemple, dans le cadre d'une activité de lecture, on choisira un endroit calme et confortable pour favoriser l'écoute.

➲ **Quand ?** Pour choisir le meilleur moment de la journée pendant lequel réaliser la tâche. Par exemple : après la sieste, avant le déjeuner...

➲ **Comment ?** Pour choisir le matériel qui va permettre de réaliser l'activité ou la tâche. Par exemple : de la peinture, des pinceaux, un balai trapèze...

➲ **Par qui ?** Pour désigner la personne en charge de l'activité. Par exemple : l'assistante maternelle, l'auxiliaire de puériculture, l'ATSEM...

Une assistante maternelle qui travaille à domicile va ainsi organiser chaque activité de la journée en fonction des besoins des enfants qu'elle garde mais aussi en tenant compte des arrivées et des départs de ces derniers.

En milieu collectif, l'organisation du travail se fait de la même façon, mais également en tenant compte des consignes données par le responsable, des ressources à disposition et de la gestion des stocks de produits et de matériels.

La mise en place d'un projet d'animation doit donc toujours se préparer à l'avance. La personne en charge du projet peut ainsi déterminer quels sont les objectifs, le type de l'activité et les modalités de déroulement. ▸ PARTIE 7

Il en est de même pour les tâches de nettoyage où des organisations spécifiques peuvent cependant être observées. ▸ PARTIE 9

À savoir

Il faut, afin de préserver son dos, adopter des postures adaptées lors de la réalisation de toutes les tâches professionnelles. ▸ FICHE 51

2. L'organisation dans le temps : planning de travail

Il s'agit d'un outil d'organisation du temps de travail qui permet de donner une vue d'ensemble sur les tâches et les activités à réaliser quotidiennement ou de façon hebdomadaire par le personnel d'une structure collective.
Il doit donc avoir une présentation très claire et lisible. Il s'agit la plupart du temps d'un planning mural placé dans un endroit stratégique afin d'être vu par toute l'équipe. Un code couleur peut être appliqué pour différencier les types de tâches ou les services concernés.
L'intérêt est de proposer un outil pratique afin que chacun puisse avoir accès à son planning à l'avance et pour contrôler la bonne réalisation des tâches.

Exemple du planning d'un lundi au secteur des bébés dans une crèche

	7 h 30	8 h 30-9 h 30	10 h	11 h	12 h	13 h-14 h 30	15 h	17 h-18 h 30
Tiphaine, auxiliaire de puériculture *Référente 1*	Arrivée Prise d'informations, mise en place (jeux, salle de bain, draps…).	Accueil parents et enfants. Utilisation de la petite salle motrice (PSM) et de la salle de jeux. Temps individuels (changes, couchers)	En PSM jusqu'à 11 h **10 h 50 :** préparation matériel des repas.	Repas des 1ers enfants levés. + 1ers couchers d'après-repas.	Pause repas	**13 h-14 h :** utilisation de la PSM. **14 h 30 :** départ		
Julie, CAP Petite enfance *Référente 2*		Arrivée **8 h 30 :** prise d'informations et aide référente 1 (temps collectifs, temps individuels et accueil). **9 h 30 :** préparation des biberons.	Aide référente 1 en PSM. Préparation des repas.	**11 h :** en salle avec les enfants qui ont mangé ou qui attendent (2nd levers). **11 h 30 :** temps des repas. **12 h :** couchers d'après-repas avec référente 3 + ramène le chariot repas.		Pause repas Coupe jusqu'à 15 h	**15 h :** rangement de la vaisselle et des biberons. **17 h :** stérilisation des biberons pour le lendemain. **17 h 30 :** départ	
Olivia, éducatrice de jeunes enfants *Référente 3*				Arrivée **12 h :** prend le relais de la référente 1 sur les repas. **12 h 30 :** couchers d'après-repas des 2nd levers.		Pause repas	**13 h 30 :** en PSM avec la référente 1. **14 h 30 :** temps individuels et temps d'éveil. Rangement pièce. **15 h :** gouters.	**17 h :** accueil parents transmissions. Utilisation de la PSM. **17 h 30 :** rangement salles, désinfection jeux et tapis. **18 h 30 :** départ

3. L'organisation dans l'espace : aménagement des locaux

On parle aussi d'organisation du travail dans le cadre de l'installation des différents espaces d'un local. Ceux-ci doivent répondre à des critères **d'hygiène, de sécurité, de confort** et **d'esthétique**. Ces aménagements rendent la réalisation d'activités socio-éducatives et de tâches de nettoyage plus fluides et aisées grâce à une bonne répartition du mobilier. ▸ FICHE 36

JE RETIENS

1) Donner trois avantages du QQOQCP.

....

2) Citer trois critères de lisibilité d'un planning de travail.

....

→ ***Vous trouverez tous les éléments de réponses à ces questions p. 179***

FICHE

39 Les produits alimentaires

1. La commercialisation des produits alimentaires

Les formes de commercialisation

Les produits alimentaires transformés par l'industrie subissent des procédés de fabrication et de conservation : la congélation, la surgélation, l'ensachage sous atmosphère contrôlée, la réfrigération combinée à l'atmosphère contrôlée, la cuisson sous vide, l'ultrafiltration, l'ionisation… L'indice de ces procédés sur les qualités nutritionnelles et organoleptiques des aliments est variable. Par exemple, la congélation respecte l'intégralité des nutriments, et les produits conditionnés ou cuits en atmosphère sous vide (ou contrôlée) ont une qualité alimentaire supérieure ou égale à celle des aliments simplement conservés au réfrigérateur.

Il existe six gammes de produits alimentaires classées selon leur mode d'emballage et de conservation (la nature du produit en lui-même n'entre pas en compte dans le classement).

Gammes de produits	Spécificités	Conditions de stockage	Exemple
❶ Les produits frais	Ce sont les produits à l'état naturel qui n'ont pas subi de traitement de conservation.	À conserver à température ambiante ou dans le bac à légumes du réfrigérateur, entre 4 °C et 6 °C.	
❷ Les aliments en conserves	Ce sont les produits entre 4 °C et 6 °C stérilisés ou appertisés (conserves).	Peuvent être conservés à température ambiante plusieurs mois.	
❸ Les produits congelés ou surgelés	Ce sont des produits dont la température a été abaissée jusqu'à – 50 °C pour ensuite être maintenue à – 18 °C.	Peuvent être conservés à – 18 °C plusieurs mois.	
❹ Les produits végétaux « prêts à l'emploi »	Ce sont tous les légumes frais, crus ayant fait l'objet d'un épluchage, d'un lavage et d'un conditionnement.	À conserver dans la partie haute du réfrigérateur, entre 0 °C et 4 °C.	
❺ Les produits variés cuits	Cette gamme rassemble tous les produits cuisinés ou frais sous vide.	À conserver dans la partie haute du réfrigérateur, entre 0 °C et 4 °C. Attention à bien respecter la DLC du produit.	
❻ Les produits déshydratés	Ce sont des produits qui ont subi une dessiccation.	Peuvent être conservés à température ambiante pendant plusieurs mois.	

À savoir

Il ne faut jamais recongeler un produit décongelé.

Les étiquetages

Tous les produits alimentaires préemballés destinés à la vente au détail doivent comporter un étiquetage écrit en langue française. Les indications doivent être inscrites de manière apparente afin d'être lisibles et visibles. Il existe des mentions obligatoires qui doivent figurer sur l'emballage, quelle que soit l'origine du produit, et des mentions facultatives qui dépendent du fabricant.

D'une façon générale, l'étiquette d'un aliment comporte diverses informations :
- la composition des aliments en ingrédients ;
- le bon usage du produit (quantité nette, date limite de consommation…) ;
- le contenu en nutriments et en énergie (étiquetage nutritionnel)…

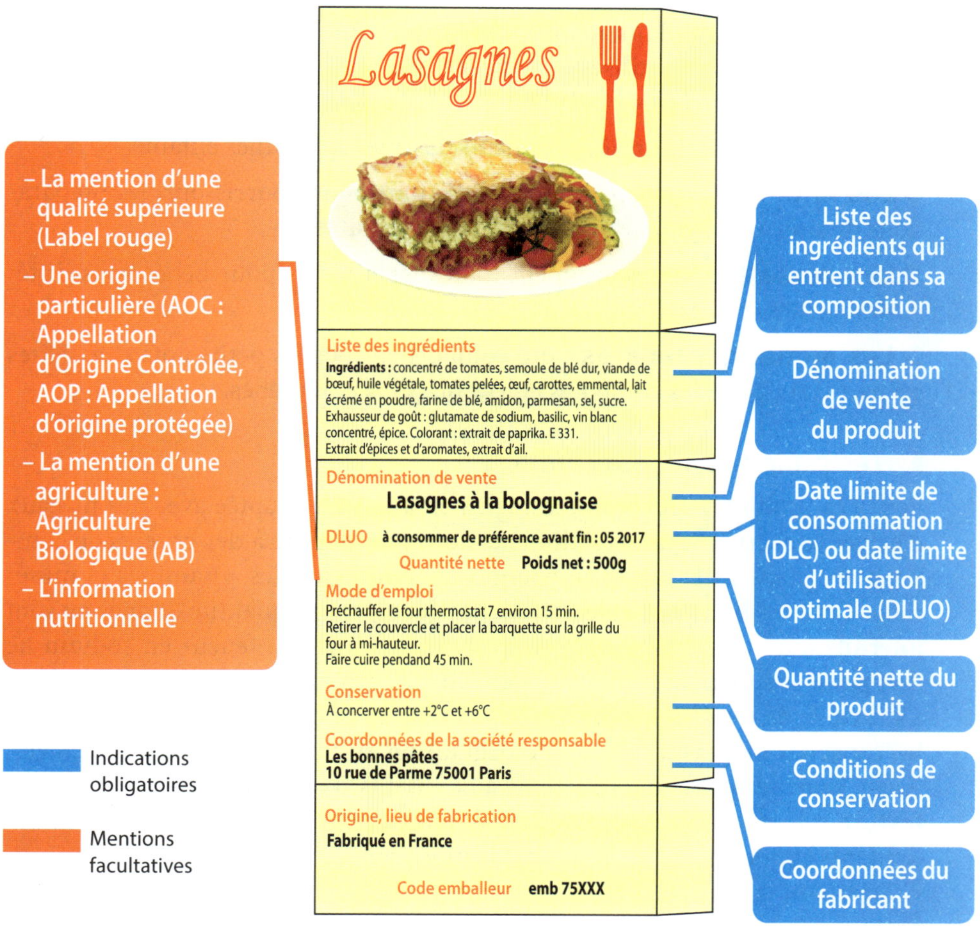

Question de pro

Armelle, assistante maternelle à domicile, se demande : Les produits surgelés, ou réfrigérés, doivent-ils être conservés d'une manière particulière ?

Réponse : Effectivement, afin de maintenir les qualités nutritionnelles, sanitaires et organoleptiques des produits alimentaires surgelés ou réfrigérés, il convient de respecter la chaîne du froid. Cela consiste à assurer le maintien à température basse (positive ou négative) de ces aliments, afin de limiter la prolifération des micro-organismes. En effet, une augmentation, même minime, de la température accélère leur croissance. Une fois arrivés à destination (domicile ou collectivités) les produits doivent être rangés à la place qui convient dans le réfrigérateur ou le congélateur (► FICHE 33). Celle-ci est indiquée sur l'emballage par le fabricant.

2. La réglementation des aliments destinés aux jeunes enfants

On trouve dans le commerce des aliments spécifiques destinés aux enfants jusqu'à 3 ans. Ces produits adaptés font l'objet d'une réglementation spécifique. Ils sont généralement utilisés lors du sevrage et lors de la transition vers une alimentation « normale ».

On distingue trois catégories d'aliments destinés aux jeunes enfants.

➲ **Les laits :** qui regroupent les préparations pour nourrissons, les préparations de suite et les préparations pour jeunes enfants.

➲ **Les céréales :** qui regroupent toutes les céréales pour bébés sous différentes formes (pâtes à faire bouillir, biscuits…).

➲ **Les aliments préparés :** qui comportent tous les petits pots et assiettes préparés, ainsi que les compotes et les boisssons pour bébés.

Les principes de fabrication

Pour ces produits spécifiques, la réglementation est adaptée avec des niveaux d'exigence accrus. Ainsi, ces aliments doivent répondre à des critères de composition quantitatifs précis en énergie, protides, glucides, vitamines et minéraux. Certains nutriments ne doivent pas dépasser une quantité donnée ou sont interdits (ou au contraire obligatoires). Par exemple, la teneur en sodium ne doit pas être supérieure à 200 mg par 100 g de produit.
La texture de ces aliments est aussi soumise à réglementation, pour respecter les capacités de mastication et de déglutition en fonction des différents âges. Ainsi, pour les petits pots destinés aux enfants d'environ 6 mois, il faut une texture veloutée, pour les 8 mois du mouliné, pour les 10 mois des morceaux fondants et pour les 12 mois des petits morceaux.
Concernant la fabrication de ces produits, l'emploi de conservateurs, de colorants, d'édulcorants et d'arômes artificiels est interdit pour garantir une qualité adaptée au système immunitaire immature des jeunes enfants. ► FICHE 27

De même, la teneur en pesticide des aliments qui entrent dans la composition de ces produits doit être proche de 0 et très faible en nitrates.

Un étiquetage spécifique

Certaines mentions obligatoires viennent s'ajouter à celles déjà présentes sur les aliments non spécifiques. Par exemple, pour les laits, le fabricant devra indiquer précisément l'âge des enfants auquel le lait est destiné, ainsi que la mention « Ne peut remplacer le lait maternel », la quantité moyenne de chaque élément minéral et chaque vitamine…
Le principe est, là encore, de protéger les enfants en bas âge en garantissant un étiquetage approprié à leurs besoins et leurs fragilités.

JE RETIENS

1) Relier le mode de conservation adapté à chaque produit proposé.

Une compote pour bébés •	• Un placard à l'abris du soleil et de l'humidité.
Des fraises •	• Le réfrigérateur, dans un espace dédié.
Un sachet de pâtes •	• Le congélateur.
Un pot de glace •	

2) Citer trois mentions qui doivent obligatoirement figurer sur les emballages de produits alimentaires.

....

....

....

3) Indiquer deux principes de fabrication que les fabricants de produits pour bébés doivent strictement respecter.

....

....

→ ***Vous trouverez tous les éléments de réponses à ces questions p. 179***

4

FICHE 40

Les produits et matériels d'entretien utilisés en milieu familial et collectif

Il existe de nombreux produits et matériels d'entretien. Chacun correspond à une action de nettoyage précis et doit donc être choisi avec soin selon l'objet ou la surface à nettoyer et l'action désirée.

1. Les produits

Les produits de nettoyage et d'entretien

Les nombreux produits d'entretien sont classés en deux catégories :
- les produits nettoyants (pour retirer les salissures) ;
- les produits de décontamination et désinfection (pour éliminer les micro-organismes).

Produits	Action	Exemples
Entretien des surfaces et des objets		
Détergent	Permet la division des taches ce qui les rend plus facile à faire disparaître lors du rinçage. Produit très efficace sur les taches grasses.	Liquide vaisselle, savon…
Abrasif	Agit par action mécanique (frottement).	Crème à récurer, pierre ponce, papier de verre…
Agglutinant	Fixe les poussières.	Produits pour dépoussiérer les meubles ou les sols. Présent aussi sur les lingettes.
Détartrant	Formulé à partir d'un acide, il permet d'enlever le tartre.	Liquide de détartrage, acide phosphorique, vinaigre…
Solvant	Entraîne la dissolution des taches par pénétration.	Alcool, eau, white-spirit…
Désinfectant	Permet d'éliminer les micro-organismes et d'aseptiser le matériel. Il élimine les bactéries.	Alcool, dérivés phénoliques, oxydants, tensio-actifs, aldéhyde…
Détergent-désinfectant	Permet d'enlever les salissures et les micro-organismes.	Produit combiné.
Entretien du linge		
Lessive	Permet de retirer salissures et taches.	Produit détergent spécifiquement formulé.
Adoucissant	Rend le linge plus doux et plus parfumé grâce à des produits actifs chargés positivement.	Produit adoucissant sous forme liquide, concentrée ou de lingette.
Détachant	Permet d'enlever des taches résistantes à la lessive.	Produit contenant des agents blanchissants et des sels de sodium.

La lecture des étiquettes de produits chimiques

Tous les produits chimiques liés à l'entretien comportent des risques pour la santé. Les fabricants sont donc tenus de faire figurer certaines informations sur les étiquettes. Parmi elles des symboles indiquent le type de danger.

Symboles	Significations	Symboles	Significations
	EX Matières explosives		TO Matières toxiques
	IN Matières solides inflammables		DA Danger pour la sensibilisation cutanée, l'inhalation, corrosion ou irritation des yeux
	CB Matières comburantes		MU Risques mutagène respiratoire, cancérigène ou pour la reproduction
	GZ Matières gazeuses sous pression		EN Danger pour le milieu aquatique
	CR Matières corrosives		

Attention

Avant d'utiliser un produit chimique il faut bien lire son étiquette pour mesurer les dangers et connaître les conseils d'utilisation (dosage, mélanges interdits, usage de gants ou de masque, aération conseillée, lavage des mains après manipulation...).

Les conditions de rangement

En raison de leur dangerosité, les produits d'entretien doivent faire l'objet d'un rangement sécurisé (▶ FICHE 35). Il faut donc :

- ranger les produits hors de portée des enfants ;
- ne pas transvaser les produits dans un autre flacon sans étiquette ;
- ne pas ranger les produits d'entretien avec les produits alimentaires (pour éviter les contaminations) ;
- stocker des petites quantités de produits à risque (par exemple, pour un produit explosif, plus la quantité est élevée, plus l'effet va être multiplié) ;
- éviter de stocker certains produits ensemble (un explosif avec un comburant) ;

– de manière générale, stocker ces produits à l'abri de l'humidité et de la chaleur, dans un endroit ventilé.

2. Le matériel d'entretien des locaux

Matériel	Action	Exemple
Aspiration (ou dépoussiérage mécanique)		
Aspirateur avec ou sans sac	À choisir en fonction de ses performances : débits d'air, puissances et niveaux sonores. Il permet d'aspirer poussières et petits déchets et s'utilise sur la quasi-totalité des supports de sols. La brosse redresse les fibres des revêtements textiles et retient les poussières. Le moteur crée une dépression qui aspire la saleté et l'entraîne à l'intérieur de l'appareil.	
Aspirateur à brosse rotative	Particulièrement efficace sur les sols textiles, il est muni d'une brosse rotative qui permet une élimination optimale de la poussière par son action mécanique.	
Dépoussiérage manuel (ou balayage humide)		
Lingettes dépoussiérantes	Elles sont imprégnées d'agglutinants capables de capter et de garder les poussières et les particules volatiles.	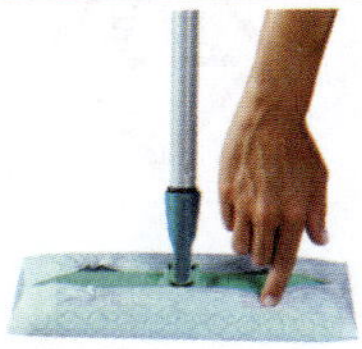
Balai trapèze	Utilisation d'un balai trapèze recouvert de lingettes dépoussiérantes jetables.	
Nettoyage manuel du sol		
Balai et seau	Associé à des produits détergents et/ou désinfectants, l'ensemble seau et balai, permet d'éliminer les salissures particulaires, biologiques, organiques ou liquides en respectant l'état des surfaces traitées. Cette démarche fait appel, dans des proportions variables, aux facteurs combinés suivants : action chimique, action mécanique, température et temps d'action.	
Nettoyage manuel des vitres		
Raclette	L'utilisation d'une raclette spécifique pour les vitres associée à un produit détergent permet d'éliminer les taches, les poussières et le calcaire sur les surfaces vitrées.	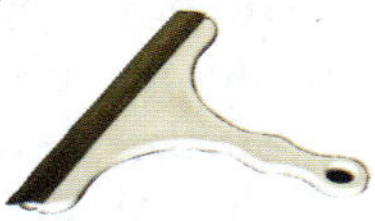

JE RETIENS

1) Citer les deux catégories de classement de produits de nettoyage.

. . . .

2) Relier les symboles à leur signification.

 •   • TO Matières toxiques

 •   • DA Danger pour la sensibilisation cutanée, l'inhalation, corrosion ou irritation des yeux

 •   • CB Matières comburantes

 •   • CR Matières corrosives

3) Expliquer l'action d'un produit agglutinant et citer un matériel qui utilise cette action.

. . . .

. . . .

→ ***Vous trouverez tous les éléments de réponses à ces questions p. 180***

> TEST

Corrigé

1. a.
De lutter contre les allergies respiratoires.

2. c.
Les bruits provoqués par la chute d'objets sur le sol.

3. b.
De sécurité, d'hygiène et de confort.

4. a.
Les chutes, les noyades et les brûlures.

5. a.
Un courant électrique lui traverse le corps et provoque des blessures.

6. a.
Être placés hors de portée des enfants, en hauteur, dans un placard fermé à clé.

7. b.
En fonction de l'âge des enfants.

8. b.
3 m^2 minimum.

9. c.
Le savon et le shampooing.

10. a.
Il permet d'adoucir la peau et d'éviter les sécheresses.

11. b.
Être posé en hauteur.

12. a.
Un outil d'organisation du temps de travail.

13. b.
6

14. a.
Dans la partie haute du réfrigérateur, entre 0 °C et 4 °C.

15. c.
La mention d'une origine contrôlée (AOC, AOP...).

16. a.
L'âge des enfants auquel le lait est destiné.

17. c.
Ne doit jamais être recongelé.

18. b.
Lire attentivement son étiquetage.

19. a.
Transvaser un produit d'entretien dans un flacon sans étiquette.

20. b.
De fixer la poussière.

> Je retiens

Corrigé

FICHE 34

1) Endroit calme – Maîtrise de la température (autour de 18°C) – Pièce sombre (fermer les volets, tirer les rideaux, mettre une veilleuse) – Literie propre – Aération régulière et quotidienne de la pièce.

2) Propreté du lieu – Ventilation, aération (renouvellement de l'air) – Pas d'animaux domestiques…

FICHE 35

1) L'eau chaude est produite à l'avance. → Production d'eau chaude par accumulateur (ballon).

L'eau chaude est produite au moment du tirage. → Production d'eau chaude instantanée (chauffe-eau).

La température de l'eau est constante. → Production d'eau chaude instantanée (chauffe-eau).

2) Le risque de noyade (dans le bain ou dans la piscine) et le risque de brûlure (avec l'eau chaude du robinet).

3) Il faut ranger les médicaments en hauteur dans une pharmacie fermée à clé.

FICHE 36

1) L'espace d'accueil, l'espace de jeux et d'activités, l'espace repas, l'espace repos et l'espace sanitaire.

2) 1 – Plan de travail avec zone de lange.

2 – Placard de rangement.

3 – Sol anti-dérapant.

4 – Poste de lange.

5 – Lavabo.

6 – Escalier d'accès au lange pour les jeunes enfants ayant une certaine mobilité.

FICHE 37

1) Le lait de toilette.

2) Enfant de plus de 6 mois qui se tient seul – Surveillance d'un adulte – Présence de trois à cinq points d'attache pour garantir la sécurité et éviter les chutes.

FICHE 38

1) Répartir les tâches entre les différents professionnels d'une structure – Préparer le déroulé d'une activité – Choisir le meilleur moment de la journée ou de la semaine pour réaliser la tâche.

2) Emplacement stratégique à la vue de tous – Lisibilité de l'écriture – Utilisation d'un code couleur.

FICHE 39

1) Une compote pour bébés → Un placard à l'abris du soleil et de l'humidité.

Des fraises → Le réfrigérateur, dans un espace dédié.

Un sachet de pâtes → Un placard à l'abris du soleil et de l'humidité.

Un pot de glace → Le congélateur.

2) La dénomination de vente du produit – La quantité nette de produit – La DLC ou la DLUO – La liste des ingrédients qui entrent dans la composition – Les conditions de conservation – Les coordonnées du fabricant.

3) Certains nutriments ne doivent pas dépasser une certaine quantité ou sont interdits. – La texture de ces aliments est aussi soumise à réglementation, pour respecter les capacités de mastication et de déglutition en fonction des différents âges.

FICHE 40

1) Les produits nettoyants et les produits de décontamination et désinfection.

2)

CB Matières comburantes

CR Matières corrosives

TO Matières toxiques

DA Danger pour la sensibilisation cutanée, l'inhalation, corrosion ou irritation des yeux

3) Un produit agglutinant fixe les poussières. Les lingettes dépoussiérantes en sont imprégnées.

Partie 5

Techniques professionnelles sanitaires

Fiches de cours

FICHE 41 La tenue professionnelle

La mise en tenue a pour objectif d'éviter les contaminations professionnel/enfant et enfant/professionnel.

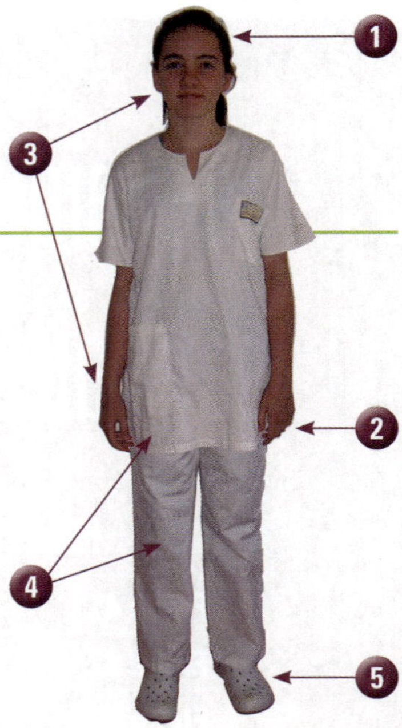

1. La qualité de la tenue

La tenue de travail va varier en fonction du lieu où le professionnel exerce.
En structure petite enfance, elle peut être composée d'une tunique (ou d'une blouse) et d'un pantalon ou de vêtements de ville. Il en est de même chez l'assistante maternelle.
Quelle que soit sa composition, la tenue doit respecter quelques critères.

	Critères de qualité	Justifications
1	Cheveux propres et attachés (sans mèches libres).	**Confort et sécurité :** des enfants et du professionnel (mèches devant le visage). **Hygiène :** éviter de toucher ou d'arranger les cheveux.
2	Ongles courts et sans vernis.	**Sécurité :** évite de blesser l'enfant et de s'accrocher. **Hygiène :** les ongles longs permettent de loger de nombreux micro-organismes, tandis que le vernis contient des micro-fissures qui favorisent la stagnation de germes pathogènes. **Confort :** pour permettre une aisance dans les gestes (les ongles longs ont du mal à saisir, à sentir le bout des doigts…).
3	Pas de bijoux (bague, boucles d'oreilles, bracelets, pendentifs…).	**Hygiène :** les bijoux sont des nids à micro-organismes. **Sécurité :** évite de blesser l'enfant en le griffant ou de se faire mal soi-même (arrachage d'une boucle d'oreille…). **Confort :** évite une quelconque gêne.
4	Blouse à manches courtes (ou tunique) et pantalon propres, repassés, clairs et en coton.	**Hygiène :** les couleurs claires permettent de visualiser rapidement les souillures. **Confort :** tenue adaptée aux mouvements. Coton fibre hygiénique (ne favorise pas la transpiration). **Esthétique :** masque une tenue de ville inadaptée (taille trop basse, décolleté…).
5	Chaussures confortables (pas de talons), blanches et silencieuses.	**Hygiène :** couleurs claires pour visualiser rapidement les salissures. **Confort :** ne font pas de bruit. **Sécurité :** évitent les chutes, les glissades et les entorses. **Ergonomie :** permettent une bonne stabilité.

2. La mise en tenue

1. Se laver les mains.
2. Retirer les effets personnels tels que foulards, vêtements à manches longues ou à cols.
3. Enfiler la tenue du plus propre au plus sale : il faut donc commencer par la blouse (ou tunique et pantalon) puis les chaussures.
4. Attacher et relever ses cheveux s'ils sont longs.
5. Retirer les bijoux, montre, bagues...

À savoir

La tenue professionnelle se met avant de pénétrer dans le service (généralement des vestiaires sont réservés au personnel). Il sera nécessaire de la changer autant de fois que nécessaire au cours de la journée. Dans le cas où le personnel travaille en tenue civile, il devra réserver les vêtements au lieu de travail et se changer en début et fin de service. Il en va de même pour les chaussures en particulier dans les crèches où les enfants sont souvent au sol.

3. Les accessoires supplémentaires

Le masque peut être utile dans certaines circonstances en particulier lorsque le personnel contaminé (rhume par exemple) se protège pour ne pas transmettre les micro-organismes aux jeunes enfants. Il doit être bien attaché et renouvelé régulièrement.
La charlotte est systématiquement utilisée en cuisine pour protéger l'alimentation de la chute de cheveux.

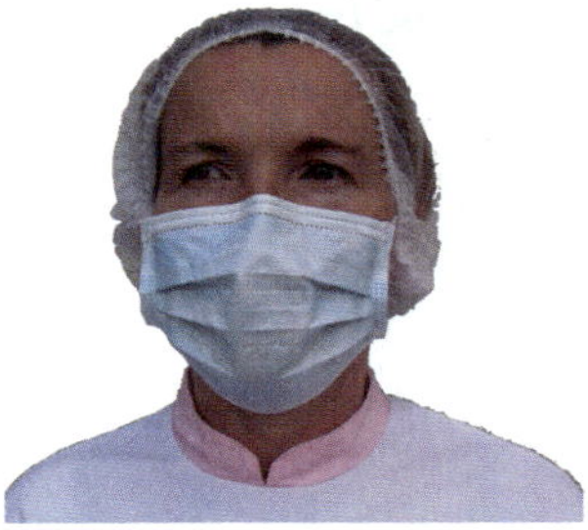

5

LE JOUR DE L'EXAMEN

- La situation en EP1 se déroule au domicile de l'assistante maternelle. Il n'est donc pas obligatoire d'avoir une tenue professionnelle spécifique. Le candidat doit cependant avoir une tenue correcte : chaussures fermées, silencieuses et sans talons hauts, haut à manches courtes.
- Éviter les pantalons à taille basse, peu pratiques lors des manipulations de l'enfant, ou les décolletés, inadaptés dans ce contexte.
- Bien vérifier que les ongles soient propres et sans vernis.
- Ne pas oublier de retirer les bijoux.

FICHE 42 L'hygiène des mains

L'hygiène des mains est primordiale pour éliminer les souillures visibles, réduire la flore transitoire, limiter la multiplication et le passage de micro-organismes du professionnel à l'enfant et vice versa, d'un enfant à un autre ou d'un enfant vers le matériel et vice versa.

1. Les différents types de lavages

	Lavage simple des mains	**Lavage hygiénique ou antiseptique**
Matériels et produits	– Savon doux. – Essuie-mains jetables (ou serviette fréquemment changée à domicile). – Poubelle.	– Savon antiseptique. – Essuie-mains à usage unique. – Poubelle.
Action	– Nettoie les salissures. – Diminue la flore transitoire par action mécanique. ▶ **FICHE 11**	– Élimine les salissures. – Élimine la flore transitoire et réduit la flore résidente. ▶ **FICHE 11**
Temps de friction	– 60 secondes.	– 60 secondes.
Quand ?	– Après un change. – Avant de donner un repas. – Entre chaque activité ou soin.	– Après un change avec diarrhée. – Après le nettoyage de vomis.

Le professionnel dispose soit :
– d'un poste de lavage des mains réglementaire (commande d'eau photoélectrique ou fémorale, distributeur de savon à commande au coude, distributeur d'essuie-mains, poubelle à pédale ou à cellule infrarouge…) ;
– d'un poste de lavage des mains traditionnel, comme à domicile.

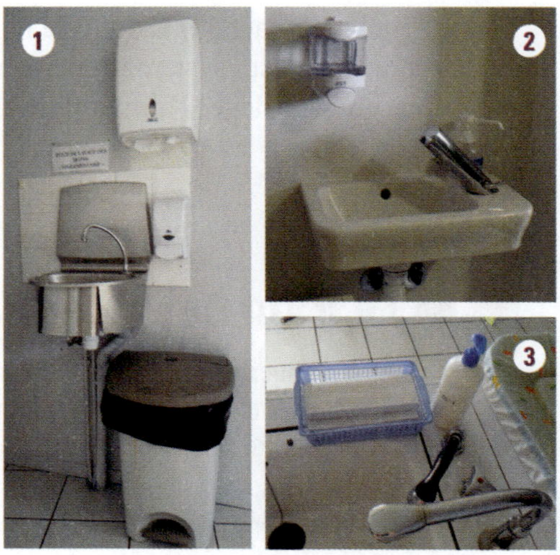

1. Poste à commande fémorale
2. Poste à commande photoélectrique
3. Poste traditionnel

2. La technique du lavage simple des mains

Préparation

Revêtir une tenue adaptée, vérifier ses ongles (courts, propres et sans vernis) et ôter bagues, bracelets et montre.

Exécution

La procédure se déroule en 40 à 60 secondes.

1. Se mouiller les mains et les poignets en cassant les poignets.
2. Prendre une dose de savon.
3. Frotter les différentes parties des mains (paumes, dos, espaces interdigitaux, pourtour des ongles, pouce, pulpe des ongles).

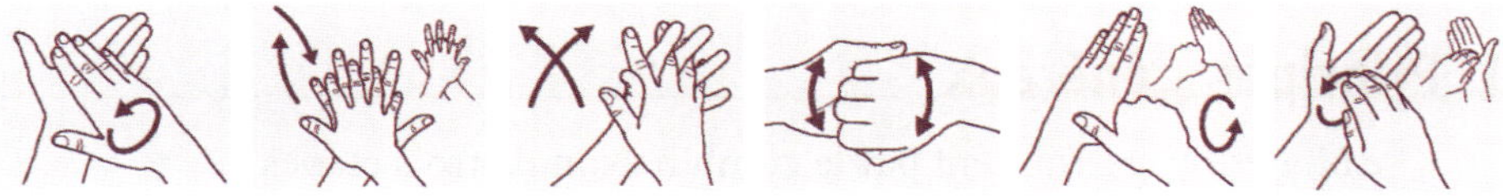

Dessins tirés de la campagne « Clean Your Hands » de l'OMS © OMS

4. Rincer poignets cassés.
5. Essuyer en tamponnant du bout des doigts vers le poignet (un essuie-mains pour chaque main).
6. Fermer le robinet avec le premier essuie-mains en l'absence d'un poste réglementaire de lavage des mains.
7. Jeter le papier dans la poubelle sans la toucher (éviter aussi le contact à mains nues avec les cheveux et la tenue).

3. Les solutions hydroalcooliques (SHA)

Ce sont des solutions, ou gels, hydroalcooliques à séchage rapide conçus spécifiquement pour la désinfection des mains. Elles s'appliquent en friction sans rinçage sur des mains sèches, visiblement propres et non poudrées.

Avantages	Inconvénients
– Utilisation rapide, sans contrainte d'équipement. – Action immédiate et large spectre d'activité (les SHA sont recommandées lors d'épidémies en particulier virales). – Meilleure tolérance que le lavage des mains répété. – Efficacité supérieure au lavage simple. – Ne nécessite pas de point d'eau.	– Coût. – Limité dans le nombre d'utilisation car après 4 ou 5 applications apparition d'un effet collant par cumul de couches de produit. – Contre-indications sur les mains visuellement souillées, humides, poudrées, talquées, lésées ou s'il y a allergie ou intolérance à la SHA.

5

LE JOUR DE L'EXAMEN

• Pratiquer l'hygiène des mains de façon judicieuse : avant d'utiliser du matériel propre, entre deux soins qui le nécessitent (après un change de couche et avant de donner le biberon) et à la fin du soin.

• Ne pas oublier que la SHA est rapide d'utilisation et peut être intéressante avant un soin d'urgence pour ne pas perdre de temps.

FICHE

43 Le bionettoyage

Le bionettoyage est défini comme un procédé destiné à réduire la contamination biologique des surfaces. Il se pratique en général après un soin afin de laisser le matériel et le lieu propres pour l'enfant suivant. Il est réalisé autant dans les collectivités qu'au domicile de l'assistante maternelle et nécessite l'application précise de la procédure.

1. Principes généraux

Le bionettoyage s'obtient par la combinaison de trois étapes :
- nettoyage avec un détergent ;
- rinçage ;
- désinfection avec un désinfectant.

Dans la pratique, l'utilisation d'un produit détergent-désinfectant permet de ne réaliser qu'un seul passage (on rincera seulement dans le cas de surfaces alimentaires).

Le bionettoyage est réalisé selon le protocole de la structure, en début ou en fin de technique de soins.

Une règle à retenir en hygiène : **aller du plus propre au plus sale et de haut en bas**. C'est pourquoi le bionettoyage du tapis de change s'effectuera ainsi :
plan de travail → tapis de change → robinetterie → extérieur de l'évier → intérieur de l'évier.

2. Effectuer un bionettoyage

Matériels et produits

- Une lavette.
- Un détergent-désinfectant.
- Une paire de gants jetables (ou de ménage).

Préparation

Commencer par se mettre en tenue et se laver les mains. ▸ FICHES 41 ET 42
Puis, selon le contexte, revêtir une surblouse (pour protéger la tenue professionnelle), enfiler les gants et préparer le matériel.

Exécution

1. Mouiller la lavette.
2. Vaporiser la lavette (ou le plan de travail) avec le détergent-désinfectant.

3. Commencer par le plan de travail : faire le détourage (a) puis la surface intérieure en zigzag (b).
4. Procéder de la même façon pour le bionettoyage du matelas de change.
5. Laver ensuite la robinetterie de haut en bas.
6. Puis, faire l'extérieur de l'évier.
7. Enfin, laver l'intérieur de l'évier.

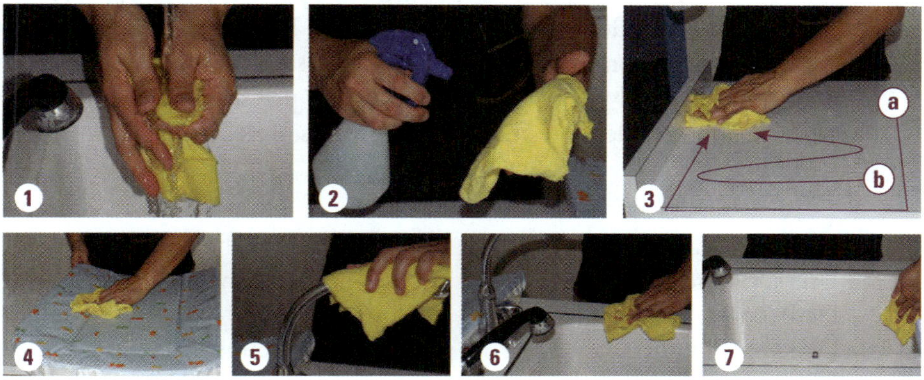

Rangement

Commencer par évacuer la lavette dans le filet ou le récipient (la jeter s'il s'agit d'une lavette à usage unique), puis retirer les gants et les jeter (s'il s'agit de gants à usage unique). Enfin, se laver les mains.

À savoir

Certaines structures disposent de lavettes jetables pré-imprégnées qu'il faut mettre à la poubelle après la procédure. Par ailleurs, il peut y avoir des codes couleur pour les lavettes (rose pour les surfaces alimentaires, bleu pour la table à langer...). Il faut donc se renseigner en début de technique.

LE JOUR DE L'EXAMEN

- S'assurer que le matériel est propre avant de commencer le soin demandé, sinon réaliser le bionettoyage avant de préparer le matériel.
- Toujours terminer par le bionettoyage du secteur utilisé.
- Attention ! Le bionettoyage ne se réalise qu'une fois le plan de travail rangé.
- Il peut être judicieux de sortir le matériel nécessaire pour le bionettoyage après le soin (pour la sécurité de l'enfant) ou de faire attention à le mettre hors de sa portée.

FICHE

44 Le change d'un nourrisson

Le change consiste à remplacer une couche sale par une couche propre après un nettoyage préalable du siège à l'eau et au savon. Il assure l'hygiène du nourrisson ainsi que son confort et évite les problèmes de peau (▸ FICHE 2), notamment l'érythème fessier. Il permet aussi une relation privilégiée de communication verbale et non verbale entre l'enfant et le professionnel.

Matériels et produits

- Un matelas à langer.
- Une serviette de toilette.
- Deux gants.
- Du savon liquide adapté.
- Du papier toilette ou des lingettes (pour enlever le plus gros des selles).
- Une couche propre.
- Des vêtements de rechange si nécessaire.
- Une poubelle.
- Un panier à linge sale.
- Une lavette imbibée de détergent-désinfectant pour le bionettoyage.

Préparation

Commencer par se mettre en tenue et se laver les mains. ▸ FICHES 41 ET 42
Puis, vérifier la température de la pièce (20 °C à 22 °C) et organiser le matériel et les produits sur le poste de travail.

Exécution

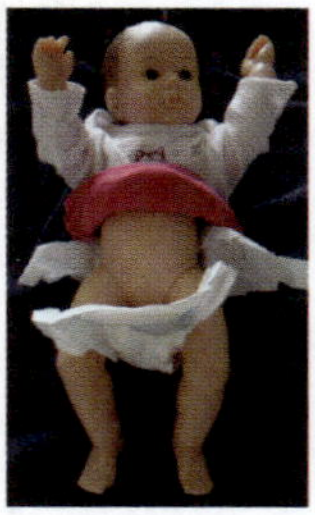

1. Aller chercher l'enfant et lui expliquer ce qu'on va lui faire.
2. Déshabiller le bas (pantalon, collants, chaussettes, chaussures, pressions du body...). ▸ FICHE 48
3. Rouler les vêtements sur son torse de manière à ce qu'ils ne soient pas mouillés par le gant.
4. Ouvrir la couche, vérifier son contenu et l'état du siège.
5. Deux cas de figure se présente alors :

• **Présence de selles** :

- Essuyer le plus gros des selles avec la couche (du moins sale au plus sale, de l'avant vers l'arrière) et rouler celle-ci sous les fesses du nourrisson.
- Passer une lingette ou du papier toilette pour éliminer le plus gros des selles. Mettre la lingette dans la couche.
- Évacuer la couche à la poubelle en ayant pris soin de la fermer.

• **Absence de selles** : évacuer immédiatement la couche à la poubelle en ayant pris soin de la fermer.

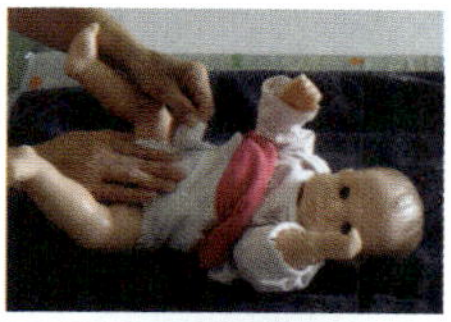

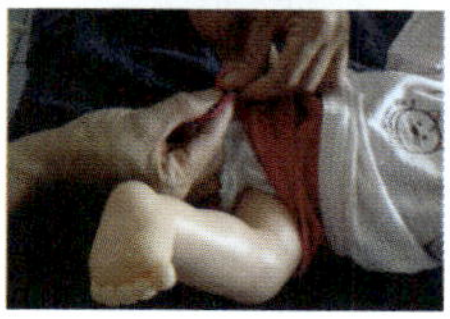

6. Mouiller le gant (l'eau doit être à 37 °C), l'essorer, le savonner et nettoyer dans l'ordre suivant : bas de l'abdomen → plis inguinaux → partie externe des organes génitaux (en allant du pubis vers l'anus) → fesses.
7. Rincer avec le deuxième gant, dans le même ordre.
8. Sécher en tapotant et insister au niveau des plis.
9. Mettre la couche propre bien centrée, adhésifs sur l'abdomen. Vérifier l'adhérence de l'élastique sur les cuisses. La couche doit tenir sans être trop serrée.
10. Enlever ou replier le bas de la serviette située sous le siège du nourrisson pour être sur un endroit sec.
11. Rhabiller l'enfant. ▸ FICHE 48
12. L'installer en sécurité et sous surveillance.

Rangement

- Rincer les gants.
- Mettre au sale le linge souillé.
- Se laver les mains ou les frictionner à la SHA.
- Mouiller une lavette.
- Effectuer le bionettoyage du plan de travail et du tapis de change. ▸ FICHE 43
- Se laver les mains. ▸ FICHE 42
- Effectuer les transmissions (préciser l'aspect des urines et des selles : couleur, abondance, texture, odeur, présence de sang...). ▸ FICHE 54

À savoir

L'érythème fessier est une dermite inflammatoire du siège du nourrisson. Ses causes sont multiples : selles acides, poussées dentaires, allergie à la lessive ou aux couches, frottements...
Devant un érythème il faut :
- supprimer la macération par des changes fréquents ;
- réduire les irritants en utilisant un savon hypoallergénique ;
- bien savonner et rincer le siège de l'enfant ;
- bien sécher en tamponnant le siège et en insistant au niveau des plis.

L'idéal est de laisser les fesses sécher à l'air avant de remettre la couche. Le médecin peut prescrire une pâte à l'eau à l'oxyde de zinc à appliquer après le change. Cette pommade forme un film qui protège la peau des frottements de la couche et de son contact avec les selles et les urines.

LE JOUR DE L'EXAMEN

• Penser à respecter les règles d'hygiène : ne pas laisser la couche sale sur le plan de travail, ne pas laisser la couche sale sous le siège de l'enfant pendant le soin, se laver les mains avant et après le soin...

• Être très attentif aux règles de sécurité : ne jamais lâcher l'enfant qui est sur la table à langer. Pour cela, bien organiser son plan de travail avant de commencer le soin (prévoir tout le matériel, rapprocher la poubelle si nécessaire...).

FICHE

45 Les soins complémentaires du nourrisson

Les soins complémentaires sont des gestes d'hygiène essentiels qui se réalisent les premières semaines de vie, mais pas de façon systématique. Ils se font le plus souvent avant ou après le bain du nouveau-né, de façon à obtenir une hygiène impeccable.

1. Consignes générales

Avant chaque soin il est nécessaire de :
- se mettre en tenue ;
- se laver les mains après avoir enlevé bijoux et vernis.

Après chaque soin il faut :
- entretenir et ranger le matériel ;
- réaliser le bionettoyage du plan de travail ;
- se laver les mains ;
- faire les transmissions (type de soin, heure, réactions de l'enfant...).

2. Le visage

Avec un coton et de l'eau minérale (ou du robinet si elle n'est pas trop calcaire), nettoyer dans l'ordre : front → joues → menton → bouche → nez.
Puis, essuyer le visage avec un coton sec dans le même ordre.

Question de pro

Patricia, auxiliaire de puériculture en crèche demande : Peut-on utiliser du lait de toilette pour les soins du jeune enfant ?

Réponse : Le lait de toilette n'est pas utile car, même s'il est hypoallergénique, il entraîne assez fréquemment des irritations de la peau. De plus, il est préférable de rincer la peau du bébé après son utilisation.

3. Les yeux

À l'aide de compresses imbibées de sérum physiologique, nettoyer les yeux du plus propre au plus sale (en général de l'extérieur vers l'intérieur de l'œil) en changeant de compresse pour chaque œil et sans jamais faire d'aller-retour.

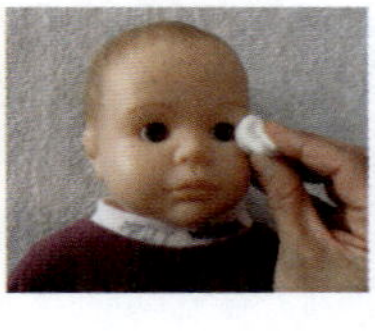

Si l'enfant présente un petit écoulement oculaire, éliminer celui-ci avec une première compresse avant de nettoyer les yeux normalement.

4. Le nez

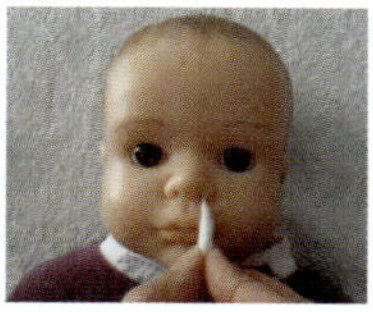

Il n'est pas nécessaire de nettoyer systématiquement le nez d'autant plus que ce geste est très peu apprécié des nourrissons. Pour ce faire, imbiber du coton roulé en fusette de sérum physiologique et l'introduire dans une narine en la roulant entre les doigts (ce simple geste permet au coton d'accrocher les sécrétions). Puis, recommencer la même chose au niveau de l'autre narine.

5. Les oreilles

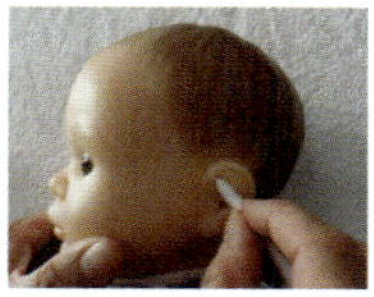

Les conduits auditifs ne doivent pas être nettoyés : ils sont tapissés de petits cils vibratiles qui poussent vers l'extérieur le cérumen, sécrétion naturelle qui les débarrasse des impuretés. Il suffit donc de recueillir le cérumen sur la partie externe du conduit afin d'éviter de le refouler vers le fond et de former ainsi un bouchon.

Pour ce faire, nettoyer le pavillon de l'oreille à l'aide d'un coton sec, ou d'un coton-tige à enfant sécurisé, en prenant soin de passer dans tous les plis. Puis, prendre un coton propre et faire de même pour l'autre oreille.

QUESTION DE PRO

Amélie, auxiliaire de puériculture en maternité s'interroge : Faut-il se laver les mains entre chaque soin ?

Réponse : Non, si les soins se font les uns après les autres, on nettoie du plus propre au plus sale (yeux, oreilles, nez) sans nécessairement se laver les mains entre les différentes étapes, à moins d'être en contact avec des sécrétions (écoulement du nez...).

6. Les ongles

Leur propreté et leur longueur doivent être vérifiées au moment de la toilette. Il est déconseillé de couper les ongles d'un nouveau-né le premier mois, afin de ne pas risquer de couper la peau et l'ongle en même temps.

Après un mois, on choisira un moment où l'enfant est calme et repu pour procéder au soin. Après avoir désinfecté les ciseaux à bouts ronds avec de l'alcool, on coupera les ongles « au carré », pas trop près de la peau, sans chercher à arrondir les angles et en maintenant bien le doigt du bébé.

LE JOUR DE L'EXAMEN

Il est important de bien prendre en compte l'âge des enfants. En effet, une toilette complémentaire est adaptée aux enfants de 2 à 3 mois. Un enfant plus grand ne nécessite pas ces soins et, s'il doit avoir un soin du visage, il participera à celui-ci. ► FICHE 46

FICHE 46 La toilette des mains et du visage du grand enfant

La toilette du visage et des mains du grand enfant sont des soins réalisés de nombreuses fois dans la journée (après le repas, avant le repas, après une activité, une sortie...). Ces soins répondent au besoin d'être propre. Celui-ci est d'autant plus important qu'il évite la transmission orale des micro-organismes par les mains sales portées à bouche.

Matériels et produit

- Un gant de toilette.
- Du savon.
- Une serviette.
- Un marchepied (ou un escalier).
- Du papier à usage unique.
- Une poubelle.

Préparation

Enfiler une tenue adaptée et se laver des mains (▶ FICHES 41 ET 42). Puis, préparer les produits et installer le plan de travail (positionnement du marchepied ou de l'escalier).

Exemples de positionnement d'un escalier et de marchepieds

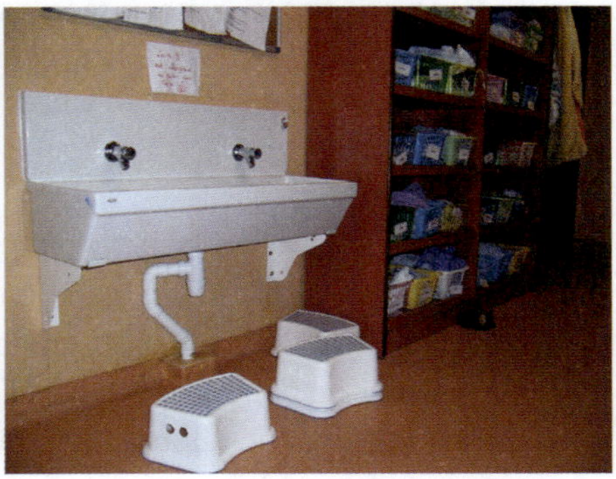

Exécution

1. Verbaliser le soin (« Emma, vient te laver le visage et les mains, je vais t'aider »).
2. Installer l'enfant au lavabo et utiliser le marchepied, si besoin, pour qu'il soit à la hauteur du point d'eau (veiller à la sécurité de l'installation et prévenir les chutes en restant proche de l'enfant).
3. Aider l'enfant sans faire à sa place dans le but de respecter et favoriser son autonomie. Ne pas hésiter à le valoriser et à l'encourager.

Pour le lavage des mains, l'enfant va :

4. Remonter ses manches si besoin.
5. Ouvrir le robinet d'eau et choisir une température à sa convenance (37 °C maximum).
6. Mouiller ses mains et prendre une dose de savon (vérifier qu'il ne gaspille ni l'un ni l'autre).
7. Frotter ses mains (veiller à ce qu'il fasse les différentes parties des mains : dos, paumes, espaces interdigitaux, pulpe, ongles, poignets).
8. Rincer ses mains en frottant. Il ne doit plus y avoir de savon.
9. S'essuyer les mains en tamponnant.

Pour la toilette du visage, l'enfant va :

10. Enlever les souillures salissantes avec un papier à usage unique.
11. Mouiller le gant à l'eau tiède (vérifier qu'il n'utilise pas l'eau chaude qui pourrait le brûler).
12. Laver ses yeux de l'extérieur vers l'intérieur en allant du plus propre au plus sale (penser à lui faire changer le coin du gant pour le deuxième œil).
13. Rincer le gant.
14. Savonner le gant.
15. Laver le reste de son visage dans l'ordre suivant : front → tempes → joues → menton → nez → bouche.
16. Rincer dans le même ordre.
17. S'essuyer en tamponnant pour éviter de blesser sa peau.

Remarque

Pour amuser l'enfant et lui donner envie de se laver les mains, il est possible d'utiliser certaines comptines existantes ou d'en inventer.

Après le soin

– À cet âge l'enfant peut participer au rangement des gants et de la serviette. Cela favorise son autonomie.
– Installer l'enfant en sécurité et réaliser le bionettoyage du lavabo. ▸ FICHE 43
– Ne pas oublier ensuite la transmission du soin. ▸ FICHE 54

LE JOUR DE L'EXAMEN

• Prendre en compte l'âge de l'enfant pour réaliser ce soin. En effet, à partir de 15-18 mois, l'enfant pourra participer au lavage de ses mains et de son visage de plusieurs façons : en se frottant les mains, en passant le gant sur son visage, en s'essuyant...

• Ne pas utiliser de savon pour le lavage des yeux.

• Respecter l'autonomie du grand enfant par la participation proposée et l'installation (marchepied pour accéder au robinet par exemple).

FICHE 47 Le bain du nourrisson

Source de bien-être, le bain joue un rôle fondamental dans le maintien d'une bonne hygiène corporelle de l'enfant. Il constitue un moment privilégié de communication entre l'enfant et l'adulte.

1. Conseils généraux

La technique du bain est différente en fonction de l'âge de l'enfant. Dans les premières semaines de vie, le bébé est savonné hors du bain puis trempé dans l'eau pour être rincé (posture allongée : tête en appui sur l'avant-bras de l'adulte). L'enfant plus grand, lui, est savonné et rincé dans le bain en posture assise.

À savoir

Quand l'enfant a un plâtre, une maladie de la peau ou une plaie, le bain est proscrit. On procède alors au savonnage et au rinçage sur le matelas de change. Cette tehnique est appellée « toilette complète sans bain ».

2. La technique du bain

Matériels et produits

- Un matelas à langer.
- Une baignoire et un tapis antidérapant, si possible.
- Un shampooing et un savon adaptés (ou un gel lavant pour corps et cheveux).
- Un drap de bain et une serviette de toilette.
- Deux gants de toilette (un pour le siège et un pour le reste du corps).
- Du papier toilette ou des lingettes en cas de selles.
- Un thermomètre de bain et un jouet pour le bain.
- Une poubelle (pour le matériel souillé).
- Un panier à linge sale.
- Une couche propre et des vêtements de rechange.
- Du matériel et des produits pour la toilette du visage.
- Du matériel de décontamination (lavette imbibée de détergent-désinfectant).

Préparation

Commencer par se mettre en tenue (▸ FICHE 41). Ne pas oublier de fermer les portes et les fenêtres de la pièce et vérifier sa température. Puis, se laver les mains (▸ FICHE 42) et organiser le poste de change (coin propre et coin sale) avec tout le matériel. Veiller à mettre le drap de bain et la serviette de toilette par-dessus.

Enfin, faire couler le bain (38 °C) et le remplir aux 2/3 environ (le temps d'aller chercher l'enfant, l'eau sera à 37 °C).

Déroulé du soin

1. Aller chercher l'enfant et lui expliquer le soin.
2. Déshabiller le bas pour le nettoyage préalable du siège sur le matelas de change.
3. Déshabiller le haut.
4. Savonner l'enfant au gant de toilette dans l'ordre suivant : crâne → cou → aisselles → bras → mains → thorax → abdomen → dos → jambes → organes génitaux → fesses.
5. Vérifier la température de l'eau (37 °C).
6. Plonger l'enfant très lentement dans le bain, pour éviter la sensation de peur, et en le tenant fermement. Attention aux mains qui glissent !
7. Le laisser dans l'eau quelques minutes tout en le rinçant d'une main. Attention aux projections d'eau dans les yeux !
8. Retirer l'enfant du bain et l'envelopper dans la serviette de toilette, puis le sécher en insistant au niveau des plis et des organes génitaux.
9. Mettre la couche propre et rhabiller rapidement l'enfant en commençant par le haut.
10. Procéder aux soins annexes. ▸ FICHE 45
11. Installer l'enfant en position de sécurité.

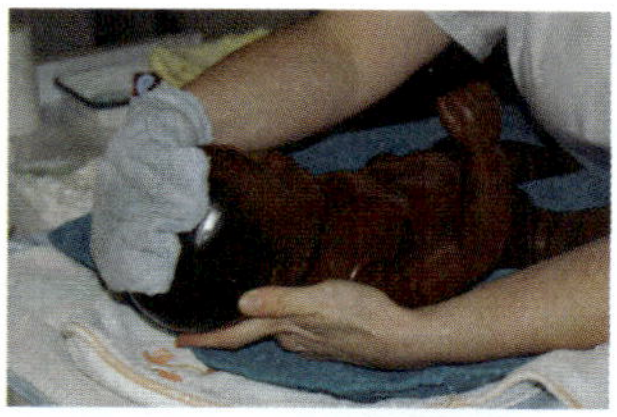
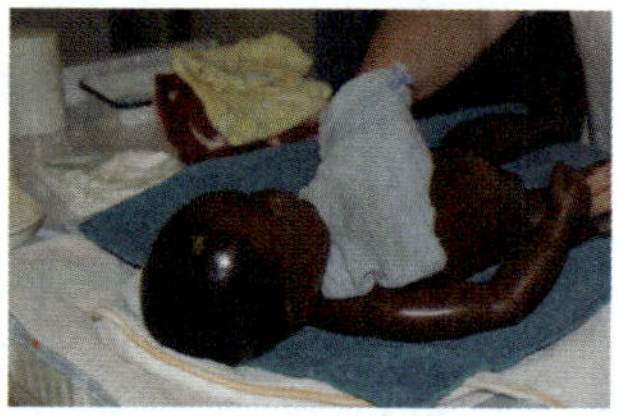
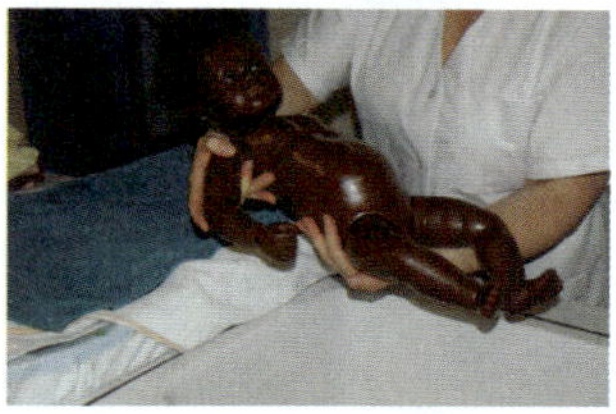
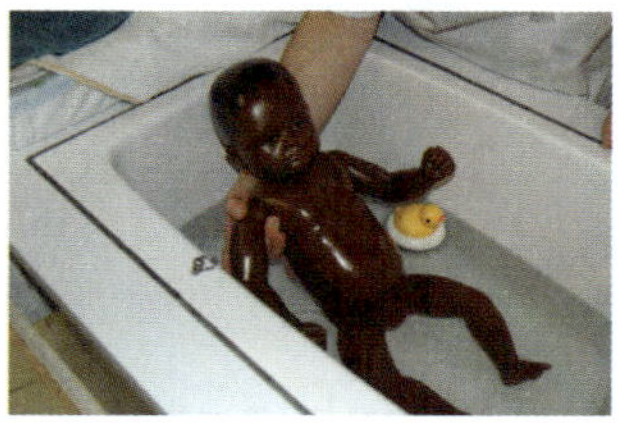

Après le soin

- Éliminer les déchets et vider la baignoire.
- Ranger le matériel.
- Effectuer le bionettoyage du plan de travail, du matelas de change, du matériel et de la baignoire. ▸ FICHE 43
- Se laver les mains. ▸ FICHE 42
- Faire les transmissions. ▸ FICHE 54

LE JOUR DE L'EXAMEN

- Bien s'organiser pour ne pas faire de faute de sécurité. Il ne faut jamais lâcher l'enfant durant le soin (risque de chute ou de noyade).
- Organiser un côté propre et un côté sale afin de respecter les règles d'hygiène, ou rapprocher la poubelle et la panière à linge pour évacuer au fur et à mesure le sale.

FICHE

48 L'habillage et le déshabillage

Pour habiller et déshabiller un enfant, il faut tenir compte de ses possibilités posturales afin d'éviter de le blesser. Le professionnel doit avoir une attitude sécurisante et bienveillante. Il doit verbaliser chacun de ses gestes et solliciter l'enfant pour l'aider à progresser, à développer son autonomie.

1. Déshabiller un enfant

Matériel

- Une serviette de toilette pour le matelas de change.
- La panière personnelle de l'enfant.
- Une lavette avec du détergent-désinfectant.

Préparation

Se mettre en tenue et se laver les mains. ► FICHES 41 ET 42

Soin 1 : enlever un pyjama

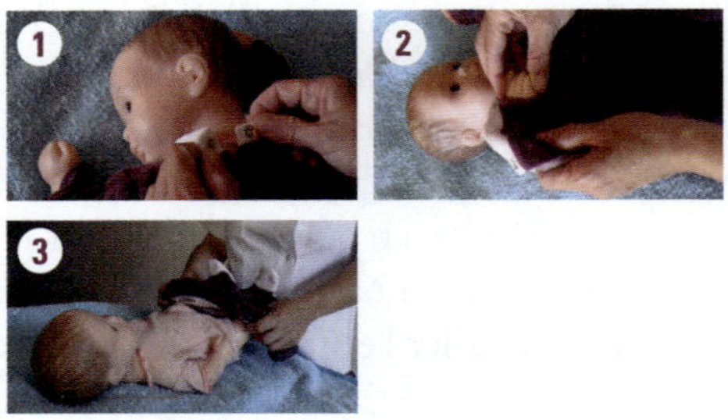

1. Défaire les pressions ou les boutons (mettre l'enfant sur le ventre s'il ne tient pas assis).
2. Retirer le haut du vêtement avec la technique des trois doigts.
3. Retirer le bas en le faisant glisser.

Soin 2 : enlever un body

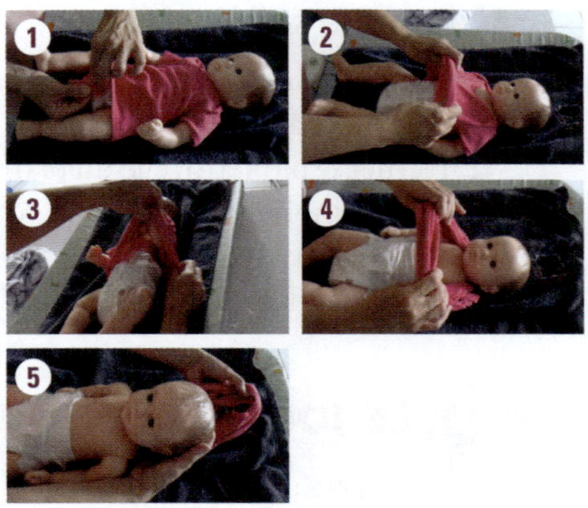

1. Ouvrir les pressions.
2. Monter le body vers le haut.
3. Dégager un bras puis l'autre avec la technique des trois doigts (les vêtements doivent être remis à l'endroit).
4. Dégager la tête en écartant l'encolure.
5. Soulever la tête de l'enfant pour retirer le body.

Après le soin

- Réinstaller l'enfant.
- Ranger le matériel et réaliser le bionettoyage (plan de travail et tapis de change).
- Se laver les mains et faire les transmissions. ► FICHES 42 ET 54

2. Habiller un enfant

Matériel

- Une serviette de toilette pour le matelas de change.
- Des vêtements propres (body, pyjama ou autre).
- Une lavette avec du détergent-désinfectant.

Préparation

Se mettre en tenue et se laver les mains. ▸ FICHES 41 ET 42

Soin 1 : mettre un body

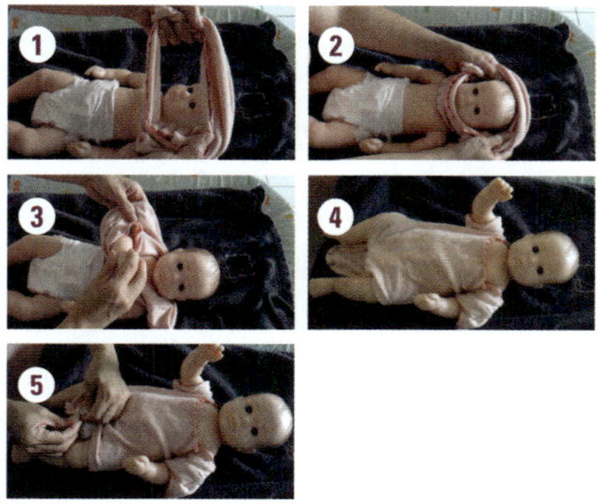

1. Préparer l'ouverture de l'encolure.
2. Passer l'encolure de l'avant vers l'arrière et lever la tête de l'enfant d'une main en passant le body à l'arrière de la tête.
3. Enfiler les manches avec la technique des trois doigts.
4. Descendre le body sur le thorax de l'enfant.
5. Fermer les pressions entre ses doigts, pas contre le corps de l'enfant.

Soin 2 : mettre un pyjama

1. Commencer par les pieds avec la technique des trois doigts.
2. Remonter le pyjama sur l'abdomen en soulevant légèrement le siège.
3. Enfiler les manches avec la technique des trois doigts.
4. Fermer les pressions en tournant l'enfant, s'il ne tient pas assis, ou en l'asseyant s'il a acquis la position assise.

À savoir

La technique des trois doigts

1. Glisser trois doigts dans la manche (de l'endroit vers l'envers ou l'intérieur).
2. Attraper avec les trois doigts la main opposée de l'enfant ainsi que la manche du body (ou pyjama) si elle est longue.
3. Dérouler avec l'autre main la manche tout en maintenant la main de l'enfant.

Après l'habillage

- Réinstaller l'enfant, puis ranger le matériel et réaliser le bionettoyage.
- Se laver les mains et faire les transmissions. ▸ FICHES 41 ET 42

LE JOUR DE L'EXAMEN

- S'entraîner avant le jour de l'examen afin d'avoir des gestes sûrs, rapides (le jeune enfant ne doit pas prendre froid en restant dévêtu trop longtemps) et précis.
- Tenir compte de l'âge de l'enfant pour prendre en considération son autonomie.

FICHE

49 Donner un biberon

Donner le biberon au nourrisson est un rituel souvent répété dans la journée et qui nécessite de respecter des règles d'hygiène, de sécurité et de confort.

Matériels

- Un biberon. ▸ FICHE 76
- Un bavoir.
- Une chaise adaptée (ou un fauteuil).

Préparation

- Se mettre en tenue, cheveux attachés. ▸ FICHE 41
- Se laver les mains. ▸ FICHE 42
- Préparer la pièce où l'on va donner le biberon (vérifier la température et adapter l'éclairage).
- Préparer le matériel.

Exécution

1. Aller chercher l'enfant et verbaliser l'action.
2. S'installer avec l'enfant (après avoir réalisé le change si nécessaire) : dos bien calé, jambes éventuellement relevées pour que le bébé ne soit pas trop couché, sa tête tenue dans le creux du coude.
3. Mettre le bavoir.
4. Vérifier que le lait en poudre est bien dilué. Agiter le biberon en le roulant entre ses mains si nécessaire.
5. Vérifier la température du biberon en versant une goutte au creux du poignet sans toucher la tétine.
6. Adapter le débit (I, II ou III) à l'âge de l'enfant et à la consistance de la préparation.
7. Incliner le biberon pour que la tétine soit toujours pleine de lait et que l'enfant évite d'avaler de l'air.
8. Faire des arrêts pour les éructations (rots) et pour respecter le rythme de l'enfant.
9. À la fin du biberon, attendre quelques instants et redresser le bébé en position verticale contre le buste. L'aider à faire son rot en tapotant ou en massant légèrement son dos.

10. Essuyer la bouche de l'enfant avec le bavoir.
11. Enlever le bavoir.
12. Installer confortablement l'enfant. Éviter de le recoucher immédiatement dans un lit.
13. Communiquer avec l'enfant tout au long du soin.

La prise du biberon est un moment privilégié pour l'enfant et l'adulte

Après le soin

- Mettre le bavoir au sale.
- Nettoyer le biberon et tous les éléments séparés en insistant sur la tétine et la bague. ► FICHE 76
- Rincer le matériel.
- Le laisser sécher.
- Se laver les mains. ► FICHE 42
- Faire les transmissions (heure, quantité prise, comportement de l'enfant...). ► FICHE 54

LE JOUR DE L'EXAMEN

- Bien incliner le biberon lors de la prise pour ne pas que le bébé avale de l'air.
- L'enfant doit être bien positionné tête surélevée et l'adulte bien installé.
- Ne pas oublier de communiquer avec l'enfant pendant le soin.

FICHE

50 Donner un repas à un jeune enfant

Le temps du repas est un moment important de la journée de l'enfant. Il apaise sa faim, découvre de nouveaux goûts, de nouvelles textures et prend du plaisir à manger. C'est aussi l'occasion pour lui de créer des liens avec les adultes et les autres enfants.

1. L'installation de l'enfant

Au début, l'enfant est installé seul avec un adulte. Lorsqu'il est plus autonome il peut partager le repas avec ses camarades sous la surveillance de l'adulte.

Pour les plus jeunes enfants deux solutions :

– la chaise haute (▶ FICHE 52) ;

– les petites chaises et tables à la hauteur de l'enfant.

Petite table et chaises avec tabouret ergonomique pour le professionnel

	Chaise haute	Petites tables et chaises
Avantages	– Ergonomique pour l'adulte (est à la bonne hauteur). – Permet à l'enfant d'être à table avec les adultes (repas familial...).	– Autonomie : l'enfant peut s'asseoir et se lever seul. – Les chaises peuvent s'adapter à l'âge et évoluer. – Les risques de chutes sont moins graves que de la chaise haute.
Inconvénients	– Pas toujours stable (les autres enfants peuvent la faire basculer en s'y accrochant). – Risques de chutes graves. – La durée assise est imposée (pas d'autonomie de l'enfant).	– Ergonomie : la position n'est pas toujours confortable pour l'adulte. ▶ FICHE 51

À savoir

Dans certaines structures, les enfants sont invités à tour de rôle à mettre la table et à desservir.

2. L'attitude du professionnel

Lors du repas, le professionnel doit être disponible. C'est pour cela qu'il est important d'être dans un endroit calme avec peu d'enfants.

Ce moment est l'occasion d'introduire des rituels (chanson, place attribuée,

lavage des mains...) qui contribuent à la sécurité affective de l'enfant. Progressivement, des règles de vie sont posées : les moyens peuvent manger avec les doigts, les plus grands avec les couverts... Elles ne doivent cependant pas être trop rigides.
Le professionnel va profiter du repas pour verbaliser et faire verbaliser l'enfant sur ses goûts et ses préférences. Il va l'accompagner sans le forcer, et acceptera de le laisser avoir son propre rythme, son propre appétit.

3. Technique pour donner le repas au jeune enfant

Matériel

Couverts, assiette, verre, bavoir... Le matériel va évoluer en fonction de l'âge de l'enfant. Il existe toutes sortes de couverts : en plastique, inox ou silicone, droits, incurvés...

Préparation

Se mettre en tenue (▸ FICHE 41), cheveux attachés, et se laver les mains (▸ FICHE 42).

Exécution

1. Aller chercher l'enfant et verbaliser l'action.
2. Lui proposer de se laver les mains (ou lui laver). ▸ FICHE 46
3. L'installer à table et lui mettre le bavoir.
4. Servir les plats.
5. Verbaliser et faire verbaliser les goûts, accompagner l'enfant sans s'imposer.

Attention

Éviter de placer le bavoir sous l'assiette car cela immobilise l'enfant qui est obligé de limiter ses mouvements.

Après le repas

- Retirer le bavoir et le placer dans un bac à linge sale.
- Proposer à l'enfant de se laver les mains et la bouche.
- Ranger les assiettes, couverts, verres, plateaux... En fonction de l'âge de l'enfant, il est possible de lui demander de participer.
- Laver la vaisselle.
- Nettoyer et désinfecter les tables, les chaises et le sol.
- Se laver les mains.
- Noter les transmissions : quantités prises, goûts et dégoûts, heure du repas... ▸ FICHE 54

LE JOUR DE L'EXAMEN

- S'assurer de l'âge de l'enfant afin de choisir une installation et un matériel adaptés.
- Veiller à bien s'organiser avant d'aller chercher l'enfant pour ne pas faire d'allers-retours inutiles (penser à préparer le matériel en amont).

FICHE

51 Les principes d'ergonomie

Le travail auprès des jeunes enfants nécessite de nombreuses manutentions au cours de la journée. Les douleurs lombaires sont fréquentes et, pourtant, souvent évitables en respectant les principes d'ergonomie.

1. Les facteurs de risque

Les facteurs de risque dans les professions de la petite enfance sont multiples :
- mouvements insuffisants (position assise ou position statique prolongée) ;
- postures inadaptées (tronc penché en avant, bras levés au-dessus des épaules ou tendus au loin, torsion de la colonne vertébrale…) ;
- objet ou enfant manutentionné lourd, volumineux, encombrant, difficile à saisir... ;
- sol encombré, glissant, avec des différences de niveau ;
- organisation de travail avec des répétitions de tâches, des efforts prolongés, une absence de périodes de repos, des tâches réalisées en urgence ou encore du stress.

2. Les principes d'ergonomie

Les principaux buts de l'ergonomie sont de préserver la santé de l'opérateur et d'assurer son confort. Cela permet de diminuer les accidents de travail et l'absentéisme mais aussi d'augmenter la qualité et la quantité du travail ainsi que la motivation.

L'ergonomie repose sur plusieurs principes qui sont à appliquer pour chaque manutention d'objet ou d'enfant.

Principe et justifications	Principe et justifications
Se rapprocher le plus possible de la charge Plus la charge est éloignée, plus la force nécessaire pour la soulever est importante. 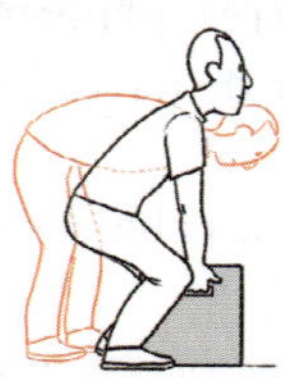	**Rechercher le bon équilibre** La position des pieds écartés et légèrement décalés permet un meilleur équilibre. 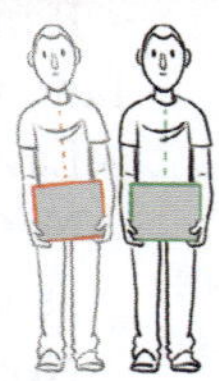
Fixer la colonne vertébrale Respecter les courbures de la colonne vertébrale pour que les disques inter-vertébraux ne soient pas pincés. 	**Assurer les prises** Pour permettre la bonne tenue de la charge. Utiliser si nécessaire des EPI (équipements de protection individuelle) : gants, chaussures de sécurité... 

Principe et justifications	Principe et justifications
Utiliser la force des jambes Pour éviter de forcer sur la colonne vertébrale. Fléchis, les quadriceps sont plus puissants. 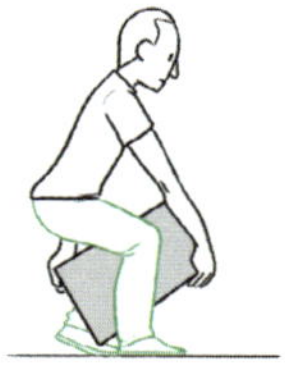	**Limiter les efforts : bras tendus, appui sur la cuisse et aide de la cuisse** Afin de faire une économie d'effort. 

3. L'aménagement de l'espace

L'espace peut être aménagé afin de préserver la santé du professionnel et limiter ses efforts.

Situation	Conduite à tenir
Le change à la table à langer ► **FICHE 44**	– Prendre appui avec le bassin sur la table à langer. – Aménager la table pour avoir le matériel à portée de main. – Ménager un espace pour les pieds à la base de la table pour permettre un rapprochement du corps de l'opérateur. – Faire utiliser dès que possible les escaliers à l'enfant.
La mise au lit ► **FICHE 52**	– Enfiler et fermer la turbulette avant la mise au lit. – Pour les bébés, préférer les lits en hauteur dont la partie supérieure du matelas se situe à 1 mètre environ. – Privilégier les lits au sol pour les plus grands (l'enfant s'y glisse seul).
L'aide au lavage des mains ► **FICHE 46**	– Placer l'évier à la hauteur de l'adulte en position debout. L'enfant y a accès par un escalier avec plateforme sécurisée. – Si l'évier est à la hauteur de l'enfant, s'asseoir pour l'aider à se laver.
Donner le biberon ► **FICHE 49**	– Utiliser un fauteuil dont la hauteur d'assise permet au bassin d'être placé plus haut que les genoux (ou prévoir un repose-pieds) et surélever l'enfant par des coussins. – Prévoir un appui au niveau du coude et un soutien au creux du dos.
Animer des activités, donner un repas installé sur le « petit mobilier » ► **FICHES 50, 52 ET PARTIE 7**	– Utiliser une chaise avec une assise pouvant descendre jusqu'au niveau de l'enfant. Ne pas utiliser les petites chaises des enfants qui sont inadaptées à la morphologie des adultes. – Utiliser de préférence des tables en demi-cercle qui permettent d'être face aux enfants et de s'en rapprocher. – Privilégier les repas donnés aux enfants assis sur des chaises hautes.
Le travail assis ou au niveau du sol ► **FICHE 52 ET PARTIE 7**	– Maintenir les courbures naturelles du dos en utilisant des socles inclinés en avant et/ou en privilégiant la position à genoux. – Éviter la position assise jambes tendues. – Éviter la position assise sur un siège pour s'occuper d'un enfant installé dans un transat au sol.

LE JOUR DE L'EXAMEN

Tout au long des soins à réaliser, veiller à respecter les principes d'ergonomie en particulier pour atteindre une surface basse (prendre un objet dans un placard, installer un enfant dans un transat...).

FICHE

52 Installer un enfant

1. Les principes d'installation

L'installation d'un enfant doit répondre à plusieurs critères.

➲ **Sécurité :** veiller à ce que l'enfant soit toujours en sécurité (harnais attaché, barrière relevée...) et sous la surveillance du professionnel.

➲ **Confort :** l'installation de l'enfant doit lui permettre d'être agréablement installé (bien calé dans son réducteur de siège, au fond du transat...)

➲ **Hygiène :** le choix de la matière est à prendre en considération afin de faciliter l'entretien du matériel.

➲ **Ergonomie :** ▸ FICHE 51

➲ **Pratique :** ce matériel doit être pratique d'utilisation pour l'opérateur (facilement repliable, pas trop lourd, pas trop encombrant...).

2. L'installation dans un transat

Âge : de la naissance à 5-6 mois.
Matériel : choisir un modèle déhoussable lavable en machine.
Objectifs : le transat permet d'installer le bébé assis, semi-assis ou allongé. Il lui permet d'avoir une autre vision de l'environnement, de prendre le repas, de digérer, de jouer. Toutefois, l'enfant ne devra pas y rester trop longtemps (1 heure 30 minutes maximum).
Recommandations : toujours s'assurer que les sangles sont bien ajustées à l'enfant et ne jamais poser le transat en hauteur.

Attention

Lorsque l'enfant tient assis, le transat devient dangereux car il peut basculer en avant en cherchant à se pencher.

3. L'installation dans un lit

Âge : de la naissance à 3 ans.
Matériel : le lit à barreaux est le modèle recommandé pour les enfants jusqu'à 3 ans. Il doit être stable et sécurisé.
Objectifs : le lit permet à l'enfant de se reposer et dormir.
Recommandations : attention à toujours remonter les barrières une fois l'enfant mis au lit.

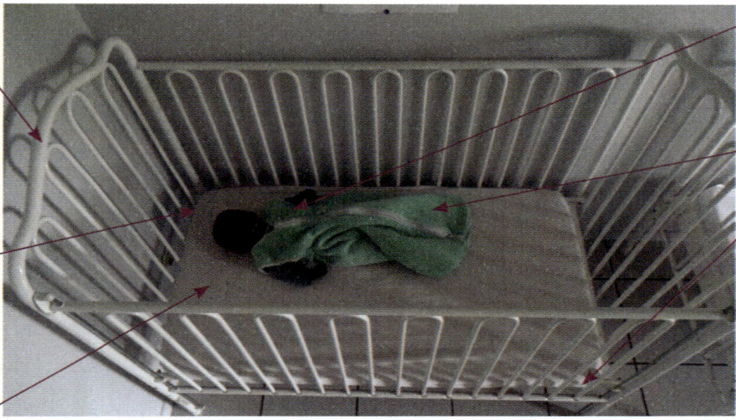

Questions de pro

Nathalie, assistante maternelle s'interroge : J'ai entendu parler de la mort subite du nourisson. Qu'est-ce que c'est ?

Réponse : Le syndrome de mort subite du nourrisson désigne la mort inattendue du bébé, sans cause apparente. Il se produit avant 1 an, le plus souvent entre 2 et 4 mois et touche environ 400 enfants chaque année en France.

Nathalie : Y a-t-il des mesures particulières à prendre pour l'éviter ?

Réponse : Quelques mesures de précaution permettent de diminuer les nombres de cas (sans toutefois les supprimer complètement) :
– coucher l'enfant sur le dos : le visage reste dégagé et l'enfant respire à l'air libre ;
– utiliser un matelas ferme aux dimensions du lit ;
– choisir un lit rigide et à barreaux, sans oreiller, couverture ou couette. Sinon l'enfant risque de glisser sous la couette, d'enfouir son nez dans l'oreiller ou encore de se coincer entre le matelas et la paroi du lit ;
– éviter de trop couvrir l'enfant et de surchauffer sa chambre (la température doit être comprise entre 18 °C et 20 °C) ;
– ne pas fumer près du bébé.

5

4. L'installation dans une chaise haute

Âge : à partir de 8 mois (ou quand l'enfant tient assis seul) et jusqu'à 2 ans.
Matériel : pliable ou fixe, en bois, en métal ou en matière plastique, à roulettes ou pas, la chaise haute peut avoir de nombreuses options.
Objectifs : la chaise haute permet à l'enfant de prendre part au repas de la famille. Il est à la même hauteur que les autres convives.
Recommandations : afin d'éviter les chutes, l'enfant doit toujours être attaché et sous la surveillance de l'adulte qui sera particulièrement vigilant à ce que les autres enfants ne prennent pas appui sur la chaise haute.

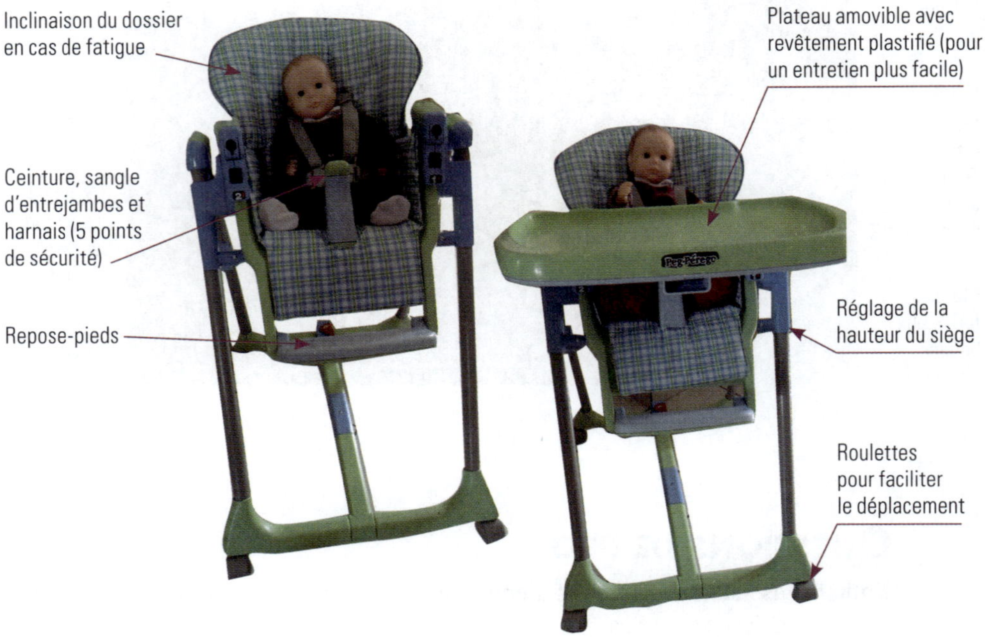

5. L'installation dans une poussette

Âge : selon la taille et le poids de l'enfant, les modèles de poussettes peuvent être utilisées de 6-7 mois jusqu'à 3-4 ans. Les poussettes modulables peuvent s'utiliser dès la naissance.
Matériel : poussette double ou poussette simple, elle est indispensable pour les promenades. Un critère d'achat important sera le poids de la poussette.
Objectif : l'installation dans la poussette permet à l'enfant d'être déplacé pour une promenade par exemple, tout en s'adaptant à son développement moteur (allongé ou assis), face à la route ou face à l'adulte.
Recommandations : l'enfant ne doit pas être laissé sans surveillance et être bien sanglé.

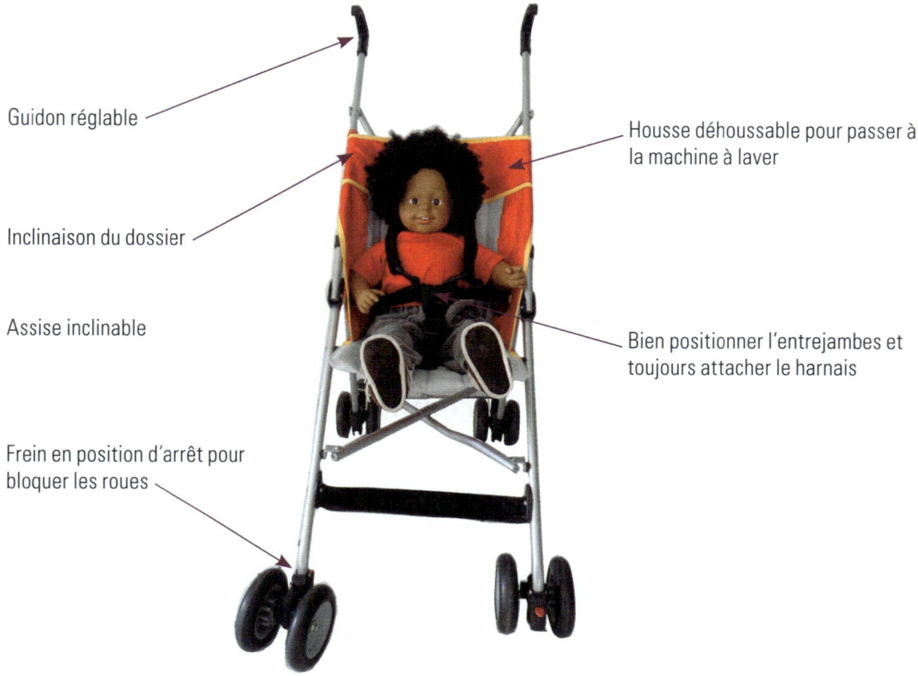

Autres éléments possibles sur une poussette : panier au niveau du chassis, capote contre la pluie et le soleil, ombrelle, habillage anti-pluie.

LE JOUR DE L'EXAMEN

Bien choisir le matériel d'installation de l'enfant :

– en fonction de son âge (ne pas placer un enfant de 3 ans dans une chaise haute ou dans un transat par exemple) ;

– en fonction du sujet donné (un enfant qui vient de se lever ne sera pas réinstallé dans son lit après le soin).

FICHE 53 Le portage d'un enfant

Le portage est une nécessité pour le jeune enfant : il a besoin d'être contenu dans les bras de l'adulte ce qui lui apporte sécurité physique et affective. C'est un moment privilégié qui permet la reconnaissance mutuelle enfant/adulte, mais aussi la découverte du monde extérieur en sécurité ou encore le plaisir de se faire bercer.

1. Les critères à prendre en compte

Le choix du type de portage va différer en fonction :
- du porteur : ses envies, ses capacités physiques... ;
- de l'enfant : son âge, ses capacités physiques, ses besoins ;
- du contexte professionnel : matériel à disposition, présence ou pas d'autres enfants...

Quel que soit le portage, les critères de sécurité, confort, ergonomie et organisation à respecter sont toujours les mêmes.

➲ **Sécurité :** s'assurer que les bras de l'adulte sont bien positionnés, vérifier le matériel (conforme aux règles de sécurité et en bon état), répondre à la sécurité affective en rassurant et en communiquant.

➲ **Confort :** vérifier la posture de l'enfant et prendre en compte le confort de l'adulte pour le choix de portage et du matériel. Selon l'âge de l'enfant, le solliciter pour limiter les efforts du porteur.

➲ **Ergonomie :** ne pas oublier de verbaliser le soin (« Je vais t'installer dans ton transat »). ► FICHE 51

➲ **Organisation :** se demander où prendre l'enfant et où le poser (économie de pas et de fatigue), dégager l'environnement (éviter de chuter), préparer le matériel pour limiter les activités avec le bébé dans les bras.

2. Les différents portages

Type de portage	Descriptif	Quand l'utiliser ?
Le portage berceau  *De 0 à 3 mois*	**Position allongée** L'enfant repose sur l'avant-bras, tête calée dans le creux du bras. Si l'autre bras n'est pas disponible, la main du bras porteur maintient la cuisse. Attention à ne pas coincer le bras de l'enfant contre soi.	À utiliser chez l'enfant qui ne maintient pas sa tête, qui a besoin d'être bercé ou rassuré et de moins de 6 kg. Possibilité d'utiliser ce portage, porteur assis, pour un enfant plus grand lors d'un moment privilégié (la prise de biberon par exemple).

Type de portage	Descriptif	Quand l'utiliser ?
Le contre-soi ventral  *De 0 à 3 mois*	**Position verticale** Une main tient la tête et la nuque, tandis que l'autre soutient les fesses. Le visage de l'enfant doit être dégagé.	Utile en cas de régurgitations, ou d'éructations.
La position ventrale  *De 0 à 3 mois*	**Position allongée** L'enfant repose sur un avant-bras, la main maintient l'entrejambes. La tête repose dans le pli du coude et le visage est dégagé vers l'extérieur.	Pour calmer les maux de ventre et pour bercer.
La position dos à soi  *De 3 à 10 mois*	**Position verticale** Le dos de l'enfant est contre l'abdomen du porteur. Une main passe à l'horizontale sous les deux bras, l'autre main soutient les fesses de l'enfant.	Portage intéressant en position statique. Il apporte une bonne mobilité de l'enfant et un éveil des sens. On perd cependant le contact visuel avec le porteur ce qui peut engendrer stress et insécurité. Et, lors de la marche, l'enfant est confronté au vide.
La position à cheval face à soi 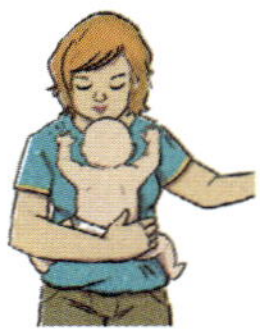 *Au-delà de 10 mois*	**Position verticale assise** Jambes de l'enfant autour des hanches du porteur, thorax contre thorax, visage dégagé, bras accrochés à l'adulte. Les bras de l'adulte sont en soutien fessier ou dorsal et fessier.	Convient à un enfant qui sait se tenir assis (maintien de l'axe tête/cou/tronc) Permet le portage d'un enfant grand ou lourd sans se blesser. Favorise le contact, la proximité.
Le portage sur la hanche  *Au-delà de 10 mois*	**Position verticale assise** Les jambes de l'enfant sont de part et d'autre d'une hanche du porteur, un bras de l'adulte en maintien dorsal. Une main peut être libérée.	Ce portage est non ergonomique (déhanchement). Il faut penser à changer de côté régulièrement. Il offre cependant une position intermédiaire entre le face-à-face et la vue vers l'extérieur, et apporte une meilleure mobilité à l'enfant.

LE JOUR DE L'EXAMEN

- Être très vigilant et respecter les principes d'ergonomie pour protéger son dos au cours des différentes manutentions.
- Tenir compte de l'âge de l'enfant dans le sujet afin d'adapter son portage.

FICHE

54 Les transmissions

La transmission des faits journaliers vécus par l'enfant est autant nécessaire pour les parents (compte-rendu de ce qui s'est passé dans la journée) que pour le professionnel (éléments portant sur la nuit, le repas de la veille, les vacances...). Les transmissions peuvent être écrites ou orales et se faire le matin et le soir. C'est dans tous les cas un moment privilégié entre parents et professionnels et entre professionnels.

1. Les intérêts des transmissions

Les transmissions permettent de :
- comprendre rapidement la situation et les soins nécessaires à réaliser ;
- assurer des relations cohérentes et continues entre les différents membres d'une équipe ;
- respecter le rythme de l'enfant ;
- respecter ses habitudes (par exemple : dort avec la sucette et une peluche) ;
- informer des acquisitions motrices (marche seul) et des progrès (mange seul à la cuillère) ;
- faciliter le repérage de maladies (boutons détectés sur le corps), de handicaps (retard de langage) et de troubles de comportement (hyperactivité) ;
- faciliter la communication par des échanges oraux parent/professionnel ou professionnel/professionnel ;
- laisser une trace écrite ;
- optimiser le temps pour les professionnels.

2. Transmissions écrites ou orales ?

En fonction de la situation, du lieu d'exercice, les transmissions peuvent être écrites ou orales et présentent des intérêts différents.

	Transmissions écrites	Transmissions orales
Avantages	– Constituent une preuve juridique. – Sont durables (référence possible en cas de contestation, pour vérifier un soin...). – Engagent celui qui a transmis. – Constituent une référence pour l'équipe.	– Sont immédiates et rapides. – S'adaptent à la personne, au lieu, au moment. – Permettent le réajustement si nécessaire. – Permettent l'échange.
Inconvénients	– Entraînent la multiplication de documents. – Sont parfois des informations secondaires et sans intérêt. – Peuvent être fastidieuses à rédiger ou à lire.	– Peuvent être oubliées. – Peuvent être transformées, interprétées et non fidèles à la réalité. – Ne laissent pas de traces. – Ne sont pas contrôlables.

3. Les caractéristiques des transmissions écrites

Pour être complètes et pertinentes, les transmissions écrites doivent indiquer un certain nombre d'éléments :
– le nom, le prénom et la qualification de la personne qui effectue les transmissions ;
– la date et l'heure des transmissions ;
– la signature de la personne qui écrit les transmissions.

Les écrits doivent être :
– clairs, lisibles, bien orthographiés (éviter les abréviations et les codes qui ne sont pas compréhensibles de tous) ;
– concis (éviter les discours inutiles) ;
– précis (éviter d'écrire « a bien mangé » mais préférer « a mangé un yaourt entier avec un boudoir et 100 ml d'eau ») ;
– objectifs (ne pas juger, s'en tenir aux faits). Éviter par exemple d'écrire : « Thibault a pleuré toute la matinée et a fait un caprice au départ de sa maman. » Préférer : « Thibault a eu des difficultés à quitter sa maman ce matin. Il a pleuré jusqu'au goûter puis s'est calmé. »

Les supports écrits des transmissions sont multiples :
– grille d'observation : elle permet de noter de façon précise l'évolution d'un enfant et de garder une trace ;
– grille de développement psychomoteur : les professionnels notent les progrès de l'enfant ;
– cahier journalier.

► FICHE 25

LE JOUR DE L'EXAMEN

• Penser à effectuer les transmissions lors des épreuves pratiques. Selon le cas, elles peuvent être :
– orales (appeler les parents pour leur signaler que leur enfant a de la fièvre) ;
– écrites (faire le compte-rendu d'un change) ;
– orales et écrites.

• Veiller à être concis et juste (ne pas inventer de soins).

> Entraînements

Répondez aux questions qui suivent.

SITUATION 1

Vous êtes assistante maternelle à domicile. Vous prenez en charge Juliette, 2 ans ½, et Sophie, 6 mois. C'est le matin et vous organisez une activité peinture pour Juliette. Sophie, elle, fait une sieste. Pendant l'activité, Juliette se met de la peinture sur les mains et le visage.

1) Comment procédez-vous pour lui nettoyer les mains et le visage ? Justifier votre réponse en tenant compte du contexte et de l'âge de l'enfant.

....

....

....

....

....

....

Alors que le lavage des mains et du visage de Juliette est en cours, vous entendez Sophie pleurer dans sa chambre.

2) Que faites-vous ?

....

....

....

....

Pourquoi ?

....

....

....

Une fois avec Sophie, vous vous rendez compte que sa couche est souillée. Il faut la changer.

3) Lister les matériels et produits dont vous avez besoin pour réaliser le soin.

....

....

....

Pendant le change, vous remarquez que Sophie a des rougeurs au niveau du siège.

4) À quoi correspondent ces rougeurs ? Que faites-vous pour les limiter ?

....

....

....

5) Lorsque les parents viennent chercher Sophie, le soir, que faites-vous ?

....

....

SITUATION 2

Vous êtes employé(e) au domicile d'une famille. Vous avez en charge la garde de deux enfants, Gabriel, 5 mois, et sa sœur Laurie, 18 mois.

Ce matin, quand vous arrivez au domicile de la famille à 8h30, la maman est en train de préparer un bain pour Gabriel. Vous êtes en charge de le lui donner.

1) Comment procédez-vous pour lui donner le bain ? Justifiez en tenant compte du contexte, de l'âge de l'enfant et de l'autre enfant en présence.

....

....

....

....

....

....

....

Le bain est à présent fini. Vous devez habiller Gabriel.

2) Quelle technique utilisez-vous ? Justifier.

....

....

....

Plus tard dans la journée, l'heure du repas arrive. Vous devez donner un biberon à Gabriel et donner le repas à Laurie.

3) Comment procédez-vous ? Justifier.

....

....

....

....

....

....

....

....

Corrigé

SITUATION 1

1) Vous vous mettez en tenue, préparez le matériel et les produits puis verbalisez le soin et expliquez à Juliette qu'elle va se laver les mains et le visage. En effet, à son âge, elle peut le faire elle-même, sous votre surveillance. Vous l'installez et la surveillez pendant le soin.
Pour le lavage des mains, veillez à ce qu'elle enlève les souillures avec un papier à usage unique, à ce que l'eau soit à la bonne température, à ce qu'elle utilise une seule dose de savon et frotte bien ses mains, puis les rince et les essuie. Pour le visage, faites-lui mouiller le gant à l'eau tiède, le savonner, puis se laver dans l'ordre front, tempes, joues, menton, nez et bouche. Vérifiez qu'elle se rince en respectant cet ordre et s'essuye en tamponnant.

2) Vous attendez que le soin de Juliette soit fini avant d'aller voir Sophie pour la lever.
Vous devez rester avec Juliette par mesure de sécurité et car la continuité du soin est importante (sauf cas de force majeure ou l'autre enfant est en danger). Les pleurs de Sophie ne justifient pas que vous laissiez Juliette sans surveillance.

3) *Pour le change :* un matelas à langer, une serviette de toilette, deux gants, du savon liquide adapté à l'âge de Sophie, des lingettes, une couche propre, des vêtements de rechange si nécessaire, une poubelle et une panière à linge sale si nécessaire.
Pour le bionettoyage : des lavettes imbibées de détergent-désinfectant.

4) Ces rougeurs sont sûrement le début d'un érythème fessier. Pour le faire disparaître, vous effectuerez des changes fréquents, vous nettoierez et rincerez bien le siège, puis vous le sècherez en tapotant et en insistant au niveau des plis. Vous essaierez de laisser le siège à l'air le plus souvent possible. Il faudra aussi vous demander si l'érythème n'est pas dû à une réaction allergique ou lié à une poussée dentaire ou à des selles acides.

5) Vous informez les parents afin qu'ils puissent en parler avec leur médecin qui pourra prescrire une pâte de zinc si nécessaire. Vous leur expliquerez les soins à effectuer afin d'assurer le suivi nécessaire pour que l'érythème disparaisse.

SITUATION 2

1) Commencez par vous mettre en tenue et vous laver les mains. Installez ensuite Laurie en sécurité, à portée de vue. Puis, préparez matériel, produits et vêtements propres pour la sortie du bain. Enfin, vérifiez que la température de la pièce et les fenêtres (fermées).
Le bain respectera les critères de sécurité (ne jamais lâcher l'enfant sur la table à langer ou dans l'eau), de confort (gestes efficaces et soin pas trop long pour que l'enfant n'ait pas froid), d'hygiène (bien laver, rincer et sécher l'enfant), d'ergonomie et de communication.

2) Vous utilisez la technique des trois doigts. Étant donné le jeune âge de Gabriel cette technique va permettre de l'habiller en respectant son confort et en évitant de lui faire mal.

3) Vous vous occupez de donner le biberon de Gabriel dans un premier temps : c'est l'enfant plus jeune, il aura plus de mal à patienter. Pour cela vous vous lavez les mains puis préparez le matériel. Vous prévenez Gabriel et prenez le temps de vous installer confortablement en surveillant Laurie qui joue dans la même pièce. Vous donnez le biberon en l'inclinant pour que Gabriel n'avale pas d'air. Lors de la prise, vous respectez son rythme en faisant quelques pauses et en communiquant avec lui. Une fois cela fait, vous placez Gabriel dans un transat pour le laisser digérer. Vous préparez le repas de Laurie en l'invitant à participer à dresser la table. Vous êtes présent(e) tout au long de son repas pour l'aider à manger, lui couper certains aliments, la faire verbaliser. Puis, vous transmettez les quantités prises et l'attitude des enfants pendant ce temps du repas.

Partie 6

Prévention et sécurité

Fiches de cours

FICHE 55 Le soin d'une plaie

La plaie est une lésion de la barrière cutanée qui sert de porte d'entrée aux micro-organismes pathogènes. L'organisme répond par une réaction inflammatoire locale : dilatation des vaisseaux sanguins, chaleur, douleur et gonflement.

1. Les différentes plaies

La plaie simple

Aussi appelée « égratignure », « éraflure » ou « écorchure », elle ne concerne en général que l'épiderme. Elle est peu étendue, superficielle (peu profonde), ne saigne pas ou très peu, et est généralement peu ou pas souillée par des corps étrangers (terre, graviers…).

La plaie grave

Elle concerne l'épiderme, le derme et parfois l'hypoderme.
Elle se caractérise par :
- sa localisation (visage, thorax, abdomen…) ;
- son aspect (saignements abondants, plaie étendue ou multiple, déchiquetée…) ;
- son origine (projectile, outil, morsure, objet tranchant…).

2. La conduite à tenir

➲ **Étape 1 :** protéger l'enfant blessé et les autres enfants en charge, s'il y en a.

➲ **Étape 2 :** examiner. Il faut d'abord se laver les mains, rassurer l'enfant, puis l'asseoir ou l'allonger. Ensuite, on peut examiner la plaie pour déterminer son étendue, sa profondeur, sa localisation et son aspect. Il faut aussi observer l'attitude de l'enfant.

➲ **Étape 3 :** secourir (faire le soin de la plaie).

3. Soigner une plaie simple

Matériels et produits

Compresses stériles, eau, savon liquide, pansement adhésif, gants jetables (si la plaie saigne ou si les mains du soigneur présentent une plaie ou une crevasse) et une poubelle. Sur prescription médicale, un antiseptique local peut être utilisé (préférer les unidoses et les sprays aux flacons).

Attention

Le coton n'est pas adapté pour ce soin : il s'effiloche et peut laisser des fibres dans la plaie.

Avant le soin

Se laver les mains, ou les frictionner avec une SHA, puis préparer le matériel.

Exécution

1. Rassurer l'enfant et expliquer que l'on va s'occuper de lui afin d'éviter tout affolement.
2. L'installer confortablement dans un lieu calme, pour éviter qu'il ne bouge.
3. Remonter le pantalon si besoin.
4. Ouvrir la compresse, sans mettre les doigts dessus ⓐ, l'attraper par les quatre coins, en parachute ⓑ, puis l'imbiber d'eau savonneuse.

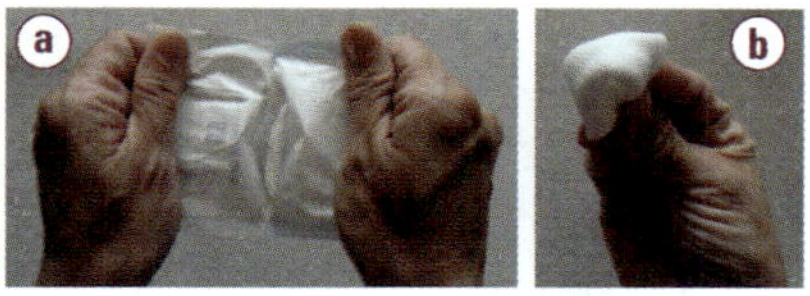

5. Réaliser le détourage puis nettoyer la plaie du centre vers la périphérie (ne pas repasser deux fois au même endroit avec la même partie de la compresse).
6. Enlever les corps étrangers, s'ils sont superficiels, avec une pince à épiler propre et désinfectée.
7. Rincer puis sécher par tamponnement avec une compresse, du centre vers la périphérie, tout en expliquant le soin à l'enfant.
8. En cas de prescription médicale, appliquer l'antiseptique sur la compresse puis procéder de la même façon que pour le nettoyage (ne pas rincer).
9. Appliquer un pansement adapté à la taille de la plaie.
10. Réinstaller l'enfant confortablement.

Après le soin

Ranger le matériel et se laver les mains, puis faire les transmissions le soir aux parents en précisant l'heure, le lieu, les circonstances de l'accident et les soins effectués.

Les jours suivants

Surveiller la plaie. Si elle devient rouge, douloureuse, chaude ou encore purulente, informer les parents afin qu'ils consultent leur médecin.

LE JOUR DE L'EXAMEN

- Lors de la prise en charge, il faut être efficace pour préparer le matériel, rassurer l'enfant et s'en occuper en urgence. La friction à la SHA peut être intéressante car elle est rapide.
- Lors de l'examen, la plaie peut être matérialisée (Scotch rouge) ou pas. Dans ce cas, il faut faire attention à ne pas se tromper de côté en lisant bien le sujet.

FICHE

56 La prise de température

La prise de la température est assez fréquente chez le jeune enfant. Elle se justifie à chaque fois que son comportement n'est pas habituel (amorphe ou au contraire excité).

1. Les différentes prises de température

La mesure de la température peut se faire à différents endroits du corps.

Sites	Avantages	Inconvénients
Température rectale 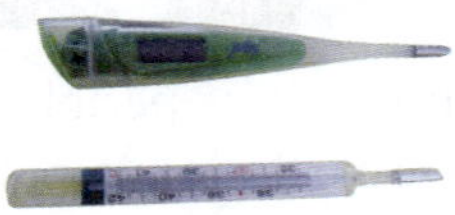	– Température fiable et précise. – Prise de température rapide. – La température environnementale ne modifie pas significativement la température rectale.	– Risque de contamination avec les selles (utiliser une gaine de protection à usage unique). – Peut être traumatisant (muqueuse rectale fragile). – Ne respecte pas la pudeur de l'enfant.
Température axillaire (relevée au creux de l'aisselle)  *+ 0,5 °C à l'affichage du thermomètre*	– Respecte la pudeur de l'enfant. – N'est pas traumatisante. – Ne nécessite pas le déshabillage de l'enfant. Cette prise de température est recommandée chez le jeune enfant.	– La prise de température peut être longue (10 minutes pour le thermomètre au gallium et environ 2 minutes avec le digital). – La mesure peut être imprécise (si l'enfant bouge, transpire…).
Température auriculaire ou tympanique 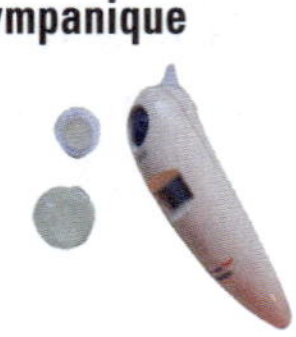	– Respecte la pudeur de l'enfant. – Prise de température rapide (1 seconde). – Méthode hygiénique.	– Difficultés de prise chez le jeune enfant (canal auditif étroit). – Contre-indiqué en cas d'écoulement auriculaire ou de bouchon de cérumen. – Maîtriser la méthode.
Température frontale à infrarouge 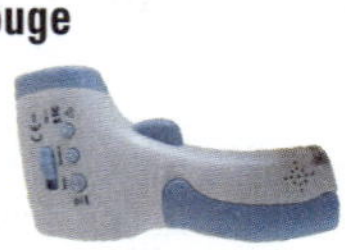	– Respecte la pudeur de l'enfant. – Prise de température rapide (1 seconde) et sans contact. – Méthode hygiénique et économique.	– Maîtriser la méthode. – Prise sur front sec (pas de sueur, pas de pommade) et dégagé (pas de cheveux).
Température temporale à infrarouge *+ 0,4 °C à l'affichage du thermomètre* 	– Mesure rapide, précise et fiable. – Méthode hygiénique. – Respecte la pudeur de l'enfant.	– Maîtriser la méthode. – Coût du thermomètre. – Prise sur front sec. – Nécessite d'être au calme 30 minutes avant la prise.

2. La prise de la température axillaire

Matériel et produit

Un thermomètre (au gallium ou électronique et à embout souple de préférence) du coton (ou une compresse non stérile) et de l'alcool à 70 °C. Si le thermomètre est au gallium, l'agiter pour qu'il se mette au minimum.

Avant le soin

Se laver les mains et préparer le matériel. Puis désinfecter le thermomètre, si nécessaire, avec de l'alcool et du coton (ou une compresse).

Exécution

1. Prévenir l'enfant et lui expliquer ce qu'on va lui faire.
2. Vérifier que l'aisselle est bien sèche (l'essuyer s'il y a de la sueur).
3. Positionner le thermomètre dans le creux axillaire, bien plaquer le bras contre le thorax.
4. Maintenir le thermomètre en position et attendre qu'il sonne, si c'est un thermomètre digital, ou 10 minutes s'il s'agit d'un thermomètre au gallium.

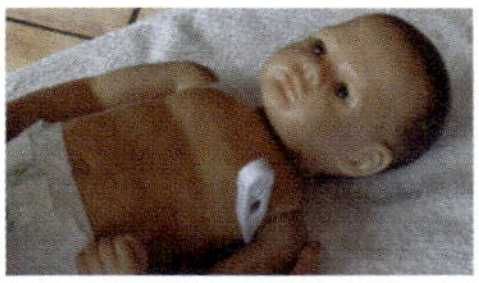

5. Lire la température sur le thermomètre.
6. Rajouter + 0,5 °C à la valeur lue (38 °C lus donnent 38,5 °C).

Après le soin

Nettoyer le thermomètre à l'eau et au savon puis avec l'alcool (penser à secouer le thermomètre au gallium pour le remettre au minimum), puis ranger le matériel et se laver les mains. Faire les transmissions et prendre les mesures adaptées en fonction des résultats (déshabiller l'enfant, lui donner à boire, le rafraîchir avec un gant...). S'il y a présence de fièvre (température supérieure à 38 °C), prévenir les parents. Attention, un médicament antipyrétique ne peut être donné que sur prescription médicale.

À savoir

Des températures supérieures à 38,5 °C peuvent être la cause de convulsions avec hyperthermie. Les convulsions, d'une durée de 2 à 3 minutes, se caractérisent par :
– une phase convulsive avec : une phase tonique (perte de connaissance, pâleur, raideur) suivie d'une phase clonique (mouvements saccadés que l'on ne peut pas arrêter) ;
– une phase postcritique marquée par un enfant mou et inconscient.

LE JOUR DE L'EXAMEN

Il est important de bien lire le sujet afin de réaliser ce qui est demandé. Il est souvent précisé de prendre la température en axillaire. Si ce n'est pas le cas, le candidat a le choix de la prise (la température rectale est à éviter). Lors de la visite des salles de techniques professionnelles, il a donc intérêt à repérer les thermomètres disponibles et à lire les notices.

FICHE 57 L'administration des médicaments

Les professionnels de la petite enfance sont amenés à administrer des médicaments aux enfants dont ils ont la charge. Cet acte ne peut se réaliser qu'en présence d'une ordonnance médicale.

1. Définition d'un médicament

Le Code de la santé publique (article L.5111-1) définit le médicament ainsi :
« Toute substance ou composition présentée comme possédant des propriétés curatives ou préventives à l'égard des maladies humaines ou animales est un médicament. »

Le médicament obéit à une réglementation contraignante et s'inscrit dans un circuit de fabrication et de mise à disposition des professionnels et des patients très encadré.
Le médicament contient :
– **un principe actif** : substance caractérisée par un mécanisme d'action dans l'organisme ;
– **des excipients** : substances qui facilitent l'utilisation du médicament.

Attention

L'administration d'un médicament n'est pas un acte anodin. Il faut bien prendre le temps de faire toutes les vérifications nécessaires avant de le donner : bon médicament, bonne posologie, bon enfant, bon moment.

2. Les précautions à prendre

Avant la prise du médicament

Avant d'administrer un médicament, le professionnel doit se poser certaines questions :
– Ai-je une ordonnance médicale au nom de l'enfant ?
– Est-elle récente ? (date de prescription)
– Quel est le médicament ?
– Quelle est la posologie ? (quantité)
– Quel est le mode d'administration ?
– Quels sont la date de péremption et le délai de conservation après ouverture ?
– À quel moment ce médicament doit-il être pris ? (matin, midi, soir, en mangeant, avec de l'eau…)

Après la prise du médicament

– Noter l'administration sur une feuille de transmission (nom, dose horaire, signes associés…) et le dire le soir aux parents à l'oral. ▸ FICHE 54
– Surveiller l'enfant après la prise pour vérifier ses réactions et dépister d'éventuels signes d'allergie (boutons, gonflement, gêne respiratoire…).

Ce qu'il ne faut pas faire

– Donner un traitement sans ordonnance.
– Auto-médiquer l'enfant (traitement homéopathique, remèdes de « grands-mères » ou médicament donné sans ordonnance).
– Donner un médicament périmé.
– Utiliser une mesurette non spécifique au médicament à administrer.
Attention à bien ranger les médicaments en sécurité. ▸ FICHE 35

3. Administration d'un médicament buvable : le sirop

1. Plonger la pipette graduée dans le liquide.
2. Tirer sur le piston (attention aux bulles d'air).
3. Vérifier la quantité (en fonction du poids de l'enfant) au niveau de la graduation.
4. Administrer la pipette à l'enfant en position semi-assise. Pousser délicatement et lentement sur le piston. S'arrêter de temps en temps pour vérifier que l'enfant avale bien le sirop, qu'il ne coule pas à côté, ou ne fasse pas de fausse-route. Le laisser reprendre sa respiration. Communiquer et rassurer l'enfant.
5. Laver la pipette au savon et fermer le flacon.

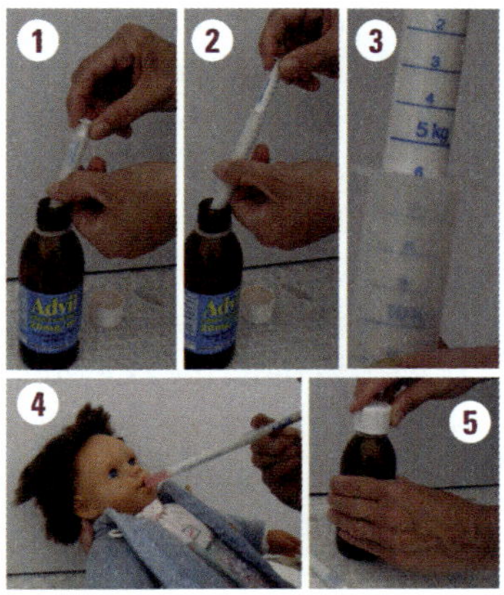

Antalgique : médicament contre la douleur.
Antibiotique : antimicrobien ayant une activité bactériostatique et/ou bactéricide.
Antipyrétique : médicament contre la fièvre (hyperthermie).
Antiseptique : substance qui élimine les micro-organismes sur la peau.

LE JOUR DE L'EXAMEN

• Ne jamais donner un médicament de sa propre initiative. Par exemple, lors de la prise en charge d'un enfant fiévreux, il faut vérifier qu'il y ait une ordonnance avant de donner un antipyrétique.
• Ne jamais prendre l'initiative de donner un autre médicament que celui indiqué sur l'ordonnance (par exemple de l'Advil à la place du Doliprane).
• Bien vérifier la posologie avant de donner le médicament à l'enfant et être au courant de l'heure de la dernière prise (si cela n'est pas précisé, il est judicieux d'appeler les parents).

FICHE

58 La brûlure

La prise en charge de la brûlure a un caractère urgent : plus on attend et plus la douleur persiste et tend à se propager. Une fois la brûlure soignée, il est important de se poser la question de la prévention et d'analyser la situation pour ne pas qu'elle se reproduise.

1. Conduite à tenir en présence d'une brûlure thermique

Déroulé du soin d'urgence

1. Sans perdre de temps, refroidir la brûlure venant de se produire. L'arrosage immédiat diminue l'extension (superficie et profondeur), limite les conséquences et soulage la douleur.
2. Refroidir si possible en arrosant à l'eau du robinet tempérée (15 °C à 25 °C) pour absorber les calories et calmer la douleur. L'eau courante entraînera la chaleur en dehors du corps.
3. Laisser couler l'eau à faible pression en amont de la brûlure pendant 5 minutes pour ne pas provoquer de lésions supplémentaires de l'épiderme et éviter la douleur.
4. Communiquer avec l'enfant pour le rassurer. Faire passer le temps en lui parlant, en chantant…

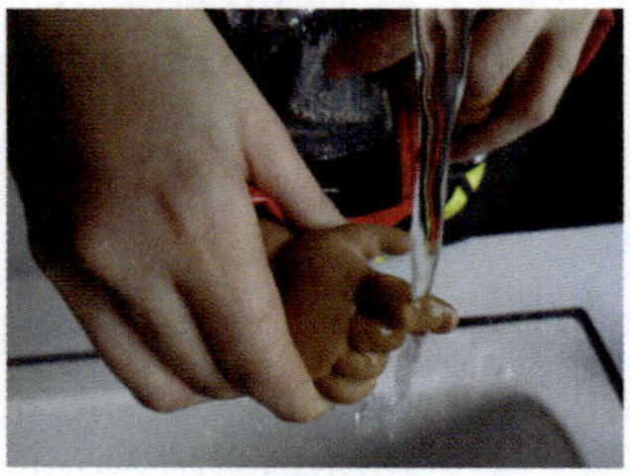

Après le soin d'urgence

– Demander un avis du médecin si l'étendue, la surface ou l'emplacement de la brûlure le justifient.
– Transmettre les informations aux parents. ► FICHE 54

2. Conduite à tenir en présence d'une brûlure chimique

Déroulé du soin d'urgence

1. Sans perdre de temps, profiter de la mobilité de la victime pour la mener à un point d'eau courante. Les premières secondes sous l'eau vont permettre d'éliminer en grande partie le produit.
2. Déshabiller immédiatement la victime (ne pas oublier les chaussures) car les vêtements imprégnés empêchent l'élimination du produit chimique.
3. Arroser la partie brûlée à l'eau courante tempérée (15 °C à 25 °C) et à faible pression afin de diluer et d'entraîner le produit. La faible pression permet de ne pas provoquer de lésions supplémentaires de l'épiderme et évite la douleur.
4. Parler à l'enfant pour le rassurer.

Après le soin d'urgence

– Demander un avis du médecin si l'étendue, la surface ou l'emplacement de la brûlure le justifient, de façon à adapter la prise en charge.
– Transmettre les informations aux parents en leur téléphonant et par écrit (préciser la localisation et les circonstances de la brûlure ainsi que les soins prodigués). ▸ FICHE 54

3. Autres cas de brûlures

Les brûlures électriques

Ces brûlures sont principalement représentées par des points d'entrée et de sortie du courant marqués par une zone plus ou moins étendue de nécrose.
En cas de brûlure électrique, il faut protéger la victime (en débranchant l'appareil en cause si cela est possible et sans prendre de risque pour le secouriste), arroser le plus rapidement possible la zone brûlée visible à l'eau courante et demander un avis médical.

Les brûlures internes par ingestion ou inhalation

Les brûlures par ingestion sont dues le plus souvent à des produits caustiques tels que l'eau de Javel, l'eau oxygénée, le Décap'Four...
Dans ces cas-là il faut :
– placer la victime en position semi-assise pour faciliter la respiration ;
– ne jamais la faire vomir ou boire ;
– demander un avis médical (SAMU, centre anti-poison) ;
– garder l'emballage du produit chimique en cause et/ou le produit restant et essayer d'évaluer la quantité absorbée ;
– surveiller la victime et suivre les conseils donnés par les secours.

Les coups de soleil

Attention aux brûlures dues au soleil qui peuvent aller jusqu'au second degré.
Il est important de les prévenir. Pour cela il faut :
– couvrir l'enfant avec un tee-shirt en coton et un chapeau ;
– lui faire boire de l'eau pour bien l'hydrater ;
– éviter les heures les plus chaudes (entre 11 heures et 16 heures) ;
– lui mettre de la crème solaire toutes les deux heures ;
– lui faire porter des lunettes de soleil.

LE JOUR DE L'EXAMEN

- Penser à bien vérifier la température de l'eau et le débit.
- S'assurer de ne pas se tromper de côté (par exemple de prendre en charge une brûlure à la main droite alors que c'est la main gauche qui est indiquée dans le sujet).
- Se contenter de passer de l'eau tempérée en l'absence d'ordonnance.
- Ne pas oublier de parler à l'enfant pour le rassurer.

FICHE

59 La détresse respiratoire

Il arrive que le jeune enfant s'étouffe après avoir avalé un petit objet. Le professionnel doit alors agir très rapidement afin que les fonctions vitales ne soient pas en danger.

1. La manœuvre de Mofenson

Principe de la manœuvre

Cette manœuvre permet d'expulser un corps étranger coincé dans la gorge. On la pratique sur les nourrissons et les enfants de moins de 1 an. Le principe est d'effectuer 1 à 5 tapes dans le dos afin de provoquer une toux réflexe capable de débloquer le corps étranger.

Déroulé du soin d'urgence

1. Coucher le nourrisson tête penchée en avant à califourchon sur son avant-bras.
2. Maintenir la tête avec les doigts de part et d'autre de la bouche sans appuyer sur la gorge.
3. Donner 1 à 5 tapes dans le dos, entre les omoplates, avec le talon de la main ouverte.

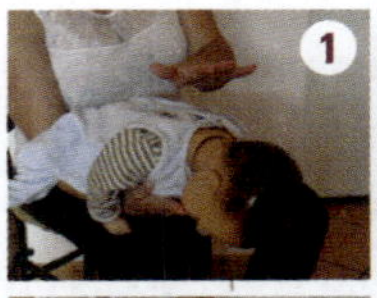

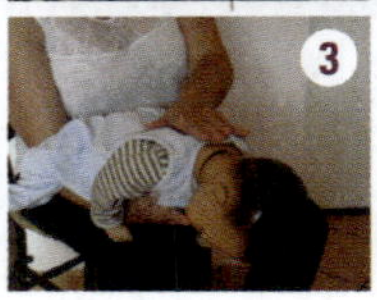

Deux cas de figure se présentent alors :

➲ Les tapes dans le dos ont été efficaces, l'enfant reprend sa respiration : **la manœuvre est terminée.**

➲ Les tapes dans le dos ont été inefficaces : **il faut appliquer 1 à 5 compressions thoraciques.** La compression de l'air contenu dans les poumons provoque un effet de « piston » capable de débloquer et d'expulser le corps étranger.

Suite de la manœuvre si les tapes ont été inefficaces.

4. Placer un avant-bras contre le dos du nourrisson et une main sur sa tête.
5. Retourner le nourrisson sur le dos en le maintenant fermement. L'allonger tête basse sur l'avant-bras qui repose sur la cuisse.

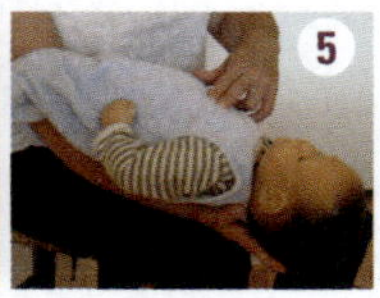

6. Effectuer 1 à 5 compressions profondes sur le devant du thorax, avec l'index et le majeur, au milieu de la poitrine, sur la moitié inférieure du sternum.

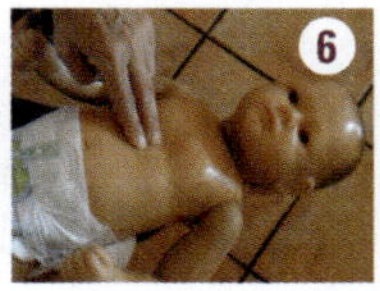

2. La manœuvre d'Heimlich

Principe de la manœuvre

Cette manœuvre consiste à provoquer une augmentation brutale de la pression dans le thorax qui permet de repousser le corps étranger hors de la bouche. Le principe est d'effectuer 1 à 5 tapes vigoureuses dans le dos afin de provoquer une toux réflexe capable de débloquer le corps étranger et de l'expulser. On l'utilise sur les enfants de plus de 1 an.

Déroulé du soin d'urgence

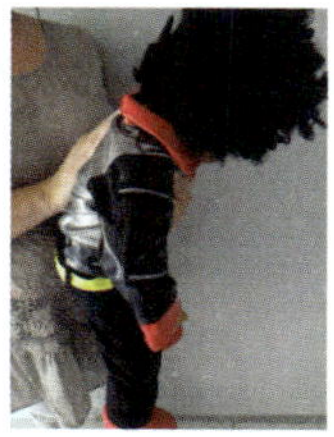

1. Laisser la victime dans la position où elle se trouve (assise ou debout).
2. Se placer sur le côté, légèrement en arrière de la victime, soutenir son thorax avec une main et la pencher vers l'avant, puis donner 1 à 5 tapes vigoureuses dans son dos, entre les deux omoplates, avec le talon de la main ouvert.

Suite de la manœuvre si les tapes ont été inefficaces.

3. Se placer derrière la victime, contre son dos.
4. Enlacer la victime en plaçant les bras sous les siens et la pencher bien en avant.
5. Placer le poing fermé juste au-dessus du nombril et au-dessous du sternum.
6. Mettre l'autre main sur la première, les avant-bras n'appuyant pas sur les côtes.
7. Tirer franchement en exerçant une pression vers l'arrière et vers le haut et effectuer 1 à 5 compressions.

Réaliser à nouveau 1 à 5 tapes dans le dos puis 1 à 5 compressions abdominales, et ainsi de suite, autant de fois que nécessaire.

3. Conduite à tenir après une manœuvre

Après l'expulsion de corps étranger il faudra :
- installer l'enfant dans la position où il se sent le mieux ;
- surveiller son état : le rassurer, lui parler, l'observer ;
- demander un avis médical.

LE JOUR DE L'EXAMEN

- Vérifier l'âge de l'enfant qui s'étouffe avant de choisir une manœuvre adaptée.
- Bien positionner les mains pour que la manœuvre soit efficace. Dans les deux cas on commence par les tapes avant de poursuivre, si cela est nécessaire.

6

FICHE 60 L'épistaxis

L'épistaxis, ou saignement de nez, est relativement fréquent chez l'enfant et peut avoir de multiples origines. Il est banal dans la plupart des cas mais peut être inquiétant et à surveiller de près s'il survient après un coup sur la tête.

1. Conduite à tenir face à un saignement de nez

La prise en charge comprend quatre étapes.

➲ **Étape 1 :** protéger. Il faut pour cela mettre en sécurité l'enfant qui saigne du nez mais aussi les autres enfants, s'il y en a. Penser ensuite à le rassurer et le faire asseoir (s'il est en âge de maintenir cette position).

➲ **Étape 2 :** examiner. Il est nécessaire de constater de manière précise la gravité du saignement (abondance et origine).

➲ **Étape 3 :** alerter. Il est important de noter que si le saignement de nez ne s'arrête pas, s'il se reproduit ou a pour origine une chute ou un coup, un avis médical est à demander.

➲ **Étape 4 :** secourir. Face à une épistaxis, il faut tout d'abord faire moucher très doucement l'enfant (une seule fois) pour faire sortir les caillots qui pourraient empêcher de faire une compression correcte. Il convient ensuite de comprimer la narine qui saigne après s'être protégé (gants jetables). Pour cela :
- faire pencher en avant la tête de l'enfant pendant 10 minutes ou jusqu'à arrêt du saignement ;
- asseoir l'enfant pour éviter le malaise (perte de connaissance) ;
- vérifier l'arrêt du saignement ;
- nettoyer ensuite le sang sur le visage et les mains de l'enfant ;
- changer les vêtements salis ;
- signaler l'incident sur le cahier de l'enfant et informer les parents à leur arrivée ou les appeler si c'est grave. ▸ FICHE 54

L'enfant plus grand pourra lui-même compresser sa narine.

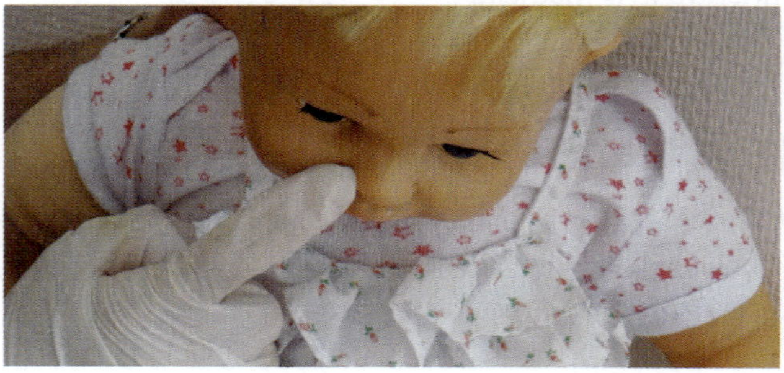

Attention

– Ne pas boucher les deux narines en même temps.
– Ne pas mettre de mèche (coton ou compresse) dans la narine.
– Ne pas faire pencher la tête en arrière.

Attention, des maladies telles que l'hépatite B et le SIDA peuvent être transmises par le sang en cas de plaie même minime sur les mains du secouriste. Il est donc important de porter des gants pour se protéger du contact avec le sang ou, à défaut, d'interposer un morceau de plastique.

2. Conduite à tenir face à une situation d'urgence

Dans les cas suivants, il faudra appeler les services médicaux d'urgence :
- l'écoulement de sang est important et se fait par les deux narines et l'arrière-gorge ;
- l'écoulement de sang est associé à d'autres symptômes : pâleur, malaise, sueurs, agitation, pouls rapide… ;
- l'écoulement de sang est consécutif à un traumatisme grave (chute, accident de la voie publique…).

À savoir

Pompiers : 18
SAMU : 12

LE JOUR DE L'EXAMEN

L'épistaxis est une urgence, il faut agir rapidement. Il peut être judicieux de faire suivre l'enfant qui saigne du nez pour préparer au plus vite le matériel nécessaire afin de ne pas le quitter des yeux et effectuer la compression rapidement. Il ne faut pas oublier de le rassurer au cours du soin.

> Entraînements

Répondez aux questions qui suivent.

SITUATION 1

Vous êtes employé(e) en crèche collective, en charge des moyens et grands, avec l'aide d'une éducatrice de jeunes enfants. Lors du goûter, vous vous occupez d'une table de cinq enfants. Aujourd'hui, on mange des biscuits avec un jus d'orange. Au bout de quelque minutes une petite fille de 2 ans ½, Marie, commence à montrer des signes d'étouffement.

1) Que faites-vous ? Justifier.

....

....

....

....

2) Quelle méthode de désobstruction utilisez-vous ? Justifier.

....

....

....

3) Comment procédez-vous ?

....

....

....

....

Malgré votre première intervention, Marie continue à montrer des signes d'étouffement.

4) Que faites-vous ?

....

....

....

....

....

5) Lorsque les parents viennent chercher Marie, le soir, que faites-vous ?

....

....

....

6) Quelles sont les bonnes questions à vous poser suite à cet étouffement ?

....

....

....

....

SITUATION 2

Vous gardez à domicile Lucas, 8 mois. Au réveil de la sieste il est tout rouge, humide, avec les yeux brillants.

1) Que faites-vous dans un premier temps ?

....

....

....

....

Le thermomètre affiche 38,5 °C.

2) Que faites-vous dans un deuxième temps ?

....

....

....

....

....

La journée se poursuit mais la fièvre de Lucas est toujours présente. Il vous reste justement des antipyrétiques adaptés à son âge.

3) Que faites-vous ? Justifier.

....

....

....

....

4) Quelles transmissions ferez-vous aux parents ?

....

....

....

....

....

Corrigé

SITUATION 1

1) Vous appelez votre collègue pour qu'elle prenne en charge les autres enfants (les éloigner et les mettre en sécurité) et vous occupez de Marie (l'étouffement est une urgence).

2) Vous agissez très rapidement en pratiquant la manœuvre d'Heimlich car c'est une enfant de plus de 1 an.

3) Vous vous placez sur le côté, légèrement en arrière la fillette (en la laissant dans la position dans laquelle elle se trouve). Vous soutenez son thorax avec une main en la penchant légèrement en avant et vous lui donnez 1 à 5 tapes vigoureuses avec l'autre main, entre les deux homoplates avec le talon de la main bien ouvert.

4) Si la première manœuvre a été innefficace, vous continuez en vous mettant bien derrière la fillette, contre son dos, en plaçant vos deux bras sous les siens et en la penchant bien en avant. Puis, vous placez un poing fermé sous son sternum et au-dessus de son nombril et mettez votre autre main sur le poing. Un fois en position, tirez franchement vers l'arrière et vers le haut pour exercer une pression. Vous effectuez 1 à 5 compressions.
Si l'étouffement continue, vous reprenez la manœuvre depuis le début en faisant des tapes.

5) Vous leur transmettez les événements en les rassurant. Selon la gravité de l'étouffement, ils auront pu être avertis par téléphone par la directrice (à laquelle vous aurez signalé l'étouffement) suite à l'intervention.

6) Suite à un incident comme celui-ci, il est important de se poser quelques questions : cet étouffement est-il dû à de l'inattention de ma part ? Comment prévenir ce risque afin qu'il ne se reproduise pas ? Le biscuit était-il adapté à l'âge de l'enfant ?

SITUATION 2

1) Vous sortez Lucas du lit, lui retirez la turbulette, le rassurez et prenez sa température. Privilégiez une prise axillaire. Pour que la prise de température soit juste, vérifiez que l'aisselle est sèche et laissez le thermomètre 10 minutes ou jusqu'à ce qu'il sonne s'il est électronique. Lire la température en pensant à rajouter 0,5 °C au chiffre indiqué.

2) Le thermomètre affiche 38,5 °C. Si la température a été prise en axillaire Lucas a 39 °C (38,5 °C + 0,5 °C). Il a donc de la fièvre, il faut agir en conséquence :
- le déshabiller (le laisser en body par exemple) ;
- le rafraîchir (gant d'eau froide sur le visage) ;
- l'hydrater (lui faire boire de l'eau) ;
- l'installer à portée de vue dans un endroit calme et frais.

3) Vous ne donnez surtout pas le médicament car vous n'avez aucune ordonnance. Vous pouvez appeler les parents pour leur faire part de la situation et, selon l'évolution, leur demandez de venir récupérer leur enfant.

4) Les transmissions aux parents seront faites après la prise de la température par téléphone. Vous leur direz quelle est la température de l'enfant, son comportement, vos actions. Si la fièvre persiste malgré tout, vous les rappellerez pour les informer, leur demanderez de venir récupérer leur enfant et de consulter un médecin.
Les transmissions écrites qui permettent de laisser une trace écrite, se feront parallèlement aux transmissions orales (noter la date, l'heure, la température, les actions mises en place).

Partie 7

Techniques professionnelles socio-éducatives

Fiches de cours

FICHE

61 Préparer matériaux, matériels et locaux

Avant de démarrer une activité avec des enfants, un certain nombre de points sont à vérifier de façon à ce que les critères de sécurité, d'hygiène et de confort soient respectés. De cette organisation préalable dépend la réussite de l'activité.

1. Avant l'activité

Préparation des locaux

– Prendre connaissance de la date et de l'heure de l'activité ainsi que du matériel nécessaire afin d'organiser le local.
– S'assurer de la disponibilité du lieu et le réserver si nécessaire.
– En fonction de l'activité, installer la salle avec un nombre de chaises et de tables suffisants ou préparer un « coin » pour les enfants assis par terre (tapis, coussins).
– Dégager le lieu et prévoir d'organiser l'environnement (protection de table...).
– Se poser la question de la sécurité du lieu.
Les enfants pourront participer à la mise en place de l'activité selon leur âge.

Préparation du matériel

– Choisir du matériel adapté (à l'âge, à l'activité...) et qui répond aux critères de sécurité.
– Sortir le matériel en quantité suffisante en fonction du nombre d'enfants.
– Vérifier le bon état du matériel (éliminer le matériel cassé ou abimé pouvant être dangereux ou inutilisable).

2. Les matériels et matériaux

Le matériel de dessin

Matériel	Caractéristiques	Modalités d'utilisation
Crayons pour colorier, dessiner ou peindre	Crayons de couleur, crayons aquarelle, crayons cire, crayons pastel… Il y en a pour tous les goûts !	Certains crayons sont adaptés pour les gauchers ou ont une forme ergonomique avec une bonne prise en main.
Feutres, marqueurs textiles ou pour tableau blanc	Les feutres peuvent être à pointes fines, larges ou extra larges.	Ils peuvent s'adapter à de nombreux supports. Préférer les modèles à encre lavable.
Craies	Elles peuvents être blanches ou de couleur ou être des « craies de trottoir », plus grosses.	À utiliser sur une ardoise, du goudron, du béton, du carton...
Peinture	Différents types de peinture existent : gouache, acrylique, peinture gonflante…	Prévoir des pots anti-verse pour rincer les pinceaux ainsi que des tabliers.

Des outils pour la peinture

Matériel	Caractéristiques	Modalités d'utilisation
Pochoirs	En plastique résistant ils permettent de reproduire facilement une forme.	Éviter les pochoirs en carton trop fragiles, préférer les grands pochoirs en plastique.
Tampons	Qu'ils soient faits avec une éponge (à placer au bout des doigts) ou en mousse, ils sont faciles d'utilisation.	Veiller à encrer seulement la partie en relief (par tapotage de la forme sur le tampon) et choisir des encres lavables.
Pinceaux	Ils peuvent être à embout en soie ou en caoutchouc, avec un réservoir d'eau, à brosses plates ou rondes, avec une forme ergonomique...	Faire respecter l'utilisation des pinceaux (pas à la bouche) et préférer des petits modèles. Bien les laver et les laisser sécher tête en haut après usage.
Rouleaux	En éponge simple ou à motifs, ils offrent une bonne prise en main.	Bien les laver après usage pour prolonger leur utilisation.

Arts plastiques

Matériel	Caractéristiques	Modalités d'utilisation
Flocons de maïs	Faciles à utiliser car, une fois humectés, ils se soudent sans colle.	Produits 100 % naturel qui permettent de faire des décorations en 2D ou 3D.
Perles à repasser	Les perles sont repassées jusqu'à ce que leur surface se fonde.	Attention à éloigner les enfants lors du repassage (risques de brûlures).
Plastique magique	Le plastique se rétrécit sept fois et devient sept fois plus épais après cuisson au four.	– Éloigner les enfants du four. – Jolis résultats même avec des enfants qui ne savent pas encore dessiner.
Pâte à modeler	Peuvent s'utiliser seules ou avec des moules, des emporte-pièces ou des outils de modelage (ébauchoirs, mirettes, rouleaux...).	Préférer les pâtes qui ne collent pas aux doigts et ne tachent pas et bien refermer le pot après utilisation.

3. Pendant l'activité

- S'assurer que les enfants aient le matériel nécessaire à disposition.
- Être vigilant pour que les règles de sécurité soient respectées.

4. Après l'activité

- Rangement du matériel : s'assurer qu'il est en bon état et complet.
- Ranger ce qui peut être réutilisé et jeter ce qui ne peut plus l'être.
- Mise en état du mobilier et des locaux (vérifier la propreté des chaises, tables).
- S'assurer du stock et signaler ou commander si du matériel manque.

Selon l'âge des enfants, ceux-ci pourront participer au rangement de l'activité.

LE JOUR DE L'EXAMEN

Lors de la présentation du dossier en EP2, le candidat devra développer une technique socio-éducative pour un enfant ou un groupe d'enfants. Il faudra rédiger une fiche puis la présenter à l'oral devant le jury. La technique devra être justifiée. Elle sera ensuite décrite en nommant les différentes étapes, le lieu et le moment de la journée pendant lequel elle est menée.

FICHE

62 Les marionnettes

À partir de 15 mois

Les marionnettes sont des supports de communication intéressants et importants qui permettent à l'enfant de développer son langage, son imaginaire. Leur manipulation lui permet de libérer ses émotions en ne parlant pas directement mais en utilisant un intermédiaire à qui il est plus facile de faire dire des choses. Aisées ou plus complexes à réaliser, les marionnettes sont à la portée des plus jeunes.

1. Objectifs pour l'enfant

- S'exprimer, enrichir son vocabulaire.
- Développer son imaginaire et sa créativité.
- Mettre en jeu l'objet fabriqué devant un public.
- Apprendre à se structurer par la répétition et la précision de gestes.
- Projeter ses émotions sur les marionnettes.

2. Organisation

- Par petits groupes pour la manipulation.
- En groupes plus importants pour la participation à un spectacle.

3. Différentes activités avec les marionnettes

- Utiliser ou créer des marionnettes de toutes sortes, de toutes tailles : à doigts ou à fils, à partir de chaussettes, en papier ou en tissus, à gaine (enfilée sur la main comme un gant avec des trous pour chaque doigt, la tête supportée par la main du manipulateur), à gueules (la bouche du personnage est articulée par les doigts), à marottes (constituée d'une boule et d'un bâton solidaires avec un corps ou un simple tissu qui recouvre le bâton).
- Fabriquer un castelet.
- Créer un théâtre de marionnettes animé par le professionnel.
- Monter un spectacle de marionnettes animé par les enfants.

4. Attitude professionnelle

- Rester en retrait en laissant l'interaction se faire entre l'enfant et la marionnette.
- Proposer une relation triangulaire : marionnette/enfant/adulte.
- Être dans une animation indirecte adulte/enfant au cours de laquelle l'échange porte sur ce qu'a fait la marionnette, son caractère, ses goûts…

– Proposer plusieurs marionnettes qui permettent une interaction entre les enfants (et éventuellement le professionnel).
– Utiliser la marionnette pour raconter une histoire ou préparer un spectacle.

ACTIVITÉ EXEMPLE

Créer une marionnette en bois

Âge : à partir de 15 mois.

Durée : 15 à 20 minutes.

Intérêts de l'activité : l'enfant colle avec un pinceau (cheveux de la marionnette), gribouille, peint, colorie, commence à nommer ce qui l'entoure (explosion du langage), manipule les objets avec précision, compte jusqu'à 6 ou 8, trace des traits, dessine plus précisément (yeux, nez, bouche), découpe aux ciseaux.

Matériel :
– Une cuillère en bois.
– Des chutes de tissu (longueur : 30 cm, largeur : celle du manche en bois).
– Deux feutres (un noir et un rouge).
– Des chutes de laine.
– Un ruban (45 cm environ).
– De la colle à bois et un pinceau.
– Une paire de ciseaux.

Étapes :

1. Dessiner au feutre les yeux, la bouche et le nez sur la cuillère.
2. Couper les morceaux de laine de la longueur désirée pour créer les cheveux.
3. Coller les cheveux autour du visage.
4. Découper le tissu et l'accrocher sous la « tête » de la cuillère grâce au ruban.

Variantes :

– Remplacer la robe de la marionnette par des décorations sur le manche de la cuillère en bois (ruban adhésif coloré, gommettes…).
– Utiliser de la feutrine pour la chevelure afin de varier les coupes.
– Ajouter des accessoires : boutons collés sur la robe, chapeaux, barrettes dans les cheveux…

FICHE

63 Les manipulations

À partir de 15 mois

Les jeunes enfants aiment les manipulations qui leur permettent d'avoir un impact sur la matière. Ils découvrent des textures nouvelles, des sensations différentes.

1. Objectifs pour l'enfant

– Développer sa motricité fine (remplir, vider...).
– Développer son langage.
– Développer des notions de mathématique (plus que..., moins que..., autant que..., dedans/dehors).
– Découvrir des matériaux.
– Se socialiser.
– Développer ses fonctions intellectuelles (cause/effet).
– Développer ses fonctions créatives.

2. Organisation

Petits groupes d'enfants (3 à 5) installés, selon l'activité :
– sur une petite table (pâte à sel, pâte à modeler, cuisine) ;
– au sol (manipulation de graines) ;
– autour ou dans un bac (manipulation d'eau ou de graines).

3. Différentes activités de manipulation

– Manipulation d'eau (jeux d'eau).
– Manipulation de graines (lentilles, riz, coucous...), de farine, de sable...
– Pâte à sel.
– Pâte à modeler.
– Manipulation de terre.
– Activités en cuisine (création de sablés, réalisation d'un gâteau au yaourt...).

4. Attitude professionnelle

– Être garant de la sécurité de l'enfant (présence du professionnel obligatoire lors des manipulations).
– Laisser l'enfant manipuler et expérimenter à son rythme en intervenant le moins possible.
– Verbaliser les actions lorsque cela est nécessaire.

ACTIVITÉ EXEMPLE

Un hérisson en pâte à sel

Âge : à partir de 15 mois.

Durée : 10 à 15 minutes.

Intérêts de l'activité : l'enfant mélange les ingrédients, malaxe la pâte à sel, découvre la texture, fait une boule, insère des objets dans la pâte à sel, commence à nommer ce qui l'entoure et manipule les objets avec précision.

Matériel :

- Un petit verre en plastique en guise de doseur.
- Une cuillère à soupe.
- Deux verres de farine.
- Un verre de sel fin.
- ¾ de verre d'eau.
- Une bassine.
- Des allumettes.
- Trois lentilles (ou trois grains de café).
- Du papier cuisson.

Étapes :

1. Mélanger dans la bassine la farine et le sel, y ajouter progressivement l'eau jusqu'à ce que la pâte soit homogène.
2. Former une boule pour faire le corps du hérisson, l'étirer pour créer le museau pointu.
3. Pour les oreilles, créer deux petites boules, les aplatir et les coller sur la tête.
4. Insérer les lentilles pour représenter les yeux et le museau du hérisson.
5. Terminer en piquant les allumettes dans le corps du hérisson.
6. Déposer le hérisson sur du papier cuisson et le cuire au four à 120 °C pendant 30 minutes (le sortir dès qu'il brunit), ou le laisser sécher près d'un radiateur.

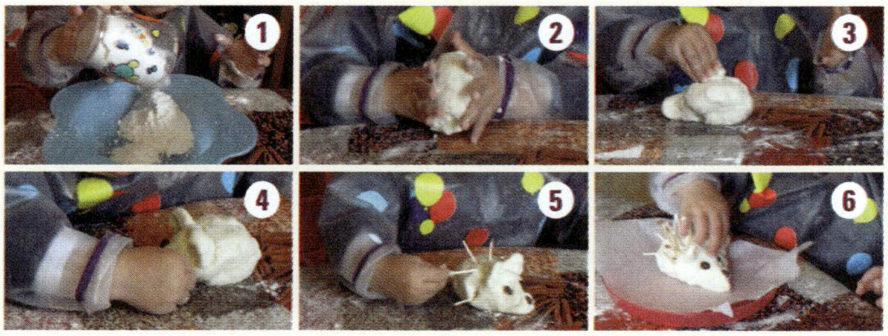

Variantes :

- Pour faire les yeux utiliser des boutons ou des yeux amovibles (à coller après cuisson).
- Faire les piquants en spaghettis, en pailles, en pommes de pin, ou encore en cure-dents.

FICHE

64 La peinture

À partir de 18 mois

Par la peinture l'enfant va découvrir la magie de laisser une trace sur le support. Chez les plus jeunes cet atelier est de l'ordre de la découverte et non de l'apprentissage comme il pourra l'être ensuite en école maternelle. Il faudra donc dans un premier temps les laisser faire leurs propres expériences pour ensuite leur demander de respecter certaines consignes.

1. Objectifs pour l'enfant

– Développer sa motricité fine (utiliser un pinceau, un tampon, un rouleau...).
– Développer son langage (couleurs, formes).
– S'exprimer à travers l'art.
– Développer sa créativité.
– Découvrir les matériaux.
– Se socialiser et communiquer.

2. Organisation

– Atelier individuel ou collectif (pour réaliser une fresque par exemple).
– Jouer sur la variété des supports avec :
- les dimensions : feuille de papier A4, format poster... (les grands supports sont particulièrement adaptés aux jeunes enfants entre 18 mois et 2 ans, car ils permettent des mouvements très larges. Or à cet âge-là, l'enfant utilise tout son bras pour dessiner et pas seulement le poignet comme c'est le cas de l'enfant plus grand) ;
- les textures : papier, carton, bois (boites de camembert), tissus... ;
- l'orientation : verticale (sur un mur, un chevalet...), horizontale (sur une table ou au sol) ;
- les couleurs des feuilles.

3. Différentes activités de peinture

– Peinture au doigt, avec les pieds, le coude…
– Peinture au pinceau, avec un tampon, une éponge, une paille, un bouchon de liège, un peigne, un coton-tige, une brosse à dents...
– Supports variés (papier, tissu, objet…).

4. Attitude professionnelle

Pour les plus jeunes, le professionnel :
– respecte la créativité de l'enfant sans l'inciter à représenter un objet quelconque ;

– invite l'enfant à parler de son dessin en évitant de donner ses propres interprétations.

Pour les plus grands (3-6 ans), le professionnel :
– peut laisser libre cours à l'imagination de l'enfant ;
– peut proposer des ateliers plus dirigés (reproduire des formes, utiliser certaines couleurs, travailler avec certains outils...).

ACTIVITÉ EXEMPLE

La peinture à la pomme de terre

Âge : à partir de 18 mois.

Durée : 5 à 10 minutes.

Intérêts de l'activité : cette activité artistique permet à l'enfant de nommer les couleurs et de découvrir les mélanges possibles, tout en développant et affinant sa préhension (poser, lever, appuyer, retirer délicatement, frotter). Le laisser explorer le matériel, son utilisation, l'espace de la feuille donnera libre cours à sa créativité et à son imagination. Ce moment de détente développera sa capacité d'attention.

Matériel :
– Des pommes de terre.
– De la peinture.
– Une grande feuille blanche.
– Un tablier pour protéger l'enfant.
– Une nappe pour protéger l'espace de travail.

Étapes :

1. Le professionnel sculpte différentes formes sur les pommes de terre et met de la peinture dans les assiettes.
2. L'enfant trempe les formes dans les assiettes et tamponne sur sa feuille.

L'expérience du nettoyage des instruments peut être un prolongement de l'activité : les couleurs se mélangent sous l'eau et viennent former une nouvelle combinaison colorée !

Variantes :

– Utiliser d'autres outils de peinture originaux : éponge, fourchette, vaporisateur, billes, bouchon en plastique, culot de bouteille, brosse à dents, papier bulle, petite voiture, bouchon en liège, laine…
– Associer une seule couleur primaire (bleu, rouge, jaune) à un seul tampon, ou plusieurs couleurs pour une seule technique, ou plusieurs techniques pour une seule couleur.

FICHE 65 Les jeux symboliques

À partir de 2 ans

Ces jeux permettent à l'enfant d'imiter des personnes adultes, des animaux, des situations ou des événements. Ce sont des occasions privilégiées au cours desquelles l'enfant, acteur, met en scène des moments vécus ou observés, et fait « comme si ». Il invente des situations en fonction de ce qui l'interroge et de son imagination. Il s'approprie ses émotions et apprend à gérer ses frustrations.

1. Objectifs pour l'enfant

– S'exprimer (échanger, négocier, partager...).
– Manipuler des objets familiers et développer sa coordination (manipulation des moulinettes, des pinces à linge, des outils de bricolage adaptés...).
– Apprendre à organiser son activité par rapport à un but et en fonction des objets à disposition (mettre en place la pause-café, le repas, la sieste...).
– Stimuler son imagination (avec le coin déguisement notamment).
– Améliorer sa capacité à contrôler ses gestes et ses émotions.
– Développer sa capacité à classer et ordonner.

2. Organisation

La structure collective organise des coins autour desquels l'enfant peut jouer seul ou en petit groupe, endossant le rôle de son choix (papa, maman, maîtresse, docteur...). Idéalement, les coins sont contenus par des paravents ou des meubles afin de préserver l'intimité des enfants.

3. Zones des jeux symboliques en collectivités

– Le coin cuisine : four, cuisinière, dinette...
– Le coin « bébés » : tapis de change, poussette, poupées, vêtements...
– Le coin du docteur : mallette du docteur pour faire une piqûre, pansements pour soigner...
– Le coin bricolage : boîte à outils avec tournevis, marteau, étau...
– Le coin de la marchande : balance, fruits, légumes, boîtes de conserves...
– Le coin des marionnettes.

4. Attitude professionnelle

- Veiller à proposer des accessoires en bon état et en nombre suffisant.
- Respecter l'intimité de l'enfant qui a parfois besoin de jouer sans le regard de l'adulte.
- Maintenir le coin jeu prêt à jouer.
- Changer de thème toutes les quatre à six semaines pour éviter la lassitude.
- Encourager l'enfant à participer à l'activité, sans le forcer.
- Rester en retrait tout en surveillant.

ACTIVITÉ EXEMPLE

Création de pansements pour une mallette de docteur

Âge : à partir de 2 ans.

Durée : 10 minutes.

Intérêts de l'activité : l'enfant colle avec un pinceau, il découpe la feutrine et le scratch. Grâce à ses pansements il pourra tantôt jouer au médecin pour soigner, rassurer, ausculter, tantôt être le malade pour se faire soigner et dire sa douleur. Des jeux de rôles vont ainsi se créer pour lui permettre de rejouer une scène vécue ou d'imaginer des situations.

Matériel :
- De la colle liquide pour tissus.
- Un pinceau.
- Deux feuilles de feutrine (une blanche et une autre de couleur).
- Une paire de ciseaux.
- Un morceau de scratch.

Étapes :

1. Découper dans la feuille de feutrine de couleur la forme d'un pansement (un rectangle avec les angles arrondis). Astuce : utiliser un pansement de grande taille comme gabarit. Puis découper dans la feuille de feutrine blanche un petit rectangle.
2. Coller le rectangle au centre du pansement.
3. Coller une partie du scratch à une extrémité du pansement.
4. Retourner le pansement et coller l'autre moitié du scratch à l'opposé du premier. Astuce : pour les plus jeunes, coudre les différentes parties (rectangle de feutrine blanche et scratch) afin que cela soit plus solide.

Ça y est ! Tout est prêt pour aller soigner la blessure du doudou, de la poupée ou d'un petit camarade !

FICHE

66 Les jeux de société

À partir de 2 ans

Les jeux de société, proposés pour le plaisir, permettent de développer et d'organiser des stratégies, des méthodes et font appel à la mémoire, la réflexion ou, simplement, au bon sens. Ils permettent à l'enfant d'intégrer des règles sociales.

1. Objectifs

– Apprendre à se concentrer.
– Apprendre à coordonner ses gestes (lancer un dé, avancer un pion, tenir des cartes).
– Apprendre les règles de la vie sociale (attendre son tour, suivre les consignes, aller jusqu'au bout du jeu, accepter les règles, accepter de perdre).
– Apprendre à compter.

2. Organisation

– Installer le jeu sur une table adaptée aux enfants, ou au sol.
– Sortir les éléments et préparer le jeu avant que les joueurs arrivent.

3. Différents types de jeux de société

– Les jeux d'observation : l'enfant doit être attentif tout le long de la partie (exemple : *Le Petit lynx*).
– Les jeux de cartes : jeu des 7 familles, le jeu de cartes Mistigri...
– Les jeux de plateau : on y joue avec des pions et/ou des cartes sur un plateau (exemples : les petits chevaux, *Allez les escargots*...).
– Les jeux d'adresse : ils nécessitent patience et habileté (exemples : *SOS Ouistiti*, Mikado).
– Les jeux de coopération : les joueurs jouent ensemble contre un « ennemi » commun (exemple : *Le Verger*).
– Les jeux de hasard : gagner ou perdre ne dépend pas du joueur mais du hasard (exemples : *Le Bourricot*, *Le Cochon qui rit*).

4. Attitude professionnelle

– Choisir des jeux adaptés à l'âge des enfants en particulier pour la sécurité (éviter les petites pièces pour les plus jeunes).
– Vérifier que le matériel est complet avant de proposer le jeu.
– Veiller à ce que les règles soient comprises avant de commencer la partie.
– Rester disponible tout le long de la partie.
– Proposer des parties plus courtes ou avec des règles simplifiées pour les plus jeunes. Jouer avec eux et veiller au respect des règles.

ACTIVITÉ EXEMPLE

Réaliser son jeu de société, *Le jeu des couleurs*

Âge : à partir de 3 ans.

Durée : 15 minutes pour la réalisation du plateau de jeu et 10-15 minutes pour une partie.

Intérêts de l'activité : lors de la création, l'enfant nomme les couleurs, colle les rectangles avec l'aide de l'adulte, peint les galets, découpe, trace des traits… La partie qui suit est l'occasion d'enrichir son vocabulaire, de respecter les règles, d'apprendre à être patient, de compter les cases après avoir lancé le dé (jusqu'à 6) et de favoriser les interactions et la communication.

Matériel :

- Un carton de 43 cm × 65 cm (taille d'un grand calendrier).
- Des feuilles de papier de couleur (rouge, vert, bleu, jaune, noir, blanc).
- De la colle et une paire de ciseaux.
- Un crayon à papier et une règle.
- Autant de galets que de joueurs.
- Autant de peintures différentes que de galets.
- Un pinceau et un dé.

Étapes :

1. Commencer à créer le plateau de jeu en traçant sur les différents papiers des rectangles de 6 cm x 3 cm, puis les découper.
2. Sur les feuilles blanches, écrire : « Départ », « Arrivée », « Recule d'une case », « Avance de deux cases », « Retourne à la case départ » (ou des gages à réaliser, des questions auxquelles il faut répondre pour les enfants plus grands).
3. Coller sur le carton les rectangles en mêlant les couleurs, pour constituer un chemin en forme d'escargot.
4. Placer la carte « Départ » en début de parcours, « Arrivée » en fin de circuit, et répartir les autres cartes blanches.
5. Enfin, créer les pions en peignant chaque galet de couleur différente.

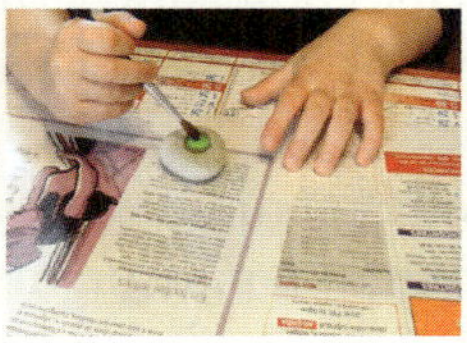

Règles du jeu :

- Placer tous les pions sur la case « Départ ».
- Le 1er joueur lance le dé, compte les points et avance son pion sur la case correspondante. S'il tombe sur une case blanche, il fait ce qui est écrit dessus.
- Le 1er joueur sur la case « Arrivée » a gagné.

FICHE
67 L'expression corporelle

À partir de 2 ans

Les activités d'expression corporelle permettent à l'enfant de découvrir son corps, d'imaginer des mouvements, de s'exprimer autrement que par les mots.

1. Objectifs pour l'enfant

– Prendre conscience de son corps en sentant et en nommant les différentes parties.
– Exprimer des émotions et développer la confiance en soi.
– Maîtriser des mouvements.
– Apprendre à se concentrer.
– Développer la sociabilité et l'esprit d'équipe (coopération par exemple).
– Développer son imaginaire et ses capacités de création.
– Se sensibiliser aux rythmes.
– Se déplacer et se repérer dans l'espace.

2. Organisation

– Choisir si l'activité est individuelle, en petit ou en grand groupe.
– S'assurer de la présence du matériel nécessaire.
– Veiller à ce que la tenue vestimentaire de l'enfant soit adaptée pour qu'il soit à l'aise. On peut lui proposer de retirer ses chaussures pour certains ateliers.

3. Différentes activités proposant de l'expression corporelle

– La danse : activité libre ou chorégraphiée qui permet de s'exprimer seul(e) ou à plusieurs.
– Les rondes : activités sécurisantes (tout le monde fait la même chose) qui permettent de jouer avec le rythme et ouvrent à la socialisation.
– Le jeu du miroir : reproduire des gestes précis.
– Les mimes : imiter un mot, un métier, un animal...
– Le jeu de la statue : bouger en fonction de la musique et s'arrêter lorsqu'elle s'arrête.
– « Faire comme » : voler comme un oiseau, marcher comme un ours…
– Le yoga et la relaxation : favoriser le retour au calme et la détente.

On peut aussi faire jouer sur l'amplitude du mouvement, sur la vitesse d'exécution, sur l'espace, sur le contact avec les partenaires, sur le matériel utilisé...

4. Attitude professionnelle

En fonction de l'atelier proposé, le professionnel pourra :
- rester en retrait (expression libre) ou donner des consignes (expression dirigée) ;
- animer ou faire animer (par exemple l'échauffement peut être fait par un grand enfant) ;
- accompagner, encourager et valoriser l'enfant ;
- accepter le refus de l'enfant (contact avec les autres ou activité elle-même).

De manière générale, le professionnel devra être garant de la sécurité physique et affective de l'enfant qui ne pourra expérimenter les situations proposées qu'à cette condition.

ACTIVITÉ EXEMPLE « Dans la jungle » (atelier psychomoteur en petit groupe)

Âge : à partir de 2 ans.

Durée : variable en fonction du nombre d'obstacles ou de supports proposés tout au long du parcours.

Intérêts de l'activité : développer la motricité de l'enfant, lui faire prendre conscience de son corps et de ses capacités tout comme de ses limites, respecter des consignes.

Matériel : un tapis de sol, un tunnel ou des chaises, un mur d'escalade et des tenues confortables et adaptées aux mouvements, pour les enfants et le professionnel.

Étapes :

1. Installer le matériel.
2. Enfiler la tenue adaptée et se déchausser.
3. Découvrir le lieu en faisant le parcours.
4. Introduire l'activité comme une histoire : « Aujourd'hui, on se promène dans la jungle... ».
5. Introduire l'échauffement en l'insérant dans l'histoire. C'est un rituel qui permet de se préparer physiquement et mentalement à la séance.
6. Commencer le parcours. À partir de l'histoire imaginée, le professionnel raconte l'histoire et les enfants suivent les consignes. Exemples :
   - Le serpent rampe sous la chaise (ou dans un tunnel).
   - La grenouille tropicale fait des bonds pour se déplacer.
   - Le singe grimpe sur le mur d'escalade.
   - Les toucans volent en groupe pour se déplacer.
7. Terminer la séance par une phase d'étirements.
8. Faire un retour au calme (phase de relaxation pour se décontracter).
9. Ranger le matériel.

Variantes : cette activité peut être réalisée à l'intérieur ou à l'extérieur suivant le temps.

FICHE

68 La découverte des cinq sens

À partir de 2 ans

L'environnement et les conditions de vie ne favorisent pas toujours l'éducation de tous les sens de la même façon. Certains sont plus sollicités que d'autres et, pourtant, c'est grâce à leur usage que l'enfant va comprendre et découvrir le monde qui l'entoure.

1. Objectifs pour l'enfant

- Développer le langage et nommer ses perceptions.
- Découvrir son corps (le nez sent, les yeux voient, les mains touchent...).
- Développer ses capacités sensorielles.
- Comparer les perceptions (c'est doux /ça pique, ça sent bon /ça sent mauvais…).

2. Organisation

Constituer un petit groupe de trois à quatre enfants pour les jeux collectifs, puis les installer dans un endroit calme (en particulier pour les jeux sur l'ouïe).
Néanmoins, la plupart des activités proposées peuvent aussi se jouer avec un seul enfant et le professionnel.

3. Différentes activités autour des sens

Vue	Toucher
– Devinettes : choisir un objet et le faire deviner en donnant trois indices visuels. – Jeux de détail : trouver un objet à partir de la photo d'un détail, trouver un personnage dans la page d'un album... – Trompe-l'œil et illusions d'optique : fabriquer un kaléidoscope, un thaumatrope…	– Pochettes surprises : nommer les objets cachés dans la pochette en les touchant. – Parcours des sensations : faire marcher pieds nus sur différents matériaux (yeux bandés). – Découvrir des dominos par le toucher et associer les semblables.
Ouïe	**Odorat**
– Loto auditif : associer un bruit à l'image qui correspond. – Reconnaître des bruits d'animaux familiers et les nommer. – Aller écouter les bruits de la forêt en petit groupe.	– Loto des odeurs : associer une odeur à l'image qui correspond. – Créer un pot-pourri. – Cultiver les plantes aromatiques. – Cuisiner des épices.
Goût	
– Devinettes gustatives : goûter puis nommer les aliments yeux bandés (varier les saveurs et la chaleur des aliments présentés). – Jeux de saveurs : trier des aliments par catégories (sucré, salé, amer, acide). – Comparaison : goûter du pain sous différentes formes (biscotte, pain frais, pain grillé…).	

4. Attitude professionnelle

– Laisser à l'enfant le temps de faire ses propres expériences.
– L'inviter à verbaliser ce qu'il ressent et, si nécessaire, enrichir son vocabulaire pour l'aider à être précis dans ses propos.
– Ne pas hésiter à varier les supports en introduisant par exemple de nouveaux objets.

ACTIVITÉ EXEMPLE

Un carillon multicolore

Âge : à partir de 2 ans.

Durée : 2 × 20 minutes.

Intérêts de l'activité : la création de cet objet décoratif et mélodieux fait la part belle à la créativité, au toucher de différents matériaux et à l'appréciation auditive.

Matériel :
– Douze capsules de café vides de différentes couleurs.
– Un cure-dents.
– Une pelote de laine.
– Douze perles de grosse taille et vingt-quatre plus petites.
– Du carton épais.
– Une paire de ciseaux.
– Un compas.
– Un pinceau et de la peinture.
– Douze crochets.

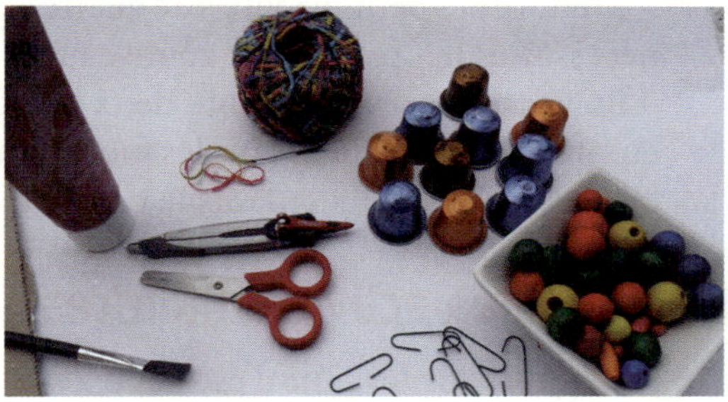

Étapes :

1. Tracer sur le carton un cercle ayant un rayon de 8 cm, dessiner à l'intérieur un second cercle avec un rayon de 4 cm en prenant le même centre.
2. Découper la couronne et la peindre des deux côtés. Laisser sécher 10 à 15 minutes.
3. Insérer les douze crochets autour de la couronne, à intervalles réguliers.
4. Trouer le côté bombé des capsules au centre à l'aide du cure-dents.
5. Couper 12 ficelles de laine de 60 cm chacune. Faire un nœud avec une perle à l'une des extrémités. Enfiler la grosse perle, la capsule côté bombé vers le haut, et deux ou trois perles plus petites.
6. Nouer les douze suspensions aux crochets. Il ne reste plus qu'à accrocher le carillon !

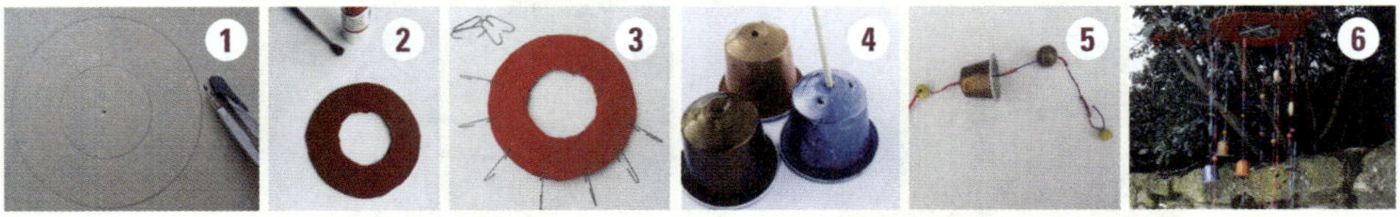

Variante : les capsules peuvent être remplacées par des pots de petits-suisses.

FICHE

69 Les jeux moteurs

Dès 10 mois

C'est par les activités motrices que l'enfant va découvrir et exercer son corps en tentant des expériences et en prenant des risques sous l'œil vigilant du professionnel qui saura poser des limites à bon escient.

1. Objectifs pour l'enfant

– Développer ses compétences motrices : marcher, sauter, rouler, grimper...
– Exercer son équilibre et prendre conscience de son schéma corporel.
– Muscler certaines parties de son corps et découvrir l'espace.

2. Organisation

– Prendre des petits groupes de quatre à cinq enfants et leur donner les consignes nécessaires (en particulier au niveau de la sécurité).
– Pour animer il y a ensuite deux solutions : laisser les enfants découvrir par eux-mêmes les ateliers sans les forcer mais en verbalisant ce qu'ils font ou expliquer et montrer aux enfants le parcours avant de les laisser expérimenter.

3. Différentes activités motrices

– Grimper sur un mur d'escalade.
– S'exercer à enjamber, courir, sauter, ramper, marcher à quatre pattes... lors d'un parcours psychomoteur ou sur une structure.
– Jouer aux quilles.
– Se rouler et sauter dans la piscine à balles.
– Faire du tricycle ou du vélo.
– Sauter avec des ballons sauteurs ou sur des trampolines.

4. Attitude professionnelle

– Aménager l'espace avant l'arrivée des enfants.
– Respecter le rythme des enfants et ne pas les forcer (risque de blocage).
– Les encourager et les féliciter régulièrement.
– Être présent tout le temps de l'activité pour garantir la sécurité physique et affective des enfants.
– Observer les enfants pour s'assurer de leur évolution.

ACTIVITÉ EXEMPLE

Jouer aux quilles

Nombre d'enfants : quatre enfants.

Âge : à partir de 3 ans.

Durée : 10 minutes par partie.

Intérêts de l'activité : développer l'adresse et la précision du geste, acquérir les règles sociales (chacun son tour, respecter les règles...).

Matériel :
– Un jeu de six quilles en plastique.
– Trois balles.

Étapes :

1. Choisir un terrain plat.
2. Déposer les quilles pas trop espacées les unes des autres.
3. Tracer un trait au sol pour matérialiser la limite sur laquelle les enfants doivent se positionner pour jeter la balle (à environ 5 mètres des quilles).
4. Expliquer les règles du jeu.
5. Demander au plus jeune des enfants de lancer ses trois balles, les unes après les autres, quand vous le lui direz.
6. Compter le nombre de quilles tombées.
7. Recommencer avec les trois autres enfants (l'un après l'autre).
8. Le gagnant est celui qui a marqué le plus de points !

Variantes : on peut mettre des points bonus si toutes les quilles sont tombées avec la première balle, on peut aussi augmenter la difficulté en éloignant les enfants des quilles.

FICHE

70 Les livres

À partir de 6 mois

Si l'enfant a moins de 3 ans, il a besoin d'établir une relation privilégiée avec l'adulte pour accéder au livre : il n'est pas suffisamment autonome pour expérimenter sans accompagnement.

1. Objectifs pour l'enfant

– Développer ses sens (l'audition avec le bruit des pages, la vue avec les images et le texte…) et la motricité fine en tournant les pages.
– Développer le langage en écoutant l'histoire et en la racontant à son tour.
– Établir une relation privilégiée avec l'adulte.
– Développer son imaginaire.
– Comprendre le monde dans lequel il évolue.
– Intégrer des valeurs et des messages pour s'identifier aux personnages et se rassurer.

2. Organisation

Aménager un coin lecture douillet et calme où chacun trouvera sa place. Les livres sont à la disposition des enfants et renouvelés régulièrement. Il peut y avoir des temps libres et des temps d'histoires en groupes. Parfois, les enfants peuvent écouter une histoire lue sur CD tout en suivant sur le livre les images.

3. Des livres pour tous les âges

Âge	Type de livre	Développement de l'enfant
Avant 6 mois	Des livres-objets (en bois, mousse, tissu) avec des graphismes simples et pas, ou peu de texte.	L'enfant porte à la bouche, mordille, touche les matières… C'est l'exploration sensorielle.
Vers 8-10 mois	Imagier simple, histoires courtes et livres tactiles (relation adulte/enfant favorisée).	L'enfant est attiré par l'image qu'il montre du doigt. Il prononce ses premières syllabes.
Entre 1 et 2 ans	Des albums avec des histoires simples faisant appel à l'imaginaire ou au quotidien.	L'enfant se construit et se rassure en demandant plusieurs fois la même histoire.
À partir de 2 ans	Des albums aux histoires plus complexes qui abordent la nécessaire séparation pour grandir et des livres à thèmes (les contraires, la nuit et le jour...).	L'enfant essaie d'apprivoiser ses peurs. Il veut être autonome et grandir et est curieux du monde qui l'entoure.
Vers 4 ans	Des livres pour aborder les grandes questions (naissance, vie, mort) et apprendre. Des contes.	L'enfant se pose des questions sur le monde qui l'entoure. C'est la période du « pourquoi ». L'imaginaire se développe.

4. Attitude professionnelle

– Faire respecter le livre tout en laissant à l'enfant le loisir de le manipuler.
– Accepter de raconter plusieurs fois la même histoire : l'enfant est rassuré par la répétition car il peut se représenter la suite et anticiper les actions.
– Varier la façon de raconter (laisser les enfants s'exprimer librement ou lire).
– Se mettre à la hauteur des enfants pour lire et varier l'intonation.
– Lire le livre avant de le présenter aux enfants afin de se l'approprier.
– Ne pas sauter de passages tristes car cela permet à l'enfant de s'identifier au héros.
– Prendre en compte les envies de l'enfant et accepter qu'il ne veuille pas toujours lire un livre.
– Être disponible tout le long de l'histoire.

ACTIVITÉ EXEMPLE

Lecture participative d'un conte, *Boucle d'or et les Trois Ours*

Âge : à partir de 2 ans ½.

Durée : 10 minutes environ.

Intérêt de l'activité : développement du langage (décrire une situation, nommer des objets, commenter une image...).

Préparation :
– Choisir une version du conte adaptée à l'âge des enfants.
– Lire le livre avant de le présenter aux enfants.
– Préparer un coin douillet pour l'installation des enfants et prévoir l'installation du professionnel à leur hauteur.

Étapes :

1. S'installer face aux enfants en leur montrant les images du livre.
2. Demander le silence (ce peut être un rituel comme donner trois coups de bâtons qui signifient que l'histoire va commencer).
3. Lire l'histoire et ne pas hésiter à moduler sa voix (grave pour le papa ours, petite pour le bébé ours...) ou à marquer un silence qui souligne un suspens. Les plus grands peuvent eux-mêmes raconter l'histoire.
4. Inciter les enfants à prendre la parole en questionnant : « Où est le bol du papa ? », « Qui dort dans le lit de petit ours ? », « Que trouve la famille Ours en rentrant chez elle ? »…
5. Laisser les enfants s'exprimer à la suite de la lecture en veillant à ce que chacun puisse prendre la parole et attende son tour.
6. Signifier que l'histoire est terminée par un rituel (par exemple avec une petite phrase : « Et cric et crac, je referme ma boite à histoires ! »)

Variante : investir l'histoire par une activité parallèle à la lecture en créant des marionnettes pour raconter le récit par exemple.

FICHE

71 Les instruments de musique et le chant

À partir de 2 ans

Les instruments de musique permettent de nombreuses exploitations. De la conception à l'utilisation, l'enfant peut développer des compétences variées. Il découvrira le plaisir d'être acteur dans la construction de l'instrument ainsi que le plaisir d'en jouer et d'accompagner la musique par un chant ou une comptine chantée.

1. Objectifs pour l'enfant

– Découvrir les sons (aigus, graves…), les familles d'instruments (à cordes, à vent…) et le rythme (rapide, lent…).
– Développer la motricité fine en manipulant les instruments.
– Respecter les consignes.
– Développer l'ouïe et le langage (chants et comptines).

2. Organisation

– Constituer des petits groupes.
– Prévoir un temps défini adapté à l'âge des enfants.
– Donner des consignes claires et précises.

3. Différentes activités autour des instruments et du chant

– Éveil musical : disposer quelques instruments sur un tissu, proposer aux enfants de les manipuler (maracas, tambours, guitare…) et de les écouter.
– Fabriquer un instrument de musique.
– Écouter et commenter *Pierre et le loup*.
– Mettre en place un orchestre pour les plus grands.
– Accompagner un chant, chanter une chanson ou une comptine.

À savoir

Gaie, rythmée et courte, la comptine fait partie du répertoire traditionnel et permet de jouer sur l'intonation, le rythme. Elle est source de plaisir et permet à l'enfant de découvrir son schéma corporel et d'apprendre certaines gestuelles (mimes). Parmi les comptines connues on peut citer : *Une poule sur un mur, Une souris verte, Tourne petit moulin.*

4. Attitude professionnelle

– Faire respecter le matériel.
– Donner des consignes claires pour l'éveil musical ou laisser l'enfant expérimenter et découvrir tout seul.
– Pour l'éveil musical, prévenir du début et de la fin de l'activité afin d'instaurer un rituel.

ACTIVITÉ EXEMPLE

Fabriquer une guitare

Âge : à partir de 2 ans.

Durée : 2 × 15 minutes.

Intérêts de l'activité : fabriquer sa propre guitare permet de jouer avec les sons, les rythmes. L'enfant est valorisé.

Matériel :

- Une boîte de céréales.
- De la peinture et un pinceau.
- Six élastiques.
- Douze attaches parisiennes.
- Un ruban large ou une bande de tissu.
- Une bande de carton de 8 cm × 55 cm.
- Un pistolet à colle et du Scotch.
- Des décorations pour la guitare : gommettes, paillettes, étoiles...
- Un compas et une paire de ciseaux.

Étapes :

1. Tracer un rond 6 cm de rayon dans le bas de la boîte de céréales puis le découper.
2. Coller la bande en carton au dos de la boîte en la laissant dépasser d'environ 35 cm : elle servira de manche (éloigner l'enfant afin qu'il ne se brûle pas).
3. Peindre la boîte et le manche puis laisser sécher la peinture.
4. Créer une mince ouverture sur le côté bas de la boîte pour y glisser le ruban : il sera maintenu par un morceau de Scotch collé à l'intérieur. L'autre extrémité sera fixée au dos du manche par un morceau de Scotch.
5. Insérer six attaches parisiennes à chaque extrémité de la boîte.
6. Couper les élastiques en deux. Attacher chaque bout d'élastique d'une attache parisienne à l'autre.
7. Finir de décorer la boîte en collant les décorations... La guitare est prête !

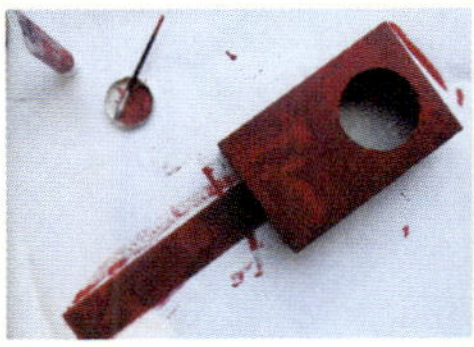
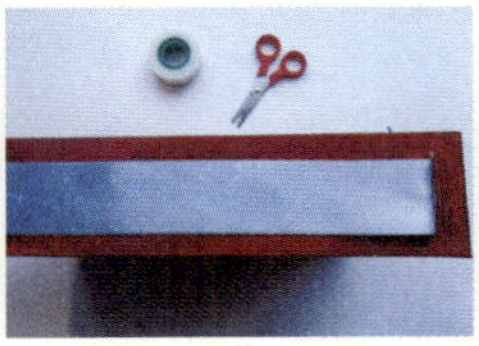
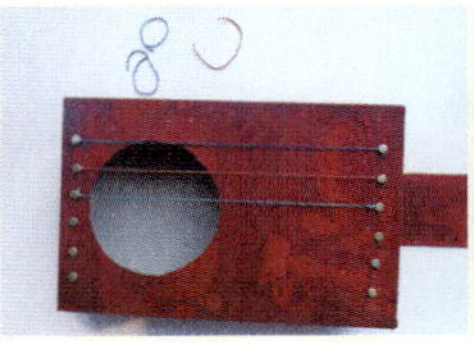

> Entraînements

Répondez aux questions qui suivent.

SITUATION 1

Vous travaillez à la crèche « Les minidoux », c'est l'été. L'éducatrice de jeunes enfants référente vous demande de prendre en charge un groupe de quatre enfants de 2 à 3 ans pour organiser des jeux d'eau.

1) Comment vous organisez-vous (lieu, matériel, durée) ?

....

....

....

....

....

....

....

....

2) Quels sont les objectifs (intérêts socio-éducatifs) de cette activité ?

....

....

....

....

....

....

3) Comment allez-vous organiser sa mise en œuvre ? Citer les différentes étapes.

....

....

....

....

....

....

....

....

....

SITUATION 2

Vous êtes employé(e) dans un ALAE (accueil de loisirs associé à l'école). À l'occasion de la fête des mères, votre responsable vous a demandé de prendre en charge le groupe des 3 ans autour d'une activité pâte à sel.

1) Comment vous organisez-vous (lieu, matériel, nombre d'enfants, durée) ?

....
....
....
....
....
....
....

2) Quels sont les objectifs (intérêts socio-éducatifs) de cette activité ?

....
....
....
....
....
....

3) Comment allez-vous organiser sa mise en œuvre ? Citez les différentes étapes.

....
....
....
....
....
....
....
....

4) Quelle peut être l'attitude du (ou de la) professionnel(le) ?

....
....
....

Corrigés

Ces réponses sont des exemples. Les techniques socio-éducatives présentées lors de l'EP2 doivent être personnelles et répondre aux besoins des enfants en présence. Tous vos choix doivent être justifiés.

SITUATION 1

1) Les jeux d'eau peuvent s'organiser de deux façons : les enfants jouent autour de bassines d'eau ou de tables à jeux d'eau (dedans ou dehors) ou alors, ils jouent dans des piscines à eau. Ici, nous envisageons le premier cas. Vous devez donc prévoir des récipients de toutes tailles et formes (gobelets, passoires, entonnoirs, moulins...), une bassine d'eau ou une table à jeux d'eau, des tabliers de protection pour les enfants (ou les laisser en couche selon la température), une bâche pour protéger le sol si besoin. L'activité dure 30 à 40 minutes, en fonction de l'intérêt des enfants. Il faut toujours être attentif au fait qu'ils n'aient pas froid.

2) Cette activité permet de découvrir des notions mathématiques, de développer la motricité fine, le langage et les fonctions intellectuelles (causes/effets) mais aussi de découvrir l'eau et ses propriétés.

3) – Préparer le matériel et l'eau et vérifier la température de la pièce.
– Aller chercher les enfants et leur faire mettre le tablier de protection ou leur proposer de se mettre en couche ou en maillot.
– Expliquer l'activité et donner des consignes claires (en particulier concernant la sécurité).
– Laisser aux enfants le temps de découvrir l'activité, de faire leurs expériences.
– Annoncer la fin de l'atelier, ranger le matériel avec les enfants et le laisser sécher.
– Aider les enfants à se sécher et se rhabiller.
– Verbaliser tout au long de l'activité, échanger avec les enfants sur leurs ressentis.
– Effectuer les transmissions.

SITUATION 2

1) On peut partir sur la réalisation d'un cœur en pendentif pour la fête des mères. L'activité doit se dérouler dans une salle adaptée avec tables et petites chaises. La prise en charge de seulement trois à quatre enfants vous permettra d'être attentif à chacun lors de l'atelier. Pour réaliser le cœur vous devez préparer de la farine, du sel fin, de l'eau, un verre doseur, un saladier, un rouleau à pâtisserie et un emporte-pièce en cœur par enfant, des colorants, des paillettes, des graines, un ruban (50 cm), des tabliers et une nappe de protection. L'atelier durera 20 à 25 minutes.

2) Cette activité permet de développer la psychomotricité fine, d'enrichir le vocabulaire, de se réaliser et de créer un cœur pour la fête des mères.

3) – Préparer la salle et le matériel, aller chercher les enfants et leur faire mettre les tabliers.
– Faire la pâte à sel avec les enfants : 1 mesure de sel, 2 de farine, ¾ de mesure d'eau.
– Malaxer les ingrédients pour obtenir une boule, puis la partager entre les enfants.
– Faire choisir une couleur à chaque enfant et lui faire mélanger sa pâte avec le colorant.
– Étaler la pâte avec le rouleau à pâtisserie et faire la forme du cœur avec l'emporte-pièce.
– Insérer paillettes et graines sur le cœur et prévoir un trou en haut pour fixer le ruban.
– Ranger le matériel et se laver les mains.
– Faire cuire le cœur à 100 °C, 30 à 40 minutes (arrêter le four quand le cœur brunit).
– Enfiler le ruban dans le trou une fois le cœur refroidi, puis faire les transmissions.

4) Pendant l'activité, le professionnel accompagne l'enfant sans faire à sa place. Il l'encourage, valorise sa création sans la juger ou attendre qu'il recopie un modèle et verbalise ce qu'il fait.

Partie 8

Techniques professionnelles culinaires

Fiches de cours

FICHE

72 La préparation des fruits et légumes

Les techniques de préparation de repas regroupent l'épluchage, le lavage, le découpage et le taillage des légumes et des fruits. Ces techniques doivent respecter une organisation et une hygiène parfaites.

1. L'épluchage

Avant de procéder à l'épluchage, fruits et légumes doivent être rincés à l'eau fraîche, sans savon. Cette étape est un préalable qui peut être réalisé de façon manuelle ou mécanique.

Le matériel

On utilise un couteau et un économe pour l'épluchage manuel. Pour l'épluchage mécanique on se sert d'un robot ou d'un appareil à éplucher électrique. Dans les deux cas, il est conseillé de prévoir un récipient pour mettre les épluchures et un autre pour réserver les fruits et légumes avant la phase de lavage.

Les processus d'épluchage

➲ L'épluchage manuel et la « marche en avant »

Pour l'épluchage manuel, il convient de respecter le processus de la « marche en avant ». Il s'agit d'une organisation rationnelle qui consiste à ce qu'il n'y ait aucune possibilité de retour ni de croisement entre le secteur des produits propres et celui des produits souillés. Ce processus se déroule en plusieurs phases :

1. Mettre les légumes ou fruits à éplucher dans un récipient.
2. Procéder à l'épluchage.
3. Mettre les épluchures et autres déchets dans un deuxième récipient.
4. Mettre les légumes ou fruits épluchés dans un troisième récipient avant de les transférer en zone de lavage.

À savoir

Règles à respecter pour cuisiner proprement :
- Nettoyer régulièrement son plan de travail et son matériel.
- Tenir éloignés les produits propres des produits sales.
- Nettoyer régulièrement son réfrigérateur.
- Ne jamais travailler au-dessus de la poubelle.
- Ne pas accumuler la vaisselle sale dans l'évier.

➲ L'épluchage mécanique

1. Après avoir mis l'appareil sous tension, placer les fruits ou légumes dans la cuve et bien refermer le couvercle pour éviter les projections.
2. Faire fonctionner l'appareil le temps nécessaire, en fonction des quantités et des produits à éplucher.
3. Placer les produits épluchés dans un récipient propre.
4. Mettre l'appareil hors tension, éliminer les épluchures à la main, puis nettoyer l'appareil sous l'eau.

2. Le lavage

Le lavage des fruits et légumes s'effectue à la main ou à l'aide d'appareils spécifiques : la laveuse et l'essoreuse.

➲ Le lavage manuel : les légumes épluchés sont mis dans un bac ou un saladier en inox puis placés sous un jet d'eau.

➲ Le lavage mécanique : les denrées épluchées sont disposées dans une laveuse à légumes composée d'une cuve et de paniers dans lesquels elles sont aspergés d'eau. À l'issue du lavage, les denrées sont placées dans une essoreuse à légumes. Certains appareils ont la double fonction « laveuse-essoreuse ».

3. Le découpage (ou taillage)

Le découpage peut être réalisé à la main, avec un couteau ou une mandoline, ou mécaniquement, avec un coupe-légumes.

➲ Le découpage manuel : il est important de réaliser l'opération sur un plan de travail propre sur lequel on place une planche en polyéthylène adaptée pour la découpe. Le couteau permet d'effectuer différents types de découpes : en tranches, en bâtonnets, en julienne… La mandoline est dédiée à la découpe en rondelles. Il faut toutefois faire très attention à ses doigts lors de son utilisation !

➲ Le découpage mécanique : le coupe-légumes permet plusieurs types de taillages (en lamelles, en tranches, en bâtonnets, en dés...). Pour donner des formes particulières à certains légumes ou fruits (navets, pommes, carottes…) cet appareil est adapté et permet de réaliser ces opérations sans grandes difficultés.

LE JOUR DE L'EXAMEN

- Penser à bien rincer à l'eau froide fruits et légumes avant de les éplucher.
- Utiliser différents récipients lors de la phase d'épluchage : un pour les fruits ou légumes à éplucher, un pour les épluchures et un pour les légumes ou fruits épluchés.

FICHE 73 Les différents types de cuisson

La cuisson permet de transformer un aliment sous l'effet de la chaleur. Goût, aspect, volume, toxicité et quantités nutritives peuvent ainsi être modifiés pour le rendre plus digeste et lui apporter une garantie sanitaire.

1. La cuisson à l'eau

Les deux types de cuisson à l'eau

➲ **À l'eau froide :** ce procédé qui augmente la perte d'aliments nutritifs est principalement utilisé pour cuire les pommes de terre, les légumes secs et les poissons. Les temps d'ébulition varient en fonction des aliments. Il est utile de démarrer la cuisson par un feu vif qui sera ensuite modéré.

➲ **À l'eau bouillante :** utilisé pour cuire les légumes et les féculents, ce procédé permet de saisir les aliments par la chaleur et de limiter la perte de vitamines. Les aliments sont mis dans l'eau bouillante qui peut être assaisonnée avec des herbes, des épices ou des bouillons.

Le matériel

En milieu familial, on utilise une casserole, un auto-cuiseur ou une marmite en fonte. En collectivités, on utilise un cuiseur-vapeur électrique, un steamer, une marmite encastrée dans le fourneau ou un rondeau.

2. La cuisson à la vapeur

Le principe de cuisson

Les aliments sont disposés dans un panier vapeur puis cuits doucement par l'action de la vapeur environnante (ils ne trempent pas dans l'eau). Cette cuisson permet de conserver un maximum de nutriments et de vitamines. C'est une cuisson qui convient aux légumes, aux poissons et aux viandes blanches.

Le matériel

➲ **Le cuiseur-vapeur :** en plastique ou en inox, il est constitué de plusieurs paniers empilables dans lesquels sont disposés les aliments. Les cuiseurs-vapeur électriques sont souvent dotés d'un minuteur intégré.

➲ **La cocotte-minute :** verser un fond d'eau dans la cocotte après avoir retiré le panier. Placer les aliments dans le panier, puis le remettre dans la cocotte une fois que l'eau est bouillante. Couvrir et laisser cuire.

3. La friture

Le principe de cuisson

Les aliments sont plongés dans un bain de matière grasse porté à très haute température. Au fur et à mesure de la cuisson, l'eau contenue dans les aliments est remplacée par les matières grasses de la friture. Les aliments deviennent plus gras et les vitamines sensibles à la chaleur sont en partie détruites. Puis, on enrobe les aliments humides dans de la chapelure, ou de la pâte à beignets, qui va absorber les matières grasses.

Le matériel

Il est possible d'utiliser une bassine à frire munie d'un panier ou une friteuse électrique souvent équipée d'un thermostat.

4. La cuisson à la poêle ou à la sauteuse

Le principe de cuisson

La cuisson à la poêle convient particulièrement à la viande en portions individuelles. L'aliment cuit dans une petite quantité de matière grasse. La viande rouge est saisie à feu vif alors que la viande blanche demande une cuisson prolongée à feu modéré. Les poissons, préalablement farinés, sont cuits dans de l'huile ou du beurre. En sauteuse, on peut cuire toutes les viandes et les légumes.

Le matériel

L'emploi d'une poêle à revêtement antiadhésif permet de réduire la quantité de matière grasse. La viande n'est retournée qu'une seule fois, à mi-cuisson.
En sauteuse, l'aliment est doré à feu vif puis « sauté » (et non retourné avec une spatule) dans une matière grasse, à découvert. On utilise du beurre seul.

5. La cuisson au four et au four à micro-ondes

Le principe de cuisson

La cuisson au four fait coaguler l'aliment sous l'effet de la chaleur. Il faut toujours préchauffer le four à la température adéquate avant de disposer le plat de cuisson à la bonne hauteur en ayant pris soin de mettre des gants isolants.
Le four à micro-ondes, lui, permet de réchauffer mais aussi de cuire un aliment.

Le matériel et le processus de cuisson

On utilise un four électrique où à gaz ou bien un four à micro-ondes.
Il faut avant tout respecter le temps de cuisson et éviter d'ouvrir la porte du four.

LE JOUR DE L'EXAMEN

- Penser à se laver les mains à chaque fois que nécessaire.
- Vérifier la cuisson des aliments avec la pointe du couteau.

FICHE

74 La fabrication de pâtes

Pâte brisée, pâte sablée, pâte feuilletée, pâte à crêpes... Connaître ces nombreuses recettes de pâtes permet de décliner mille et un plats qui raviront les enfants.

1. La pâte brisée

Cette pâte sert de base aux préparations salées comme sucrées. Un grand classique incontournable pour réaliser des quiches, des tourtes, des tartes...

Les ingrédients et matériels

Préparation : 15 minutes. **Temps de cuisson** : 30 minutes.

Ingrédients	Matériels
– 300 g de farine – 150 g de beurre – Une pincée de sel – Un jaune d'œuf – De l'eau (8 cl) ou du lait tiède	– Un couteau – Un rouleau à pâtisserie – Un verre doseur gradué – Un saladier – Un moule (ou un plat à tarte)

Le processus de fabrication

1. Mélanger la farine et le sel dans un saladier.
2. Ajouter le beurre puis l'incorporer à la farine en pétrissant rapidement et légèrement du bout des doigts. On doit obtenir une sorte de semoule grossière en 2 ou 3 minutes.
3. Incorporer rapidement le lait (ou l'eau). Il en faut très peu pour permettre à la pâte de se lier et de faire une boule souple et non collante.
4. Plier la pâte en quatre, la recouvrir d'un film de farine et la laisser reposer 20 à 30 minutes.
5. Étaler la pâte sur un plan de travail fariné avec un rouleau. Foncer le moule et faire adhérer la pâte en la pressant légèrement sur le moule.
6. Découper la pâte sur les bords du moule avec un couteau.
7. La pâte peut accueillir la garniture après avoir été piquée à la fourchette.
8. La faire cuire au four (thermostat 7 ou 210 °C) pendant 20 minutes environ.

2. La pâte levée

Cette pâte au goût peu prononcé est idéale pour les préparations salées ou sucrées et en particulier les brioches, babas, savarins...

Les ingrédients et matériels

Préparation : 15 minutes. **Temps de cuisson** : variable selon le plat cuisiné.

Ingrédients	Matériels
– 250 g de farine tamisée – 15 g de levure de boulanger – Trois cuillères à soupe d'eau tiède ou de lait – Une cuillère à soupe de sucre en poudre – Deux œufs et une pincée de sel – 40 g de beurre	– Une tasse – Un saladier – Une fourchette (ou un fouet) – Un moule à tarte

Le processus de fabrication

1. Dans une tasse, faire un levain en y intégrant l'eau tiède, le sucre et la levure. Laisser lever.
2. Pendant ce temps, dans un saladier, verser la farine, y mettre le sel.
3. Y mettre ensuite le levain, puis l'œuf. Mélanger le tout avec la fourchette.
4. Ajouter le beurre ramolli mais non fondu.
5. Mélanger de nouveau et, si la pâte est trop molle, ajouter un peu de farine.
6. Couvrir d'un torchon humide et laisser lever 30 minutes.
7. Quand la pâte a doublé de volume, l'écraser dans le moule beurré et fariné.
8. Garnir la pâte comme désiré. La faire cuire au four (thermostat 5 ou 150 °C).

3. La pâte à crêpes

Les crêpes sont faciles à faire et les enfants peuvent participer à leur préparation.

Les ingrédients et matériels

Préparation : 15 minutes. **Temps de cuisson** : 3 minutes par crêpe.

Ingrédients	Matériels
– 250 g de farine – ½ litre de lait – Trois œufs et une cuillère à soupe d'huile – Une pincée de sel – Une à deux cuillères à soupe d'eau	– Un saladier – Une cuillère – Une passoire – Une louche – Une poêle et une spatule

Le processus de fabrication

1. Mettre la farine dans le saladier. Faire un puits et y casser les œufs entiers.
2. Ajouter l'huile, le sel et un peu de lait. Travailler énergiquement la pâte avec une cuillère en bois pour la rendre légère.
3. Mouiller progressivement avec le lait pour que la pâte devienne homogène.
4. Ajouter 1 à 2 cuillères à soupe d'eau. Puis, passer la pâte dans une passoire.
5. Laisser reposer la pâte 1 heure, recouverte d'une serviette.
6. Verser une louche de pâte dans la poêle, surveiller attentivement la cuisson et retourner la crêpe dès qu'elle se décolle avec la spatule.

LE JOUR DE L'EXAMEN

- Penser à faire reposer la pâte avant de la faire cuire.
- Avant de faire cuire la pâte, veiller à faire préchauffer le four à la température adaptée.

FICHE

75 Les mixés

Les mixés constituent très souvent la première étape de la diversification alimentaire du jeune enfant. Que ce soit pour des jus, des purées ou des compotes, il est important de proposer des fruits et légumes de saison frais ou surgelés.

1. Les jus de fruits

Riches en vitamine C, en sucres, en fer, en potassium et en calories, les jus de fruits préparés ou achetés sont d'excellentes boissons. Ils peuvent être donnés purs ou dilués dans de l'eau et éventuellement sucrés selon les goûts de l'enfant et l'acidité du fruit.

Les ingrédients et matériels pour un jus d'orange

Préparation : 5 minutes.

Ingrédients	Matériels
– Une orange – ½ cuillère à café de sucre – Une cuillère à café d'eau (pour diluer)	– Un couteau – Un presse-fruits manuel ou mécanique – Un filtre et un verre

Le processus de fabrication

1. Laver l'orange puis la couper en deux.
2. Presser le fruit avec un presse-fruits.
3. Filtrer le jus, surtout s'il est présenté dans un biberon.
4. Verser dans un verre. Ajouter du sucre en fonction de l'acidité.
5. Servir immédiatement.

Remarque

On peut donner du jus au jeune enfant pendant sa collation. La quantité ne doit cependant pas dépasser 125 ml à 175 ml par jour.

2. La purée de légumes

Tous les légumes conviennent au jeune enfant à condition de les lui présenter l'un après l'autre. Pour commencer, mieux vaut proposer des légumes tendres : carottes, feuilles de laitue, courgettes, potiron. Pour un bon apport énergétique, le poids de féculents doit être au minimum le même que celui des légumes.

Les ingrédients et matériels

Préparation : 15 minutes. **Temps de cuisson :** entre 20 et 30 minutes.

Ingrédients	Matériels
– 90 g de pomme de terre (deux pommes de terre) – 70 g de poireau (un poireau) – 50 g de carotte (deux petites carottes) – Une pincée de sel – ½ cuillère à café d'huile d'olive ou de colza	– Un autocuiseur ou un fait-tout – Un mixer ou un robot – Un économe

Le processus de fabrication

1. Rincer soigneusement les légumes frais à l'eau avant de les utiliser.
2. Peler les carottes et les pommes de terre avec un économe, les couper en morceaux et couper le poireau en tronçons de 3 cm.
3. Mettre les légumes dans un fait-tout et les recouvrir d'eau. Laisser cuire 20 à 30 minutes (la lame d'un couteau doit pouvoir traverser les légumes).
4. Incorporer progressivement les morceaux de légumes dans le robot et ajouter peu à peu l'huile pour obtenir la consistance appropriée. Mixer.
5. Ajouter une cuillère d'huile et une pincée de sel.

3. Les compotes

Il est important de choisir des fruits frais de saison mûrs ou surgelés. Pour les enfants de moins de 1 an on évite les fruits exotiques ou les fruits oléagineux.

Les ingrédients et matériels pour une compote de pommes

Préparation : 5 minutes. **Temps de cuisson :** 10 minutes.

Ingrédients	Matériels
– Une ou deux pommes – Une cuillère à café de sucre, si nécessaire – Zeste de citron – De la cannelle	– Un couteau – Un économe – Une casserole – Un mixer

Le processus de fabrication

1. Laver les pommes et les éplucher finement.
2. Enlever les tiges et épépiner les pommes puis les couper en petits morceaux.
3. Jeter les morceaux dans une casserole contenant un fond d'eau. Ajouter le zeste de citron et la cannelle. Couvrir la casserole.
4. Faire cuire à feu doux et remuer de temps en temps.
5. Sucrer si nécessaire en fin de cuisson et passer au mixer jusqu'à obtention de la consistance désirée.

LE JOUR DE L'EXAMEN

- Respecter le principe de marche en avant pour préparer les légumes et fruits.
- Pour les jus, les fruits une fois pressés doivent être proposés immédiatement.

FICHE
76 La préparation des biberons

Les biberons doivent être préparés avec une hygiène rigoureuse pour éviter toute contamination bactérienne. Il est donc important d'éviter tout apport de microbes par le matériel utilisé ou par manque d'hygiène dans les préparations.

1. Le nettoyage des biberons

Les risques infectieux liés à un nettoyage incorrect sont nombreux et peuvent faciliter la transmission de micro-organismes dont le développement peut provoquer des troubles digestifs plus ou moins graves.
Le nettoyage des biberons en verre ou en plastique doit s'effectuer dans un évier vide et propre. Les tétines sont à séparer des bagues pour le nettoyage.
Les biberons doivent être :
- lavés avec un liquide vaisselle ;
- rincés minutieusement ;
- séchés à l'air libre sans être essuyés avec un torchon ;
- déposés sur un plan de travail propre afin d'être assemblés ;
- entreposés dans un endroit propre et sec.

À savoir

On peut utiliser un petit écouvillon pour détacher les résidus de lait. Il doit être rincé après utilisation puis séché à l'air libre, brosses vers le haut.

Pour le lavage au lave-vaisselle des biberons (les tétines sont à nettoyer manuellement), il est important de prévoir un cycle complet de lavage et une température de 65 °C ce qui rend inutile toute stérilisation. ▸ FICHE 81

2. La reconstitution des biberons

Les aliments lactés pour nourrissons se présentent soit sous forme liquide soit en poudre qu'il faut diluer. La forme en poudre est aujourd'hui la plus courante.

La phase de reconstitution

Il est conseillé d'utiliser une eau de source portant la mention « convient à la préparation des biberons » ou une eau faiblement minéralisée (Evian ou Volvic).
L'utilisation de l'eau du robinet est possible, mais sa qualité étant variable d'une commune à l'autre, elle n'est pas conseillée.

Tous les laits sont reconstitués selon le principe suivant : une mesure de lait pour 30 ml d'eau. Donc pour obtenir un biberon de 100 ml de lait, il faut verser 90 ml d'eau et ajouter trois mesurettes de poudre de lait.
Les mesurettes sont spécifiques au contenant. Elles doivent être lavées, rincées séchées et rangées dans la boîte de lait après utilisation.

Chauffer ou ne pas chauffer le biberon ?

Le biberon peut être proposé à la température du corps de l'enfant soit 37 °C. Dans ce cas, il faut chauffer le biberon reconstitué dans un chauffe-biberon ou encore tiédir de l'eau dans une casserole puis reconstituer le lait.
Quel que soit le mode de chauffage, après avoir agité le contenu du biberon, il est prudent de tester la température sur l'intérieur du poignet où la peau est la plus sensible.

À savoir

L'usage du micro-ondes est déconseillé car la température est élevée en surface et le risque de brûlures de la bouche ou de la gorge est important. Si le micro-ondes est toutefois utilisé, il est important de mettre le biberon sans la tétine puis de l'agiter à distance de l'enfant pour éviter toute projection.

Préparer un biberon en déplacement ou en voyage

Sans glacière, et si le biberon n'est pas préparé au préalable, il faut transporter l'eau dans le biberon et la poudre de lait dans un récipient distinct. Mélanger ensuite les deux ingrédients, juste avant de proposer le biberon à l'enfant.

Attention

– Le lait en poudre ne peut être conservé que trois semaines maximum après ouverture. La date d'ouverture doit être inscrite sur la boîte.
– Le lait liquide doit être conservé au maximum 48 heures après ouverture, dans la zone froide du réfrigérateur à 4 °C.
– L'eau minérale ouverte ne se conserve que 24 heures au réfrigérateur.

LE JOUR DE L'EXAMEN

- Respecter le circuit d'hygiène propre/sale, laver ses mains quand cela est nécessaire, présenter un plan de travail propre.
- Être attentif aux dates de péremption sur les boîtes de lait en poudre.
- Toujours vérifier la température du biberon en versant quelques gouttes de lait sur l'intérieur du poignet avant de le proposer à l'enfant.
- Proposer un biberon bien dosé, sans grumeaux.

FICHE 77 La distribution et le service des repas

Le service des repas varie selon les modes et les formes de distribution des aliments. Cependant, chaque type de distribution souscrit à des règles d'hygiène strictes et ce, que l'on se situe au domicile familial ou dans un établissement collectif.

1. Les modes de distribution

Lorsque les aliments sont préparés sur place et servis aussitôt, on parle de distribution directe. Les préparations culinaires élaborées dans un lieu distinct de celui de la consommation et consommées le lendemain, plusieurs jours ou mois après leur fabrication, sont des distributions différées.

Les étapes des processus de distribution

Distribution directe	Distribution différée
Repas préparés le jour-même de la consommation ↓ **Préparation en liaison* chaude** Les aliments cuisinés sont maintenus à une température de 63 °C et servis dans la journée. ↓ Conditionnement en vrac ou en portions.	Repas préparés à l'avance ↓ **Préparation en liaison* froide** Les aliments cuisinés sont conditionnés, puis refroidis en moins de deux heures après leur fabrication (passent de 63 °C à 10 °C), dans des cellules de refroidissement. ↓ Conservés au froid (entre 0 °C et 2 °C). Ils seront remis à température chaude juste avant leur consommation.

* La liaison est l'intervalle de temps entre la préparation des plats et leur consommation.

Les points de règlement de la distribution des repas

La distribution doit être efficace, rapide et suivre les règles d'hygiène afin d'éviter le refroidissement ou une contamination microbienne mais aussi la baisse de la valeur organoleptique des aliments. ► FICHE 50

Le personnel en charge de la distribution des repas doit :
- **avoir une tenue adéquate** : blouse, charlotte et gants à usage unique ;
- **assurer l'hygiène des manipulations techniques et utiliser les produits adaptés** :
  - en liaison chaude, préchauffer les récipients à une température de 90 °C et ne les ouvrir qu'au moment de la consommation ou sur le lieu de consommation ;
  - en liaison froide, utiliser du matériel normalisé permettant de faciliter la baisse de température dans les délais impartis, être rigoureux, rapide dans les différentes phases et jusqu'au stockage (les transvasements sont à éviter).

2. Le service des repas

Le service des repas peut être réalisé de façon traditionnelle à table ou en libre service, en fonction des lieux. Il se fait une fois que les enfants se sont lavés les mains et portent leurs bavoirs. C'est une étape importante qui permet la socialisation, l'apprentissage de l'hygiène, le developpement moteur et l'autonomie.

Le service traditionnel à table

En service à domicile, mais aussi en collectivités, le professionnel peut déposer les plats directement à table. Les enfants mangent en groupe sur du matériel adapté. En collectivités, les plats sont très souvent acheminés sur des chariots. Les enfants sont servis chacun leur tour en commençant par l'entrée, le plat principal, puis le dessert. Un temps d'attente peut être observé car le professionnel doit se lever plusieurs fois pour assurer le service tout en étant disponible pour les enfants. Il doit cependant être rapide et efficace pour que chaque plat conserve sa chaleur.

Le libre service

Le libre service est utilisé dans certaines structures collectives, pour les plus grands enfants, afin de développer l'autonomie et de respecter les rythmes.
Il recquiert cependant un certain investissement du personnel et de la structure car des aménagements de temps et d'espaces doivent être effectués. En effet, l'organisation du repas se fait par petits groupes accompagnés d'un référent adulte. Les enfants de chaque groupe se lèvent les uns après les autres pour aller récupérer une assiette et passer devant chaque plat proposé. Ils se servent eux-mêmes leur nourriture et prennent leurs couverts. Le professionnel est avec eux pour les guider, nommer chaque aliment... Quand chaque groupe est servi, les enfants du premier groupe peuvent aller se resservir et ainsi de suite.
Ce type de service instaure une bonne communication, permet à l'enfant de manger les plats dans l'ordre qui lui convient, amène à un apprentissage du dosage des quantités et au développement de la préhension.

LE JOUR DE L'EXAMEN

- Ne pas oublier que pour une liaison chaude, la préparation doit être maintenue à 63 °C entre le terme de sa fabrication et sa consommation.
- Lors de la réception de préparations élaborées à l'avance, penser à toujours vérifier la date de consommation, le mode de stockage et la façon dont elle doit être réchauffée.
- Toujours vérifier les températures des plats avant de les servir aux enfants.

> Entraînements

Répondez aux questions qui suivent.

SITUATION 1

Vous êtes assistant(e) maternel(le) à domicile. Vous gardez deux enfants Mathilde, 2 ans ½, et Baptiste, 11 mois. Pour la collation du goûter, vous devez préparer une compote de fruits. Dans votre cuisine, vous avez à disposition une pomme, deux poires, une mangue et un kiwi.

1) Lister les ingrédients et matériels que vous utiliserez pour réaliser une compote multi-fruits pour les deux enfants.

....

....

....

....

....

Vous décidez de préparer la compote pendant la sieste des enfants. Votre compote est prête à 14 h. Comme les enfants ne se réveillent que vers 15 h 30, vous décidez de mettre votre compote au réfrigérateur. Ils se réveillent effectivement à l'heure dite.

2) Répondre aux questions suivantes.

a. Une fois la compote réalisée, vous vous demandez si l'ajout d'un troisième fruit n'aurait pas donné plus de consistance et de goût à cette compote. Pensez-vous que cela aurait été le cas ?

☐ Oui ☐ Non

Pourquoi ?

....

....

....

b. Vous vous demandez si vous n'auriez pas dû laisser la compote dans la cuisine et non dans le réfrigérateur : avez-vous eu raison ?

☐ Oui ☐ Non

Pourquoi ?

....

....

....

c. Vous sortez la compote du réfrigérateur. Pensez-vous qu'il est préférable de la servir immédiatement aux enfants ?

☐ Oui ☐ Non

Pourquoi ?

....

....

....

SITUATION 2

Vous êtes assistant(e) maternel(le) et vous accueillez deux enfants Camille, 3 ans, et Gabrielle, 18 mois. Vous devez préparer une purée maison pommes de terre et courgettes pour accompagner un steak haché et un yaourt pour Camille ; et du steak haché et un petit-suisse pour Gabrielle.

1) Lister les ingrédients et matériels nécessaires pour réaliser votre purée maison.

....

....

....

....

....

2) Que suggérez-vous pour le goûter des deux enfants ?

Pour Camille :

....

....

Justifier :

....

....

....

....

Pour Gabrielle :

....

....

Justifier :

....

....

....

....

Corrigé

SITUATION 1

1) Pour réaliser cette compote multi-fruits, il est important de vérifier tout d'abord que les fruits disponibles sont bien frais et mûrs.

Ingrédients	Matériels
– Deux pommes – Une mangue – Une cuillère à café de sucre si nécessaire – Du zeste de citron non traité – De la cannelle	– Un couteau – Un économe – Une casserole – Un mixer

2) a. Non. Une compote pommes/mangue est riche et goûteuse. De plus, ce sont des fruits qui se complètent bien et dont les goûts restent doux.
Le kiwi n'est pas approprié pour les enfants de moins d'un an. En effet, le kiwi devient assez âcre quand il est mixé (ce sont les petites graines qui donnent ce goût). Par ailleurs, un mélange poire/mangue aurait été trop aqueux.

b. Oui. Il était effectivement préférable de placer cette compote au réfrigérateur dans un contenant hermétique.

c. Non. Il aurait été opportun de sortir la compote du réfrigérateur dès le réveil des enfants afin qu'elle puisse revenir progressivement à une température ambiante au moment de la collation.

SITUATION 2

1)

Ingrédients	Matériels
– 200 g de pomme de terre (quatre pommes de terre moyennes) – 180 g de courgette (une courgette moyenne ou deux petites) – Une pincée de sel – Deux cuillères à café d'huile d'olive	– Un autocuiseur ou un fait-tout – Un mixer ou un robot – Un économe

2) Pour Camille, un fruit frais et une tartine de pain avec 20/25 g de fromage ou une petite brioche seraient les bienvenus. Les produits laitiers (dont le fromage) sont riches en protides, calcium, matières grasses et vitamines du groupe B ainsi que A et D dans la partie grasse du lait.
Pour Gabrielle, plus jeune, en plus de son biberon, un fruit accompagné d'un biscuit ou une compote et un biscuit seraient souhaitables. Les fruits frais contiennent des vitamines B et C, ils sont riches en fibres et en glucides simples.
Pour les deux cas, l'important est de diversifier l'alimentation des enfants entre ce qu'ils ont mangé le midi et ce que l'on propose l'après-midi. C'est aussi une occasion d'ouvrir à différents goûts (compotes, fromage...).

Partie 9

Entretien des locaux et des équipements

FICHE

78 Les techniques de dépoussiérage des sols

L'entretien des locaux, qu'il s'agisse du sol ou du mobilier, se réalise aussi bien en collectivités qu'à domicile, afin de maintenir des conditions d'hygiène et de sécurité indispensables pour la santé des personnes. Le balayage humide en est la première étape.

1. Le balayage humide

L'objectif du balayage humide est de collecter la poussière et les déchets répandus sur le sol au moyen d'un balai équipé d'une gaze à usage unique antistatique et/ou pré-imprégnée ou sur des supports horizontaux (plans de travail ou meubles) ou verticaux (murs). C'est un procédé efficace qui permet d'éliminer 90 % des poussières sur tous supports lisses.

Matériels et produits

– Pour le dépoussiérage manuel du mobilier, utiliser des lingettes dépoussiérantes imprégnées d'agglutinants pour capter et garder les poussières et les particules volatiles.
– Pour le dépoussiérage des sols, utiliser un balai trapèze recouvert d'une lingette dépoussiérante jetable.

À savoir

Précautions d'emploi :
– aérer le local ou la pièce avant et après le dépoussiérage ;
– réaliser le travail en allant toujours du plus propre au plus sale ;
– utiliser la méthode de la godille ou du poussé pour le dépoussiérage des sols et selon les protocoles établis ;
– procéder au dépoussiérage hors de la présence des occupants de la pièce.

Protocole

Le balayage humide doit s'effectuer quotidiennement sur des sols lisses (carrelages, revêtements plastiques, parquets).

1. Respecter les consignes d'hygiène et de sécurité (port d'une tenue professionnelle, lavage des mains avant et après balayage).
2. Choisir et préparer matériels et produits (lingettes pré-imprégnées, balai trapèze, sac poubelle, pelle et balayette, éventuellement chariot de ménage).
3. Équiper le balai trapèze d'une lingette.
4. Détourer la pièce en plaçant le côté du balai le long des plinthes.

5. Utiliser, selon la configuration de la pièce et son équipement, la méthode de la godille ou celle du poussé.
6. Ramasser la lingette et les salissures et ranger le matériel propre. Ainsi, il sera prêt à l'emploi pour un futur balayage.

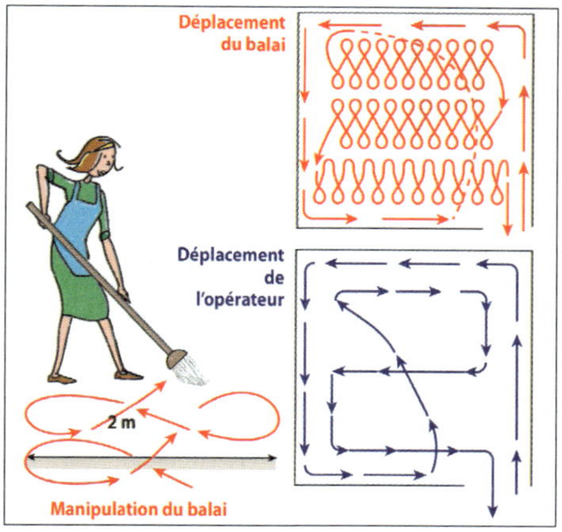

2. L'aspiration (ou dépoussiérage mécanique)

L'objectif de l'aspiration est de récupérer les particules déposées sur les sols et/ou les parois lorsque le balayage humide ne peut être utilisé.

Matériels et produits

– **Aspirateur avec ou sans sac**, à choisir en fonction de ses performances (débit d'air, puissance et niveau sonore). Il permet d'aspirer poussières et petits déchets et s'utilise sur la quasi-totalité des sols. La brosse redresse les fibres des revêtements textiles et retient les poussières. Le moteur crée une dépression qui aspire la saleté et l'entraîne à l'intérieur de l'appareil.
– **Aspirateur à brosse rotative**, particulièrement efficace sur les sols textiles, sa brosse permet une élimination optimale de la poussière par son action mécanique.

Attention

– Surveiller les enfants lorsqu'ils jouent à proximité d'un aspirateur.
– Vérifier avant utilisation que l'aspirateur n'est pas endommagé.

Protocole

1. Commencer par l'entrée de la pièce.
2. Détourer.
3. Aspirer par bandes régulières en décrivant des mouvements de va-et-vient.
4. Faire chevaucher les passages.

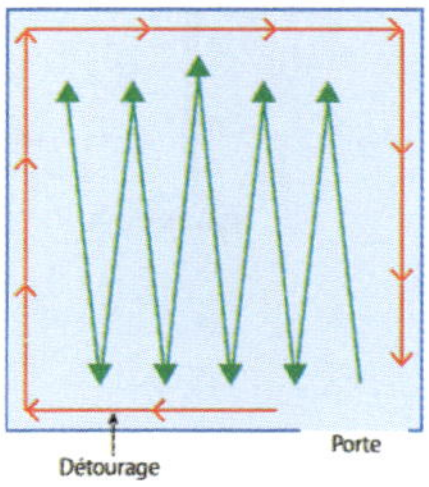

LE JOUR DE L'EXAMEN

• Le dépoussiérage se fait toujours du plus propre au plus sale et de haut en bas.
• Faire preuve d'économie en utilisant un nombre suffisant de lingettes. On ne gaspille pas !
• Penser à aérer la pièce avant ou après le dépoussiérage, mais pas pendant, au risque de déplacer les poussières.

FICHE
79 Les techniques de lavage et de séchage

Laver et entretenir le linge et la vaisselle du domicile ou de la collectivité fait partie des gestes d'hygiène nécessaires pour conserver un cadre de vie sain.

1. Le lavage manuel des sols

Le lavage des sols, toujours précédé d'un dépoussiérage, nécessite un matériel adapté pour réaliser un nettoyage sécurisé, rapide et efficace. Cet entretien permet d'assurer un aspect agréable (confort) et une propreté des sols optimale (hygiène).

Matériels et produits

Associé à des produits détergents et/ou désinfectants, l'ensemble seau et balai à franges, permet d'éliminer les salissures particulaires, biologiques, organiques ou liquides en respectant l'état des surfaces traitées.

Protocole

1. Porter une tenue professionnelle, des gants jetables et se laver les mains.
2. Préparer le matériel et la solution détergente et/ou désinfectante.
3. Réaliser un balayage humide au préalable.
4. Mouiller les franges et les essorer dans la presse.
5. Utiliser la méthode de la godille.
6. Laver et ranger le matériel.

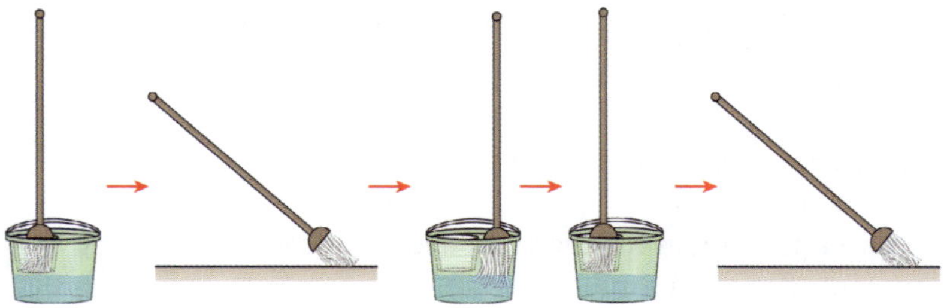

2. Le lavage manuel des vitres

Il permet un entretien facilité de toutes les surfaces vitrées quelles que soient les dimensions : glaces, vitrines, miroirs, carreaux intérieurs et extérieurs.

Matériels et produits

L'utilisation d'une raclette spécifique associée à un produit détergent permet d'éliminer les taches, les poussières et le calcaire sur les surfaces vitrées.

Protocole

1. Faire glisser la raclette de haut en bas en bandes parallèles qui se chevauchent sur les 2/3 supérieurs de la vitre. Incliner légèrement le côté droit.
2. Essuyer la lame de caoutchouc sur la lavette après chaque passage.
3. Racler latéralement pour nettoyer le tiers inférieur et rassembler la solution lavante dans l'angle final.
4. Finir de racler et essuyer pour éliminer l'excès de liquide.
5. Passer une lavette sur le pourtour de la vitre afin de parfaire les finitions.

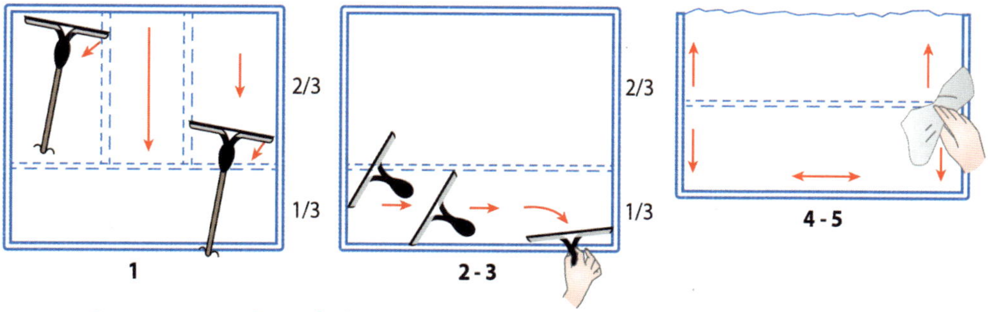

3. Le lavage et le séchage du linge

Le nettoyage du linge consiste à le laver puis à le rincer, et à le sécher. Il permet aussi de le désinfecter en fonction de la température choisie. Le programme de lavage choisi définit la température de lavage, le temps de rinçage et la puissance de l'essorage. Le sèche-linge à condensation récupère l'eau extraite du linge pour la diriger vers un réservoir ou vers la vidange.

4. Le lavage de la vaisselle

Il consiste à retirer les résidus alimentaires, à laver puis rincer, égoutter et sécher chaque élément de vaisselle, mais aussi à éliminer certains microbes.

Protocole du lavage à la machine

1. Ranger correctement la vaisselle. 2. Choisir le programme approprié.
3. Ranger la vaisselle à la fin du programme.

Protocole du lavage manuel de la vaisselle

1. Préparer les matériels et produits nécessaires : éponges ou lavettes, tampons à récurer et bac à eau chaude en ajoutant du détergent spécial vaisselle.
2. Débarrasser la vaisselle des gros déchets.
3. Trier la vaisselle du plus propre au plus sale.
4. Laver, frotter, rincer et égoutter la vaisselle.
5. Sécher si nécessaire et ranger la vaisselle. Nettoyer le plan de travail.

LE JOUR DE L'EXAMEN

- Penser à porter une tenue adaptée pour réaliser les différents lavages et séchages.
- Respecter les consignes d'utilisation indiquées sur les étiquettes des produits utilisés.

FICHE

80 Les techniques de décontamination des locaux et des équipements

Le cadre de vie des jeunes enfants doit être entretenu régulièrement afin de limiter la transmission et la propagation de micro-organismes.

1. Entretien des principaux équipements

Protocole général

1. Aérer la pièce de vie.
2. Sortir les déchets.
3. Travailler toujours du plus propre au plus sale.
4. Libérer autant que possible la pièce de tout obstacle ou objet encombrant.
5. Préparer matériels et produits adéquats. Porter des gants jetables.
6. Réaliser le nettoyage selon le protocole adapté.
7. Jeter les gants et se laver les mains.
8. Finir l'entretien par le nettoyage du sol.

Bionettoyage d'un lit à barreaux

➲ **Matériels et produits :** trois lavettes microfibres, un seau contenant de l'eau claire, un drap propre, des gants et un produit détergent-désinfectant en spray.

➲ **Protocole :**

1. Pulvériser le produit détergent-désinfectant sur le matelas plastifié. Laisser agir.
2. Nettoyer, à l'aide d'une lavette pliée en quatre, le pourtour puis l'intérieur en effectuant des « S ».
3. Réaliser les mêmes opérations sur l'envers du matelas. Laisser agir le produit et placer le matelas sur une table ou une chaise.
4. Nettoyer la tête de lit et les montants de haut en bas avec une deuxième lavette. Terminer par les pieds. Laisser agir le produit.
5. Tremper la troisième lavette dans le seau d'eau claire.
6. Rincer dans le même ordre les différents éléments du lit à barreaux.
7. Rincer le matelas plastifié et le remettre à l'intérieur du lit.
8. Remettre des draps propres.

Bionettoyage d'une chaise haute

➲ **Matériels et produits :** deux lavettes microfibres, un seau contenant de l'eau claire, des gants et un produit détergent-désinfectant en spray.

➲ **Protocole :**

1. Pulvériser le produit de haut en bas et nettoyer : le dos et l'intérieur de l'assise, le haut et le bas du plateau, les montants, le repose-pieds, les piètements.
2. Rincer en suivant le même ordre à l'aide de la deuxième lavette.

Bionettoyage d'une table à langer

➲ **Matériels et produits :** deux lavettes microfibres, un seau contenant de l'eau claire, des gants et du produit détergent-désinfectant en spray.

➲ **Protocole :**

1. Pulvériser le produit du plus propre au plus sale et nettoyer : le plan de travail supportant, le dessus et le dessous du coussin à langer, les zones de rangements, le système de repose de la table à langer.
2. Rincer en suivant le même ordre à l'aide de la deuxième lavette.

2. Entretien des zones à risque

Les espaces sanitaires doivent être nettoyés quotidiennement en collectivités. Au domicile, les pots doivent être nettoyés et désinfectés après chaque usage.

Protocole général

1. Porter des gants et une tenue adaptée.
2. Évacuer tous les déchets.
3. Préparer le matériel nécessaire ainsi que les produits.
4. Lire les modes d'emploi des produits s'ils sont utilisés pour la première fois.
5. Réaliser le nettoyage des espaces sanitaires.
6. Laver et ranger produits et matériels. Retirer les gants et se laver les mains.

Bionettoyage de sanitaires

➲ **Matériels et produits :** un chariot de ménage, une balayette, des lavettes rouges (réservées au lavage des sanitaires), du détartrant, une brosse pour toilettes, un seau d'eau claire et un seau avec eau et détergent-désinfectant.

➲ **Protocole :**

1. Tirer la chasse d'eau, mettre du détartrant dans la cuvette et laisser agir.
2. Procéder au bionettoyage des lavabos pendant que le détartrant agit.
3. Revenir dans la zone des toilettes.
4. Tirer la chasse pour évacuer le produit détartrant.
5. Nettoyer la cuvette avec une lavette et le détergent-désinfectant.
6. Nettoyer l'intérieur de la cuvette en utilisant la brosse, puis tirer la chasse.
7. Ajouter un produit désinfectant dans la cuvette si nécessaire.

LE JOUR DE L'EXAMEN

- Respecter les consignes d'utilisation des produits et ne pas gaspiller.
- Respecter le circuit propre/sale et porter une tenue adaptée et des gants jetables.

FICHE 81

Les techniques de désinfection et de stérilisation des biberons

La désinfection permet de tuer les micro-organismes mais ne permet pas de maintenir les matériels désinfectés dans un milieu stérile. La stérilisation, elle, permet de détruire les micro-organismes et de maintenir les matériels désinfectés à l'abri de zones de contamination potentielles.
Il existe deux techniques de stérilisation à chaud ou à froid. Dans les deux cas, la stérilisation ne doit être effectuée que si les biberons sont propres.

1. La stérilisation à chaud

L'étape préalable à la stérilisation est toujours le nettoyage des biberons.

Matériel

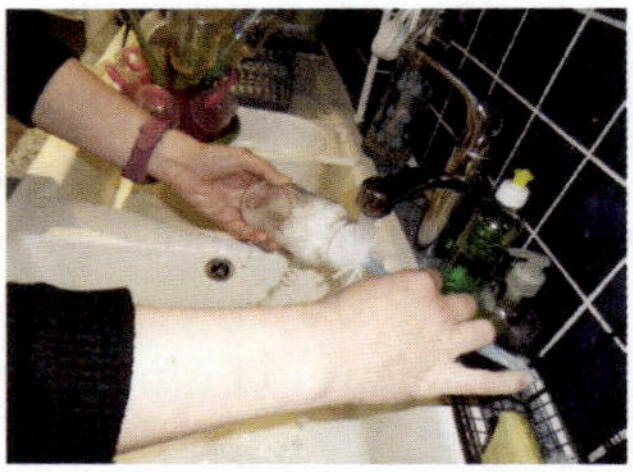

- Une pince à biberon.
- Un panier pour biberons.
- Une casserole ou un appareil type Soxhlet.
- Un torchon propre.

Préparation

Bien préparer le plan de travail, se laver les mains, préparer l'ensemble du matériel.

Protocole

1. Remplir la casserole d'eau et immerger les biberons remplis d'eau pour éviter qu'ils restent en surface ainsi que les autres supports (tétines, capuchons…).
2. Porter l'eau à ébullition pendant 20 minutes.
3. Après quelques minutes, sortir les biberons, les tétines, les bagues et les capuchons de la casserole avec la pince.
4. Laisser sécher les biberons tête en bas afin d'éliminer l'ensemble des gouttelettes d'eau. Insérer les tétines dans chaque bague à l'aide de la pince. Puis, positionner le capuchon sans en toucher l'intérieur.
5. Déposer l'ensemble sur le plan de travail puis entreposer les biberons, après avoir remis les différents éléments qui les constituent dans un endroit sec et propre. Les biberons peuvent être conservés dans cet état stérile 24 heures. Au-delà, il faut renouveler la stérilisation.

La stérilisation à chaud peut également être effectuée avec des stérilisateurs à vapeur ou des dispositifs pour micro-ondes.

2. La désinfection chimique à froid

Plus simple à réaliser, ce mode de « stérilisation » est toutefois odorant en raison du chlore qui en est le principe actif. Comme pour la stérilisation à chaud, l'étape préalable à cette désinfection est le nettoyage des biberons.

Matériel

- Une pince à biberon.
- Des gants à usage unique.
- Un bac de désinfection (le stérilisateur).
- Un torchon propre.
- Un produit désinfectant chloré (comprimés de stérilisation ou autres).

Préparation

Organiser le plan de travail et se laver les mains. Puis, préparer l'ensemble du matériel et le produit de désinfection.

Protocole

1. Remplir d'eau le bac propre jusqu'au niveau indiqué.
2. Introduire une dose de produit chloré dans l'eau.
3. Attendre que la solution ou le comprimé soit entièrement dilué avant de plonger les biberons, les tétines, les bagues et les capuchons à la pince.
4. Immerger l'ensemble pendant 10 à 20 minutes en fonction du mode d'emploi. Les biberons sont plongés goulet vers le haut et inclinés pour se remplir peu à peu d'eau sans bulles d'air.
5. Placer la grille afin de maintenir les biberons et les accessoires totalement immergés, puis mettre le couvercle afin d'éviter une contamination de l'intérieur de la cuve.
6. Se laver les mains, respecter les temps de contacts indiqués sur l'étiquette du produit de stérilisation à froid.
7. Retirer les biberons et les accessoires au fur et à mesure de ses besoins en veillant à les saisir à l'aide de la pince. Les opérations de reconstitution sont identiques à celles de la stérilisation à chaud. Les autres biberons et accessoires peuvent être laissés dans la cuve pendant 24 heures.

Attention

Il est préférable de faire des actions de désinfection groupées pour s'assurer que les temps de désinfection ont bien été respectés.

LE JOUR DE L'EXAMEN

- S'assurer qu'avant une désinfection chimique ou une stérilisation à chaud les biberons et les accessoires ont bien été lavés et qu'aucun résidu n'est encore en dépôt sur les parois ou à l'intérieur des bagues ou tétines.
- Bien utiliser les pinces pour les manipulations après stérilisation ou désinfection.

FICHE 82 La couture et le repassage

La couture et le repassage touchent l'entretien du linge et permettent d'en prolonger l'utilisation. Ils demandent un savoir-faire nécessaire tant en collectivités qu'à domicile.

1. La couture

Coudre un bouton ou le changer, réaliser un ourlet, réparer une fermeture à glissière ou poser une pièce pour cacher un accroc sont des réfections du linge ou des vêtements auxquels tout un chacun peut être confronté en milieu professionnel comme à domicile.

Réaliser un ourlet

Un ourlet est un repli cousu ou collé en bordure d'une étoffe. Il peut se réaliser à la main ou à la machine. La technique ne change pas, seuls le matériel et le temps à y consacrer sont différents.

➲ **Matériel** : du fil, des aiguilles à coudre (ou des aiguilles pour machine si une machine à coudre est utilisée), un mètre, des ciseaux et du tissu.

➲ **Protocole** :

1. Retourner une à deux fois le tissu sur l'envers, le piquer à la machine ou à la main.
2. Finir par un point d'arrêt, couper le fil.
3. Repasser l'ourlet terminé.

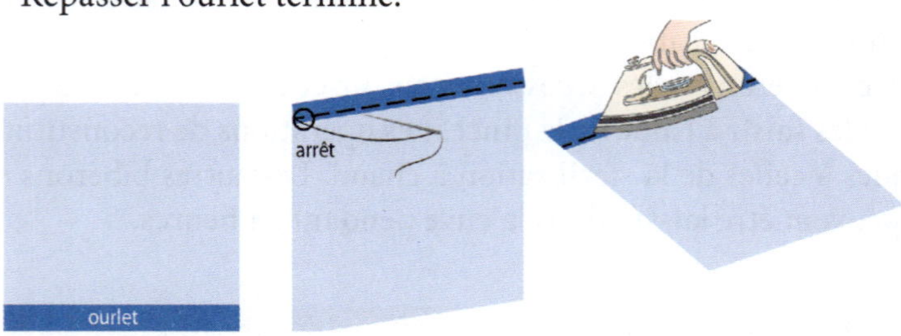

Coudre un bouton

➲ **Matériel** : du fil, une aiguille de taille adaptée et un bouton.

➲ **Protocole** :

1. Faire un nœud au fil, puis piquer l'aiguille à l'emplacement du bouton sur l'envers du tissu et ressortir sur l'endroit du tissu.
2. Enfiler le bouton dans l'aiguille et passer cinq à six fois l'aiguille de l'endroit vers l'envers du tissu, puis de l'envers vers l'endroit en passant dans des trous différents du bouton (couture en parallèle ou en croisant).

3. Repasser l'aiguille sur l'envers du tissu et réaliser un double nœud final sur l'envers du tissu pour qu'il ne se voie pas.

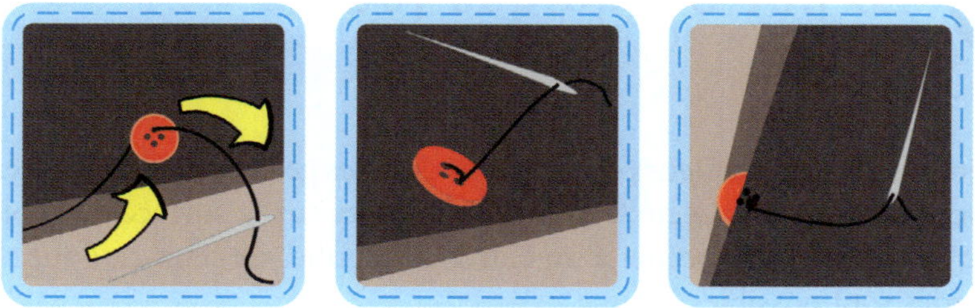

2. Le repassage

Le repassage permet de préparer un tissu avant la couture, ou après un lavage, pour mieux le plier et le ranger. Il a une action de défroissage.
Le repassage a aussi une action antimicrobienne et donc assainissante.

Remarque

Sur certains tissus, penser à repasser sur l'envers pour ne pas l'endommager et ne pas hésiter à utiliser une pattemouille. C'est une pièce de tissu mouillée que l'on utilise lorsqu'on repasse des tissus délicats. Elle permet d'éviter notamment les traces de fer.

➲ **Matériel :** une table à repasser, un fer à repasser (ou centrale de repassage) et du linge divers. Prendre de l'eau et une pattemouille si nécessaire.

➲ **Protocole :**

1. Installer la table à repasser et ajuster sa hauteur à sa morphologie.
2. Régler la température du fer en fonction de la nature du linge.
3. Repasser puis ranger le matériel et vider l'eau encore présente dans le fer.

À savoir

Les symboles de repassage et leur signification

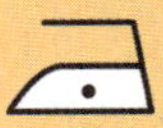 Fer froid (110 °C). Acrylique, nylon, acétate.

 Fer chaud (150 °C). Polyester mélangé, laine.

 Fer très chaud (200 °C). Coton, lin.

 Ne pas repasser.

LE JOUR DE L'EXAMEN

- Veiller à placer la table à repasser à la bonne hauteur (ergonomie et sécurité).
- Respecter les consignes d'utilisation de sécurité (risques de brûlures).

FICHE

83 Le nettoyage des jouets

Les jouets sont des vecteurs de maladies dont les germes se transmettent le plus souvent de façon indirecte (souillures déposées sur la surface de l'objet). Il est donc important de procéder à un entretien régulier de ceux-ci. Pour cela, deux procédés sont possibles.

1. Le bionettoyage par immersion

Matériels et produits

- Une solution de détergent-désinfectant alimentaire (possibilité de mettre les jouets sans risque à la bouche).
- Deux bassines.
- Une lavette.
- Une brosse.
- Du papier à usage unique.
- De l'eau.
- Une paire de gants à usage unique.

Préparation

Se mettre en tenue et se laver les mains. Puis, effectuer le bionettoyage du plan de travail. Enfin, installer le matériel et les produits nécessaires.

Protocole

1. Préparer une bassine avec la solution de détergent-désinfectant et une autre avec de l'eau tiède de préférence.
2. Trier les jouets : éliminer ceux qui sont cassés et séparer ceux ne pouvant être immergés (jouets en tissu, jouets mécaniques, peluches).
3. Mettre les gants.
4. Plonger les jouets dans la solution de détergent-désinfectant.
5. Frotter avec la lavette et la brosse si besoin.
6. Laisser tremper les jouets le temps indiqué sur l'étiquette du produit pour une efficacité maximale.
7. Disposer les jouets dans la bassine d'eau claire afin de les rincer.
8. Placer les jouets sur du papier à usage unique afin de les laisser égoutter et sécher.
9. Placer les jouets dans un bac de rangement et à l'abri de la poussière.
10. Entretenir et ranger le matériel ainsi que le poste de travail.
11. Se laver les mains.

2. Le bionettoyage par essuyage

Matériels et produits

- Une solution de détergent-désinfectant alimentaire dans un vaporisateur.
- Une bassine d'eau.
- Deux lavettes.
- Du papier à usage unique.
- Une paire de gants à usage unique.

Préparation

Se mettre en tenue et se laver les mains. Puis, effectuer le bionettoyage du plan de travail. Enfin, installer le matériel et les produits nécessaires.

Protocole

1. Préparer une bassine remplie d'eau tiède.
2. Trier les jouets : éliminer ceux qui sont cassés, séparer ceux ne pouvant être pulvérisés (jouets en tissu, jouets mécaniques, peluches).
3. Pulvériser la solution de détergent-désinfectant sur la lavette préalablement mouillée.
4. Frotter les jouets avec la lavette.
5. Laisser agir le temps indiqué sur l'étiquette du produit pour une efficacité maximale.
6. Tremper et essorer la deuxième lavette dans la bassine d'eau claire afin de rincer les jouets en les essuyant.
7. Placer les jouets sur du papier à usage unique afin de les laisser égoutter et sécher.
8. Placer les jouets dans un bac de rangement et à l'abri de la poussière.
9. Entretenir et ranger le matériel ainsi que le poste de travail.
10. Se laver les mains.

Remarque

Le bionettoyage par vaporisation (spray ou pulvérisateur) peut également s'effectuer à l'aide de lingettes ou de lavettes pré-imprégnées de détergent-désinfectant.

Les jouets en tissu ou les peluches sont lavés à la machine à laver le linge. La température est choisie en fonction des étiquettes de chaque élément.

LE JOUR DE L'EXAMEN

- Effectuer un bionettoyage du plan de travail avant de commencer à nettoyer les jouets.
- Penser à porter une paire de gants à usage unique.
- Respecter les dilutions pour le détergent-désinfectant (indiquées sur l'étiquette du produit).

> Entraînements

Répondez aux questions qui suivent.

Vous travaillez dans une équipe polyvalente au sein d'une crèche collective privée de 20 berceaux. Aujourd'hui, vous devez entretenir les différents espaces de la crèche, à savoir :

– la salle de repos ;
– les sanitaires des 2-3 ans ;
– les sols de tous les espaces.

1) Répondre aux affirmations suivantes en cochant la bonne réponse.

	Vrai	Faux
Un détergent permet d'éliminer les micro-organismes.	☐	☐
Le nettoyage est l'action d'éliminer toutes traces et salissures sur des supports divers selon une action chimique et/ou mécanique.	☐	☐
Le dortoir est une zone à risque demandant un entretien quotidien.	☐	☐
Les sanitaires nécessitent un protocole particulier et quotidien.	☐	☐
Le nettoyage des mains est indispensable avant et après avoir réalisé le nettoyage des sanitaires.	☐	☐
Le balai brosse est utile pour nettoyer le sol de la crèche.	☐	☐
Un détergent simple peut se diluer avec de l'eau chaude.	☐	☐
Un détergent-désinfectant peut s'utiliser avec de l'eau chaude.	☐	☐
Un produit fortement acide peut être utilisé pour nettoyer les sanitaires.	☐	☐
Un balayage humide peut se réaliser à l'aide d'un balai muni d'une lingette pré-imprégnée.	☐	☐
Le savon est un détergent.	☐	☐
Un protocole est une méthode chronologique d'étapes pour un nettoyage efficace.	☐	☐
Un sol non-textile permet de limiter l'accroche de la poussière et des salissures non adhérentes.	☐	☐
La zone à langer n'est pas un espace à risques microbiens.	☐	☐
L'évacuation plusieurs fois par jour des diverses sortes de déchets générés à la crèche permet de limiter les contaminations.	☐	☐
Le nettoyage des sanitaires ne nécessite pas le port de gants.	☐	☐

2) Identifier le local qui nécessite un nettoyage des poignées de portes rigoureux et quotidien. Cocher la bonne réponse et justifier.

☐ Le dortoir ☐ Les sanitaires ☐ Le bureau de la directrice de la crèche

....

....

....

3) Lister les matériels et les produits dont vous avez besoin pour nettoyer les lits.

....

....

....

4) Décoder l'étiquetage suivant qui peut se trouver sur un produit de nettoyage. Dans quelle zone ce produit peut être utilisé ? Quelle est son action ?

> Détergent-détartrant ; bactéricide, fongicide.
> Norme EN 72150. Dilution au 1/1 000e. pH 6.
> Ne pas mélanger. Port de gants conseillé.

....

....

....

....

5) Indiquer la fonction du détourage.

....

....

....

6) Lister les actions à réaliser avant d'effectuer le nettoyage d'une pièce.

....

....

....

7) Préciser l'intérêt de la réalisation préalable d'un balayage humide sur les sols.

....

....

....

8) Lister les matériels et produits que vous allez utiliser pour un lavage manuel du sol.

....

....

....

....

Corrigé

1)

	Vrai	Faux
Un détergent permet d'éliminer les micro-organismes.		☒
Le nettoyage est l'action d'éliminer toutes traces et salissures sur des supports divers selon une action chimique et/ou mécanique.	☒	
Le dortoir est une zone à risque demandant un entretien quotidien.	☒	
Les sanitaires nécessitent un protocole particulier et quotidien.	☒	
Le nettoyage des mains est indispensable avant et après avoir réalisé le nettoyage des sanitaires.	☒	
Le balai brosse est utile pour nettoyer le sol de la crèche.		☒
Un détergent simple peut se diluer avec de l'eau chaude.	☒	
Un détergent-désinfectant peut s'utiliser avec de l'eau chaude.		☒
Un produit fortement acide peut être utilisé pour nettoyer les sanitaires.	☒	
Un balayage humide peut se réaliser à l'aide d'un balai muni d'une lingette pré-imprégnée.	☒	
Le savon est un détergent.	☒	
Un protocole est une méthode chronologique d'étapes pour un nettoyage efficace.	☒	
Un sol non-textile permet de limiter l'accroche de la poussière et des salissures non adhérentes.	☒	
La zone à langer n'est pas un espace à risques microbiens.		☒
L'évacuation plusieurs fois par jour des diverses sortes de déchets générés à la crèche permet de limiter les contaminations.	☒	
Le nettoyage des sanitaires ne nécessite pas le port de gants.		☒

2) Les sanitaires nécessitent un nettoyage rigoureux et quotidien des poignées de portes. C'est une zone dite « à risque » où de nombreuses souillures et micro-organismes peuvent être présents.

3) Un seau avec de l'eau claire, une lavette et un produit détergent-désinfectant.

4) Ce produit peut s'utiliser dans la zone des sanitaires. Il est efficace uniquement sur les bactéries et les champignons. Il ne faudra pas utiliser ce produit dans la salle de repos ou dans une zone alimentaire. Il ne sera en plus pas efficace sur tous les micro-organismes et ne pourra pas être mélangé avec un autre produit.

5) C'est une opération assurant le tour préliminaire d'un meuble ou d'un sol avant le dépoussiérage.

6) Vous allez en priorité aérer la pièce, éliminer les déchets et réaliser le nettoyage.

7) Le balayage humide va permetrre de collecter les poussières et les déchets répandus sur le sol avant de procéder à un lavage.

8) Une tenue adaptée, une paire de gants à usage unique, un seau d'eau, un balai à franges, un détergent, un désinfectant ou un détergent-désinfectant.

$EP2_1$: construire son dossier professionnel

1. Présentation de l'EP2

Cette épreuve a pour objectif de vérifier les compétences professionnelles et les savoirs associés liés aux activités professionnelles d'accueil et de prise en charge de jeunes enfants dans une structure collective.

Elle se divise en deux sous-épreuves : l'évaluation de l'accompagnement éducatif de l'enfant ($EP2_1$) et la prévention santé environnement ($EP2_2$).

L'épreuve (notée sur 80 points) s'appuie sur un entretien conduit par le jury à partir d'un dossier établi au cours de la formation en écoles maternelles, crèches, haltes-garderies, accueils de loisirs sans hébergement, centres de vacances et tout établissement accueillant des enfants de moins de 6 ans ou de l'expérience professionnelle dans ces mêmes milieux auxquels s'ajoute le domicile privé d'exercice[1].

Le dossier

Il n'excède pas 15 pages auxquelles peuvent s'ajouter 10 pages d'annexes maximum. Il comporte :

- la présentation du ou des milieux dans lesquels le candidat a effectué les périodes de formation ou a exercé son activité professionnelle ;
- l'identification des besoins individuels des enfants dans le contexte professionnel ;
- la description de deux activités contribuant au développement et à la socialisation de l'enfant en précisant l'organisation du travail, l'aménagement des espaces.

Le dossier est obligatoirement accompagné des attestations relatives aux périodes de formation en milieu professionnel ou des justificatifs de l'expérience professionnelle. Les attestations précisent les lieux, les durées accomplies, le type de public concerné ainsi que les activités effectuées par le candidat. Les justificatifs de l'expérience professionnelle de douze semaines dans le champ professionnel de la petite enfance doivent être remis avec le dossier relatif à l'épreuve à la date fixée par le recteur. En l'absence du dossier ou des attestations (ou justificatifs) fournis à cette date, le candidat ne sera pas autorisé à passer l'épreuve et se verra attribuer la note 0 à cette partie d'épreuve.

1. Pour les écoles maternelles, le travail effectué uniquement en cantine ou garderie périscolaire ne sera pas pris en compte.

Les commissions d'évaluation sont composées de professeurs d'enseignement professionnel et de professionnels. Le candidat qui représente l'épreuve EP2 est autorisé à réutiliser son dossier pour cinq sessions consécutives à son échec à l'examen. Dans ce cas, il est dispensé de justifier d'une nouvelle formation en milieu professionnel ou d'une autre activité professionnelle.

L'entretien

Il se déroule en deux temps :
- un exposé (durée : 5 à 10 minutes au maximum) au cours duquel le candidat présente et justifie le choix des situations analysées dans le dossier ;
- un entretien (durée : 20 minutes maximum) qui permet au jury d'approfondir certains éléments du dossier et de sa présentation et de vérifier la maîtrise des savoirs associés en lien avec le contenu du dossier.

Descriptif de l'épreuve

Avant l'oral

Préparez deux jeux du dossier : un exemplaire pour le jury (à envoyer au lycée dans lequel vous passez l'épreuve à la date limite indiquée sur la convocation) et un exemplaire pour vous, afin de vous appuyer dessus lors de votre entretien.

Pendant l'oral

Contrôlez votre vocabulaire (professionnel) et vos gestes et présentez votre dossier en regardant tous les membres du jury (évitez de relire votre dossier). Vous pouvez vous appuyer sur vos fiches.
Il est souhaitable de s'être entraîné plusieurs fois avant pour évaluer son temps de parole et être plus à l'aise.
À l'issue de votre présentation, le jury vous posera des questions en lien avec le dossier ou avec votre exposé oral.
Le jury doit également vous poser cinq questions théoriques (sur 15 points) : trois questions de SMS, une question de biologie et une question de technologie.

Compétences évaluées

- Traitement des informations à caractère professionnel.
- Identification des besoins de l'enfant (dans un contexte d'accueil collectif).
- Organisation des activités des enfants.
- Organisation d'un programme de travail.
- Installation et sécurisation des espaces de vie de l'enfant.
- Aménagement des espaces d'activités collectives.
- Contribution au développement et à la socialisation de l'enfant : mettre en œuvre des activités de jeux et de loisirs.
- Contribution au développement et à la socialisation de l'enfant : contribuer à l'acquisition de l'autonomie à travers les actes de la vie quotidienne.
- Établissement de relations professionnelles.
- Intégration dans une équipe.

2. Aide à la constitution du dossier

La rédaction de votre dossier doit se faire dans un langage professionnel : n'hésitez pas à employer des termes spécialisés. Pour que votre dossier soit agréable à lire, faites des phrases courtes et organisez des parties et sous-parties. Il faut relire (ou faire relire) votre dossier au moins deux fois, veiller à l'orthographe, et établir le sommaire une fois la rédaction finie.

L'introduction

Cette partie ne doit pas excéder 10 à 15 lignes. Elle sert à vous présenter : à quel titre étiez-vous dans la structure d'accueil, quel était votre rôle par rapport aux autres professionnels… Il s'agit aussi d'introduire rapidement la structure (type, nombre d'enfants, nombre de professionnels). N'en dites pas plus, pour éviter les redites avec la partie suivante. Veillez à respecter le secret professionnel en ne citant pas les noms du personnel, par exemple.

La présentation du ou des milieux professionnels

Avant de rédiger cette partie, il est important d'avoir récolté de la documentation sur la structure où vous avez travaillé (plan des lieux, organigramme, règlement intérieur…).
Cette partie ne doit pas dépasser 4 pages, mais vous pouvez y joindre les annexes de votre choix (si elles enrichissent la présentation).

Vous pouvez découper cette partie en trois sous-parties :

Historique
- Date de la création de la structure.
- Personnes et/ou organismes ayant participé à sa création.
- À quels besoins cherche à répondre cette structure ? Pourquoi l'a-t-on créée ?

Fonctionnement actuel
- Présentez le type de l'établissement (crèche, halte-garderie, multi-accueil…).
- Le lieu d'implantation (ville, quartier, caractéristiques sociales du lieu).
- La forme juridique de la structure et son financement (privé, public, associatif).
- L'agrément.
- Le personnel : à travers un organigramme vous pouvez présenter l'organisation hiérarchique. Des logiciels de traitement de texte tels que Word ou Open Office peuvent vous y aider, ils proposent des schémas déjà faits qu'il suffit de remplir avec du texte.
- Décrivez brièvement la fonction des différents intervenants, la répartition des tâches dans la journée, le plan des locaux, les enfants que la structure accueille.
- Faites le récit d'une journée type.

Conclusion
Développez ici vos impressions personnelles sur cette expérience professionnelle : quel a été votre rôle dans la structure et dans la répartition des tâches…

Attention

Afin de montrer votre professionnalisme, même si votre expérience n'a pas été totalement positive, il est important de garder une certaine distance (ne vous attardez pas sur des relations conflictuelles avec des collègues par exemple, ne portez pas de jugement sur les situations).

L'identification des besoins des enfants dans un contexte professionnel

Dans cette partie, vous explicitez les différents besoins de l'enfant, en précisant, lorsque c'est utile, la spécificité du besoin par rapport à l'âge de l'enfant.
Exemples : **besoin d'hygiène** (change, toilette, mouchage…), **besoin alimentaire** (équilibre des aliments, différentes collations…), **besoin de sommeil** (penser au train du sommeil ▸ FICHE 13), **besoin de sécurité physique** (règles élémentaires à respecter) et **de sécurité affective** (enfant à l'aise dans un environnement non-familial)…
Les parties II et la III cumulées ne dépasseront pas les 11 pages.

La description de deux activités contribuant au développement et à la socialisation de l'enfant

Cette troisième partie est la plus technique : il va falloir valoriser vos compétences à répondre aux besoins de l'enfant par des activités.
Attention, on attend deux types d'activités :
– **une activité de jeux et loisirs** : création en pâte à sel, parcours psychomoteur, création d'un masque…
– **une activité qui contribue à l'acquisition de l'autonomie** : à travers les actes de la vie quotidienne comme apprendre à mettre seul son manteau.

Si l'une des deux compétences n'est pas traitée dans le dossier, elle ne peut faire l'objet d'une interrogation et sera donc notée 0/14. Avant de choisir les activités, il faut donc se demander si elles répondent bien à ce qui est attendu.
Lors de la présentation des activités, vous devez rendre compte des éléments suivants :

1. **Enfants concernés** : âge, particularités générales (Jérémie est un enfant timide) ou contextuelles (Louison est enrhumée depuis 2 semaines), capacités psychomotrices, habitudes.
2. **Nature de l'activité.**
3. **Objectifs** : quels sont les intérêts de l'activité pour l'enfant ?
4. **Type de besoins** auxquels répond cette activité.
5. **Moment prévu pour réaliser l'activité** (matin, après la sieste…).
6. **Lieu du déroulement de l'activité.**
7. **Déroulé de l'activité** : matériel, étapes, précautions éventuelles.
8. **Bilan de l'activité** : difficultés rencontrées (par vous ou par les enfants), points forts, points faibles…

Le jour de l'examen, amener une production réalisée au cours de l'activité peut être judicieux. De même, mettre des photographies de l'activité en annexe (en masquant les visages des enfants, afin de respecter leur vie privée) permettra de la rendre plus concrète.

Rappel : les règles à respecter

À chaque étape de ces activités, il faut garder ces règles en tête et ne pas hésiter à les évoquer dans votre dossier.

Hygiène

Avant l'activité

- Nettoyer le poste de travail s'il y en a un.
- Se laver les mains.

Après l'activité

- Nettoyer et ranger les tables et le matériel s'il y en a.
- Se laver les mains.

Sécurité

- Surveiller attentivement les enfants, sans entraver leur liberté.
- Veiller à la sécurité du matériel (attention aux objets trop petits, pas adaptés aux enfants en bas âge...).

Confort

- S'assurer de l'installation correcte des enfants.
- S'assurer du confort visuel, thermique...

Communication et respect de l'autonomie

Avant l'activité

- Annoncer aux enfants l'activité.
- Détailler aux enfants le déroulement de l'activité.

Pendant l'activité

- Adapter l'activité en fonction des capacités de chacun.
- Respecter le choix de l'enfant : sa manière de créer le masque par exemple, ou son envie d'arrêter l'activité.
- Être attentif à tous les enfants dont on a la garde (observer et écouter).
- Participer à l'activité : il ne faut pas faire *pour* l'enfant, mais *avec* lui.

Après l'activité

- Ranger les productions dans le casier de l'enfant, ou choisir de les exposer.
- Tenir les parents informés (objectifs de l'activité et intérêt de l'enfant pour l'activité), faire les transmissions.

Conclusion

Ce résumé de votre travail n'excèdera pas une vingtaine de lignes. C'est le moment où vous pouvez donner un avis plus personnel sur la structure, les enfants, les professionnels et la manière dont vous avez fait votre travail.

Annales corrigées EP1
Prise en charge de l'enfant à domicile

PARTIE ÉCRITE **Sujet national 2015**

SITUATION

Vous êtes assistant(e) maternel(e) à la crèche familiale de votre commune. Vous habitez un pavillon avec jardin clos proche de la ludothèque, de la bibliothèque et du service de la petite enfance de la commune.
Vous accueillez trois enfants, Léo 12 mois, Benjamin 2 ans, Sophie 3 ans, du lundi au vendredi.
La maman de Léo dépose son fils à 7 h 30 et le reprend à 17 h après son travail. Le matin, en le déposant, elle vous signale que Léo n'a pas voulu prendre son petit déjeuner et que ses selles sont liquides.
Sophie arrive le matin à 8 h 30 accompagnée de son papa qui la récupère le soir à 18 h.
Benjamin est déposé par sa maman à 8 h, qui vient le chercher le soir à 18 h.
Aujourd'hui, jeudi, vous allez réaliser une activité de « décopatch » (déchirer et coller des morceaux de papier) avec Sophie pendant que Benjamin et Léo font la sieste. Sophie va décorer un cœur en médium (bois) pour dimanche, jour de la fête des mères.

I. Analyser la situation et identifier les besoins de l'enfant *(11,5 points)*

Léo a la diarrhée depuis le matin. Vous aviez prévu pour le repas de midi poulet grillé, purée de courgettes, petit-suisse, pêches coupées en morceaux.

1. Compléter le tableau ci-dessous.

Menu	Groupes d'aliments	Rôles
Poulet grillé		
Purée de courgettes		
Petit-suisse		
Pêches		

2. Vous devez lui proposer un repas adapté à son trouble digestif. Proposer deux modifications à apporter à ce menu pour limiter sa diarrhée.
3. Citer deux raisons pour lesquelles Léo, 12 mois, peut consommer habituellement des fruits et légumes crus en morceaux. Justifier votre réponse.

4. Pour entretenir votre cuisine vous utilisez des produits d'entretien où figurent sur l'étiquette les symboles suivants.

4.1. Indiquer à côté de chaque symbole leur signification.

Produit n° 1
....

Produit n° 2
....

4.2. Indiquer deux conditions de rangement de ces produits d'entretien et justifier.

C'est bientôt l'heure du repas des enfants, il est pris dans la cuisine. Vous avez cuit la purée de courgettes à l'autocuiseur et préparé le poulet. La machine à laver fonctionne, la radio est allumée.

5. Citer deux facteurs d'hygiène et de confort pour le bon déroulement du repas.

Votre presse-purée électrique est resté branché sur le plan de travail pendant la préparation du repas.

6. Proposer deux mesures de sécurité à respecter lors de l'utilisation d'un matériel électrique.

L'hygiène des mains est primordiale dans la préparation des repas.

7. Citer les deux flores présentes sur la peau.
8. Indiquer leur rôle.
9. Citer quatre voies de pénétration des micro-organismes.

II. Mettre en place une activité ludique pour un enfant *(5 points)*

Présenter l'activité « décopatch » que vous mettez en place avec Sophie, 3 ans, en complétant le tableau d'activité.

Thème : Cadeau de fête des mères **Réalisez :** décorer un cœur en médium grâce à la technique du « décopatch »	
Pour qui ? *(0,5 point)*	
Quand ? (0,5 point)	
Matériels et produits utilisés pendant l'activité en citer 4 minimum *(4 × 0,25 point = 1 point)*	
Déroulement de l'activité : les différentes étapes en citer 4 minimum *(4 × 0,25 point = 1 point)*	
Objectifs de l'activité en citer 2 minimum *(2 × 0,25 point = 0,5 point)*	
Durée de l'activité *(0,5 point)*	
Votre rôle durant l'activité en citer 2 minimum *(2 × 0,5 point = 1 point)*	

III. Contribuer à l'acquisition du langage, de la motricité et à la construction de relations sociales (2 points)

En tant qu'assistant(e) maternel(le), vous contribuez à l'acquisition du langage des enfants dont vous vous occupez.

1. Proposer deux activités ludiques que vous pouvez réaliser avec Sophie afin de contribuer au développement et à l'enrichissement de son langage.

Vous constatez que Sophie semble présenter un retard de langage.

2. Citer deux personnes que vous devez informer face à cette situation.

IV. Contribuer au développement psycho-affectif de l'enfant (1,5 point)

Après le repas, vous couchez les enfants ; Benjamin, 2 ans, ne veut pas dormir et fait une colère.

1. Indiquer le temps nécessaire de repos pour un enfant de 2 ans.
2. Énoncer deux conditions favorables à l'endormissement.
3. Proposer deux moyens vous permettant de calmer Benjamin au moment du coucher.

PARTIE PRATIQUE

Sujet 2015 – Académie de Versailles

SITUATION

Vous êtes assistant(e) maternel(le) agréé(e) et vous accueillez, du lundi au vendredi de 8 h 30 à 18 h 30, trois enfants : Mélodie 1 an, Philippe 1 an et demi et Marc 2 ans. Vous habitez dans un appartement en rez-de-chaussée, type F4, proche d'un parc.

Par une belle journée ensoleillée du mois d'avril, vous décidez de vous rendre au parc avec les trois enfants après leur sieste.

Sur le chemin du retour, Mélodie et Philippe sont dans la poussette double, et vous tenez Marc par la main ; tout à coup, celui-ci tombe et se met à pleurer, il s'est écorché le genou droit.

Vous constatez que Philippe est grincheux et qu'il a les joues rouges.

Réalisez les actions cochées par le jury et organisez votre travail en fonction de la situation.

Vous réinstallerez la ou les enfant(s) selon le contexte et le matériel à disposition, après l'activité.

Effectuer le change de Philippe. Effectuer la toilette des mains et du visage de Marc.	☒ ☐	C 35*
Agir face à la plaie de Marc. Prendre la température de Philippe et agir en conséquence (le thermomètre affiche 38,5 °C).	☐ ☒	C 36*

* Pour chaque technique, le jury cochera l'activité à réaliser par le candidat.

L'évaluation portera sur :
- l'identification des besoins de l'enfant dans la situation ;
- une organisation correcte dans le temps et dans l'espace ;
- le respect des règles d'hygiène, de confort et de sécurité ;
- la maîtrise des techniques ;
- le respect des règles d'ergonomie et d'économie ;
- le contrôle qualité du travail réalisé.

CORRIGÉ PARTIE ÉCRITE

Comment aborder le sujet ?

Cette épreuve se déroule en 1 heure 30 minutes. Son coefficient est de 1. La partie 1 est sur 11,5 points, la partie 2 sur 5 points, la partie 3 sur 2 points et la partie 4 sur 1,5 point.

Les points du programme abordés sont :
- la classification par groupes des aliments ;
- l'évolution de la texture en fonction de l'âge ;
- le régime alimentaire en cas de diarrhée ;
- l'appareil digestif du jeune enfant ;
- les contaminations (différentes flores, voies de pénétration) ;
- les produits et matériels d'entretien ;
- la qualité de vie dans le logement ;
- les accidents domestiques ;
- la préparation des locaux et matériels pour une technique socio-éducative ;
- les facteurs de développement et rythmes de l'enfant.

Il est judicieux de commencer par lire rapidement l'ensemble du sujet (10 à 15 minutes) puis de répondre dans un premier temps aux questions qui ne posent pas problème pour revenir ensuite sur les autres questions. Il faut bien lire les questions afin d'éviter le hors-sujet et être particulièrement attentif au nombre de réponses attendues.

Afin de respecter le temps imparti, n'oubliez pas de prendre une montre !

I. Analyser la situation et identifier les besoins de l'enfant

1.

Menu	Groupes d'aliments	Rôles
Poulet grillé	Viande, poisson et œuf	– Source d'éléments bâtisseurs. – Permet la croissance et la réparation des os et des muscles. – Rôle plastique et constructeur.
Purée de courgettes	Légumes et fruits	– Apport de vitamines pour le bon fonctionnement de l'organisme. – Apport de fibres pour lutter contre la constipation. – Rôle fonctionnel.

Menu	Groupes d'aliments	Rôles
Petit-suisse	Produits laitiers	Apport de calcium pour la croissance et la consolidation des os et des dents.
Pêches	Légumes et fruits	– Apport de vitamines. – Apport de fibres pour lutter contre la constipation. – Rôle fonctionnel et énergétique.

Attention, le groupe alimentaire doit être complet pour que la réponse soit prise en compte. Par exemple, la pêche fait partie du groupe des légumes et fruits, et pas seulement des fruits. Autre point important : le rôle est différent de l'apport. Par exemple, les produits laitiers apportent du calcium (apport) pour la croissance et la consolidation des os et dents (rôle). ▶ FICHE 28

2. Le menu de la question 1 présente des aliments qui ne sont pas adaptés en cas de diarrhée : la purée de courgettes et la pêche (▶ FICHE 30). Le candidat doit présenter un menu en changeant ces deux aliments. Par exemple :
– remplacer les courgettes par des carottes ou du riz ou des pâtes ;
Des réponses telles que les épinards, les poireaux, les haricots verts... sont fausses.
– remplacer la pêche par une banane, du coing…
Des réponses telles que la compote de pommes, ou une pomme cuite, sont fausses car ce sont des aliments laxatifs.

3. Léo, 12 mois, a des dents et un appareil digestif suffisamment matures qui lui permettent de manger des fruits et légumes crus (plus difficiles à digérer que les cuits) en morceaux (qui nécessitent d'être mastiqués).
Des réponses telles que « Léo va découvrir de nouveaux goûts » ou « L'enfant est en âge de manger de tout » ne sont pas acceptées car elles ne répondent pas à la question. ▶ FICHE 9

4. **1.** *Produit n° 1* : produit dangereux pour la santé pouvant, selon le cas, entraîner les effets suivants : empoisonnement, irritation, allergies cutanées, somnolence ou vertige.
Des réponses telles que « Attention danger » ne sont pas acceptées.
Produit n° 2 : produit corrosif pouvant, selon le cas, attaquer ou détruire les métaux, ronger la peau et/ou les yeux par contact. ▶ FICHE 40

2. Il faut les ranger dans un placard en hauteur, fermé à clé, les laisser dans leur emballage d'origine et à l'abri de la chaleur. Ils doivent être hors de portée des enfants. ▶ FICHE 35

5. – Lavage des mains lors de la préparation des repas et avant la prise du repas.
– Aération de la pièce pour éliminer la vapeur ambiante, la fumée de cuisson.
– Mise en place d'un environnement calme : arrêter la machine à laver ou attendre si cela est possible la fin du lavage, couper la radio.
– Présentation d'un plan de travail propre.

Toute autre réponse cohérente est acceptée. Les réponses peuvent être deux facteurs d'hygiène ou deux facteurs de confort ou un de chaque. En revanche, « attacher dans la chaise haute » ou « tourner la queue des casseroles côté mur » ne sont pas prises en compte car elles répondent à des critères de sécurité et non d'hygiène ou de confort. ▸ FICHE 34

6. – Débrancher le matériel électrique après utilisation.
   – Placer l'appareil de façon à le rendre inaccessible aux enfants.
   – Ne pas mettre l'appareil électrique à proximité de l'eau.
   – Éloigner les enfants lors de l'utilisation des appareils électriques.

   Toute autre réponse cohérente est acceptée, mais des réponses telles que « mettre des grilles de protection au niveau de la gazinière » ne répondent pas à la question. ▸ FICHE 35

7. La peau se compose de deux flores : la flore résidente et la flore transitoire.
   Attention, ne pas confondre les flores et les couches de la peau. ▸ FICHE 11

8. Les flores ont un rôle de protection.
   Attention, il s'agit d'indiquer le rôle des différentes flores et non de la peau.

9. On peut citer : la voie aérienne (ou respiratoire), la voie digestive (ou entérale), la voie génitale, la voie sanguine (ou parentérale) et la voie cutanée.
   Il ne faut pas confondre les vecteurs de transmission (salive, sang) et les voies de pénétration.

II. Mettre en place une activité ludique pour un enfant

À savoir

Le papier Décopatch s'applique sur toutes les surfaces (planes ou irrégulières, en bois ou en carton) grâce à du vernis-colle. Il ne se déchire pas quand on le colle. Une fois sec le vernis-colle crée un film transparent résistant à l'eau. Pour l'utiliser il faut :
– appliquer une couche de vernis-colle sur le support ;
– déposer les morceaux de papier déchirés, ou non ;
– appliquer de nouveau une couche de vernis-colle pour un aspect brillant.

Thème : Cadeau de fête des mères **Réaliser :** décorer un cœur en médium grâce à la technique du « décopatch »	
Pour qui ?	Sophie, 3 ans *Attention, ne pas noter « pour la maman de Sophie » ou « pour la fête des mères ». « Qui » = qui réalise l'activité.*
Quand ?	En début d'après-midi, pendant la sieste de Léo et Benjamin. *Cette information est donnée dans la situation. Le but est d'être disponible pour pouvoir encadrer correctement Sophie.*

Thème : Cadeau de fête des mères **Réaliser :** décorer un cœur en médium grâce à la technique du « décopatch »	
Matériels et produits utilisés pendant l'activité ► FICHE 61	Une protection pour la table, un tablier de protection pour Sophie, un pinceau, du vernis-colle, un cœur en médium (bois) et des feuilles de papier de couleurs et motifs différents (papier de soie, feuilles Décopatch, serviettes en papier…). *Dans cette activité, pas de paire de ciseaux ni de peinture.*
Déroulement de l'activité en différentes étapes	– Préparer la table et le matériel. – Installer Sophie (manches relevées, tablier, chaise avec rehausseur). – Lui proposer de choisir ses papiers et de déchirer des petits bouts. – Lui faire encoller le cœur à l'aide du pinceau et de la colle, y coller les papiers, puis repasser de la colle dessus. – Laisser sécher le cœur. – Ranger le matériel en faisant participer Sophie. – L'aider à retirer son tablier et à se laver les mains. *Ne pas inscrire « écrire bonne fête maman », Sophie ne sait pas écrire !*
Objectifs de l'activité	– Développer la dextérité et la préhension. – Développer la créativité. – Développer la coordination œil/main. – Enrichir le vocabulaire et favoriser la communication.
Durée de l'activité	20 à 25 minutes
Votre rôle durant l'activité	– Énoncer des consignes claires et adaptées à l'âge de Sophie. – Veiller à sa sécurité (bonne installation sur la chaise, pas de gestes dangereux avec le pinceau...). – Veiller à son hygiène (port du tablier, lavage des mains après l'activité...). – L'encourager et favoriser son autonomie (montrer mais ne pas faire à sa place). – Communiquer avec elle, enrichir son vocabulaire…

III. Contribuer à l'acquisition du langage, de la motricité et à la construction de relations sociales

1. Proposer deux réponses parmi les suivantes (ou toute autre réponse cohérente) :
   – lire des livres avec des images (histoire, imagier…) ;
   – chanter des comptines ;
   – regarder et commenter des photos et lui demander son avis ;
   – répondre à ses nombreuses questions ;
   – proposer des jeux éducatifs adaptés à l'âge de l'enfant (mémory, loto…) ;
   – réaliser des activités manuelles correspondant à ses capacités ;
   – réaliser un gâteau, citer le nom des ingrédients, du matériel de cuisine…
2. Les parents de Sophie et la puéricultrice responsable de la crèche familiale.
   La PMI (protection maternelle et infantile) ou l'ASE (aide sociale à l'enfance) ne sont pas acceptées comme réponses car la situation se passe en crèche familiale. ► FICHE 15

IV. Contribuer au développement psycho-affectif de l'enfant

1. Pour un enfant de 2 ans, le temps de sommeil diurne (d'une seule sieste) varie entre 1 heure 20 minutes et 2 heures selon l'individu. Le cycle de sommeil nocturne, lui, est d'environ 13 à 14 heures.
2. – Absence de bruit.
   – Facteurs climatiques favorables (ni trop chaud, ni trop froid, ni trop humide).
   – Respecter les rituels établis (lecture, veilleuse, objet transitionnel…).
   – Change de la couche effectuée et vêtements confortables.
   – Jeu calme avant l'heure de la sieste.
   Toute autre réponse cohérente est acceptée.
3. L'assistant(e) maternel(le) peut le consoler, le prendre dans ses bras, lui chanter une berceuse, lui lire une histoire, lui donner un petit jouet qu'il aime. ▶ FICHE 13
   Toute autre réponse cohérente est acceptée.

CORRIGÉ PARTIE PRATIQUE

Comment aborder le sujet ?

Cette épreuve est notée coefficient 3 (sur 60 points). Elle dure au maximum 45 minutes.
Vous êtes convoqué(e) avec l'ensemble des candidats de la demi-journée (matin ou après-midi) et passez par groupes (en fonction du nombre de postes). Après avoir vérifié votre convocation et votre pièce d'identité, les membres du jury vous font visiter les salles de TP avant le début de l'épreuve. C'est le moment de repérer le matériel dont vous aurez peut-être besoin mais aussi de regarder de près comment se baissent les barrières du lit, de lire le mode d'emploi d'un thermomètre...
Vous n'avez à réaliser que les deux soins cochés sur votre document et en aucun cas l'ensemble des soins. Vous disposez de quelques minutes avant de commencer vos soins pour lire le sujet et vous mettre en tenue.

I. Analyse de la situation

Il convient dans un premier temps de bien lire le sujet pour analyser la situation en utilisant la méthode du QQOQCP.

➲ **Quoi ?** De quoi s'agit-il ? Quels soins avez-vous à réaliser ?
Le change et la prise de température de Philippe et la prise en charge de sa fièvre.

➲ **Qui ?** Qui réalise le soin ?
Vous, assistant(e) maternel(le) agréé(e), réalisez les soins de Philippe.
Mais n'oubliez pas que vous avez trois enfants à prendre en charge.

➲ **Où ?** Où se passe l'action ?
Au départ, l'action se passe au domicile de l'assistant(e) maternel(le) (départ pour le parc), puis au retour du parc. Dans le cas des actions cochées pour cette situation, les deux soins à réaliser se passent au retour du parc.

➲ **Quand ?** Quand se passe l'action ?
Dans l'après-midi, après la sieste.

➲ **Comment ?** Comment procéder pour réaliser ces deux actions ?
Vous rentrez du parc avec trois enfants : Mélodie (1 an), Philippe (1 an) et Marc (2 ans). Vous devez prendre en charge Philippe. Vous mettez donc en sécurité Mélodie et Marc avant de vous occuper de lui.

➲ **Pourquoi ?** Pourquoi ces soins ?
Pour répondre aux besoins de Philippe (change) et réagir face à une situation d'urgence (fièvre).

II. Déroulement du soin

– Se mettre en tenue : enfiler une tunique (ou pantalon et tunique) avec chaussures adaptées, ou garder sa tenue civile (à condition qu'elle soit adaptée). ▸ FICHE 41
– Lorsque vous rentrez dans la salle de TP, le jury vous présente les trois enfants. Vous vous mettez alors immédiatement dans le contexte de la situation (vous rentrez du parc).
– Vous détachez Philippe puis Mélodie de la poussette et les installez en sécurité (sous votre regard) ainsi que Marc. N'oubliez pas de prendre en compte les capacités motrices des enfants (▸ FICHE 15). Ainsi, Marc qui a 2 ans sait marcher, vous n'avez donc pas à le porter pour l'installer. Vous veillerez à proposer des activités à Mélodie et Marc adaptées à leur âge.
Attention, vous avez trois enfants à prendre en charge bien que vous n'ayez des soins que pour un seul d'entre eux. N'hésitez pas pour cela à déplacer du matériel (table basse, chaises...) comme vous le feriez chez vous de façon à respecter le critère de sécurité.
– Lavez-vous les mains. ▸ FICHE 42
– Préparez le matériel pour le change et pour la prise de température. Le sujet ne précise pas la voie de la prise de température, vous avez donc le choix. Évitez la température rectale (peu recommandée pour des questions d'hygiène et de pudeur).
– Allez chercher Philippe et expliquez-lui le soin.
– Déshabillez le bas. ▸ FICHE 48
– Réalisez le change de Philippe. ▸ FICHE 44
– Rhabillez le bas. ▸ FICHE 48
– Prenez la température (▸ FICHE 56).
Si elle est en axillaire pensez à bien positionner le thermomètre sur la peau de l'enfant et rajouter 0,5 °C à la valeur affichée. Pour les autres sites de prise de température (frontal, temporal, auriculaire) se reporter au mode d'emploi.